世界一やさしい 米国 ETFの教科書1年生

橘ハル

テック社

ご利用前に必ずお読みください

本書に掲載されている説明を運用して得られた結果について、筆者および株式会社ソーテック社は一切責任を負いません。個人の責任の範囲内にて実行してください。

本書の内容によって生じた損害および本書の内容に基づく運用の結果生じた損害について、筆者および株式会社ソーテック社は一切責任を負いませんので、あらかじめご了承ください。特に、購入例や参考画像として紹介している商品は説明のための例示であり、特許・意匠権に侵害している可能性があります。購入の際は必ず事前に確認し、自己責任でご購入ください。

本書の制作にあたり正確な記述に努めていますが、内容に誤りや不正確な記述がある場合も、筆者および株式会社ソーテック社は一切責任を負いません。

本書の内容で日時の記載がないものは執筆時点においての情報であり、予告なく内容が変更されることがあります。また、環境によっては本書どおりに動作および実施できない場合がありますので、ご了承ください。

Cover Design & Illustration…Yutaka Uetake

はじめに

昨今、米国株投資やインデックス投資が人気となる中で、米国ＥＴＦにも注目が集まってきており、人気が出てきています。

本書は、その米国ＥＴＦに関する本です。

おそらく本書を手に取っていただいたのも、米国ＥＴＦについて興味を持たれてのことだと思います。本書は、米国ＥＴＦに興味のある、次のような初心者の方を対象とした本です。

「米国ＥＴＦが良いと聞いたが、具体的なメリットがわからない」
「個別株や投資信託には投資したことがあるが、米国ＥＴＦにも投資をしてみたい」
「主要な米国ＥＴＦ（ＶＯＯ、ＱＱＱなど）は知っているが、その他の米国ＥＴＦについても知りたい」

まずは、１時限目で米国ＥＴＦに関連する基本的な知識の説明をしますので、米国ＥＴＦについてまったく知識がなくても大丈夫です。その後、２～７時限目ではさまざまな具体的な米国ＥＴＦを取り上げ、丁寧に解説していきます。

本書を読めば、米国ＥＴＦに関する基本的な知識を一通りつけることができると思います。

米国ＥＴＦを活用することで、投資の幅が広がることは間違いありません。

それでは、早速始めていきましょう。

２０２１年10月

橘　ハル

目次

2時限目 米国株式ETF

3時限目 全世界・地域・各国株式ETF

4時限目 セクター・テーマ別株式ETF

5時限目 ファクターETF

6時限目　債券ETF

7時限目 その他のETF

1時限目

ETF投資の基礎知識

手軽に分散投資できてハイリターンも狙える米国ETF。ここではETF投資の基礎について学びましょう。

01 ＥＴＦ（上場投資信託）ってどんなもの？

1 ＥＴＦは金融商品の詰め合わせ

ＥＴＦ（Exchange Traded Fund：上場投資信託）は、**証券取引所に上場している（取引所で売買できる）投資信託**という商品です。

「**投資信託**」は投資に詳しくない方も聞いたことがあると思います。投資家から集めた小口の資金を株式や債券などに投資して運用し、その利益を投資家に還元する金融商品です。

「証券取引所」は株や債券など金融商品を売買できる場所です。たとえば日本の東京証券取引所（東証）や米国のニューヨーク証券取引所などが有名です。

株式の上場とは、企業が発行する株式が証券取引所で売買が自由に

上場している投資信託をETFと呼びます。その中でも規模が大きく、選択肢も豊富な米国ETFへの投資には注目です！

行えるようになることをいいます。

一方、金融商品の詰め合わせである投資信託も上場してＥＴＦとして証券取引所で株式と同様の方法で売買されます。

ＥＴＦは**株式や債券など金融商品の詰め合わせを上場したもの**といえます。

2 拡大し続けるＥＴＦ市場と米国ＥＴＦ

世界初のＥＴＦは、１９９０年にトロント証券取引所に上場された**ＴＩＰＳ35**といわれています。このＥＴＦが誕生してから約30年が経過しています。

世界のＥＴＦの残高は年々増加し続けており、２０２０年度末で**約７７４兆円**まで拡大しています（次ページ図参照）。２０１０年からの10年で約５・９倍と右肩上がりです。

● 株・ETF・投資信託の概要

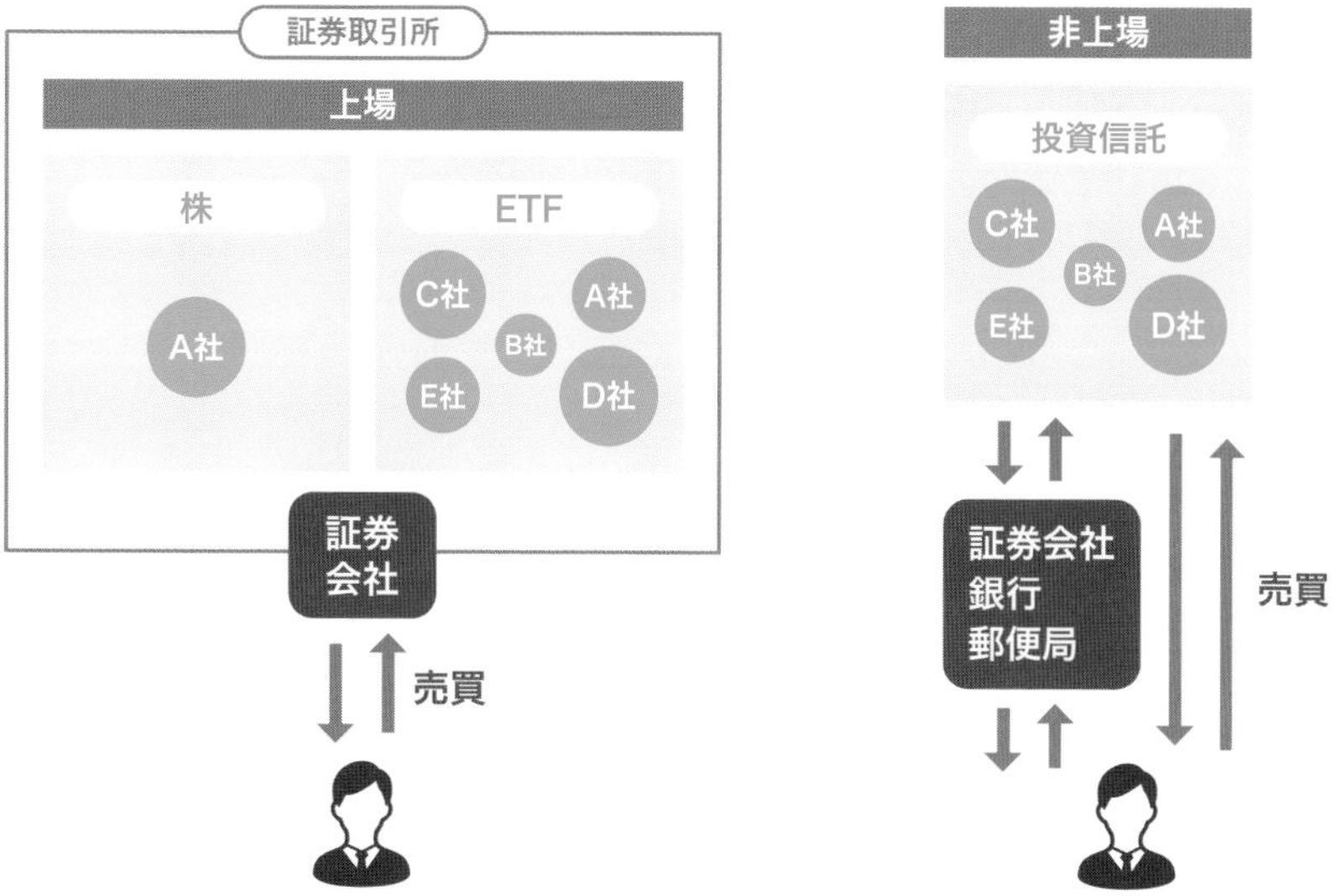

たとえば、日本の株式市場の時価総額は２０２１年5月末で約７１５兆円です。ＥＴＦの規模の大きさを実感できるのではないでしょうか。

3 **世界中に投資できる米国ＥＴＦ**

ＥＴＦの中でも、東証など日本の証券取引所に上場しているＥＴＦを**国内ＥＴＦ**、海外の証券取引所に上場しているＥＴＦを**海外ＥＴＦ**と呼びます。

海外ＥＴＦの中でも、米国の証券取引所に上場しているＥＴＦが**米国ＥＴＦ**です。

次ページの図は２０２０年末時点のＥＴＦ運用資産残高の地域別内訳です。日本市場に上場する国内ＥＴＦは６・８％ですが、米国は**68・7％**と大きな割合を占めています。

国内ＥＴＦは規模が小さかったり、まだまだ選択肢が少なかったりするのが現状です。ＥＴＦに投資するのであれば**規模が大きく選択肢も豊富な米国ＥＴＦは外せません**。本書で紹介するのはこの米国ＥＴＦです。

全世界のETF運用資産残高の推移

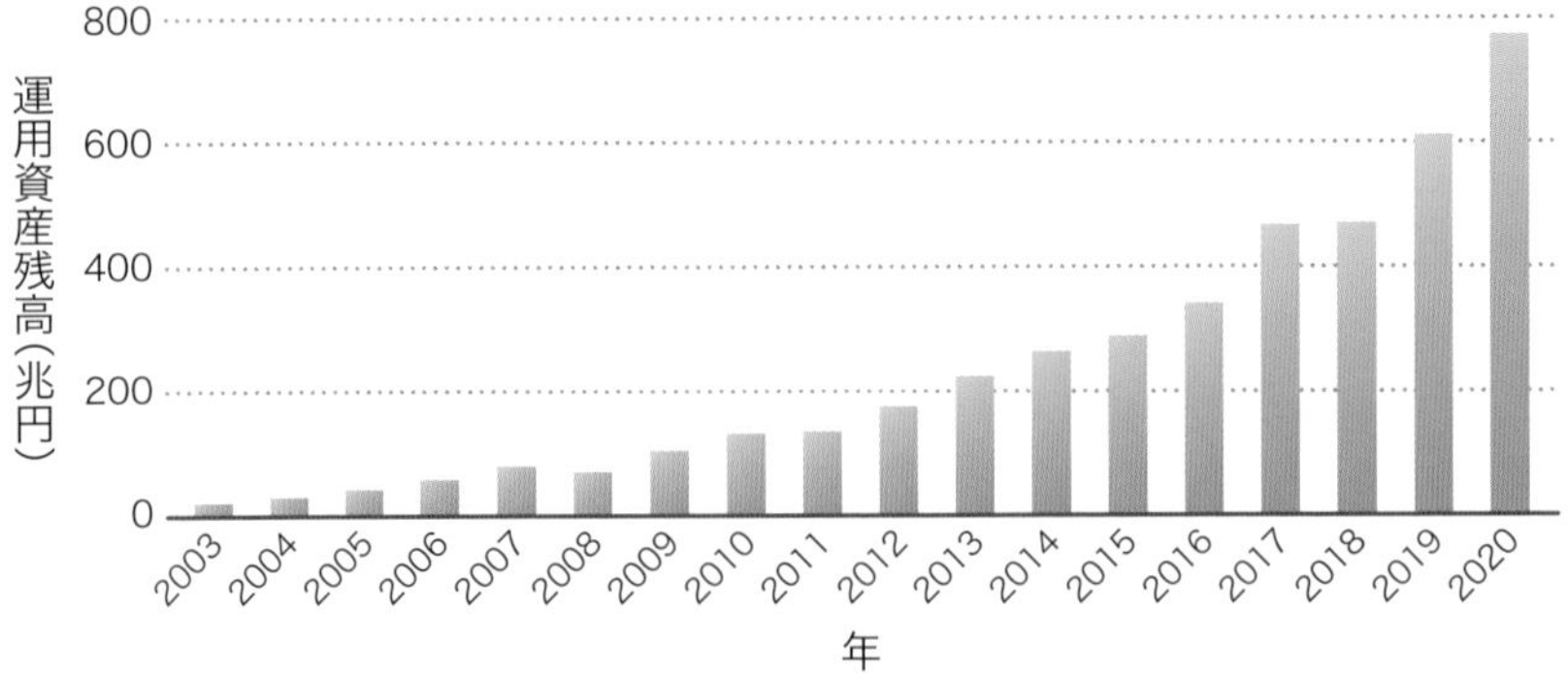

800
600
400
200
0
運用資産残高(兆円)
2003
2004
2005
2006
2007
2008
2009
2010
2011
2012
2013
2014
2015
2016
2017
2018
2019
2020
年

出典：https://etfgi.com/

世界中の企業が投資対象の米国ETF

米国ETFとは**米国の証券取引所で売買できるETF**です。

米国証券取引所には米国外の企業も上場しているので、米国ETFは米国外の企業も投資対象となります。

米国企業に投資するETFだけでなく、全世界の企業に投資するETF、ヨーロッパ・中国など特定の地域や国に投資するETF、金・石油などの商品に投資するETFなど、米国ETFにはさまざまな種類があります。

つまり米国ETFに投資することで、世界中の地域・国・企業・商品などに投資することが可能なのです。

日本の証券会社で簡単に購入できる

米国証券取引所に上場するETFを購入するのはハードルが高く感じるかもしれません。しかし、**米国ETFは日本の証券会社で簡単に購入できます**。

多くの証券会社が米国ETFを取り扱っていますが、**手数料の安いネット証券会社がおすすめ**です。

● ETF運用資産残高の地域別内訳（2020年末時点）

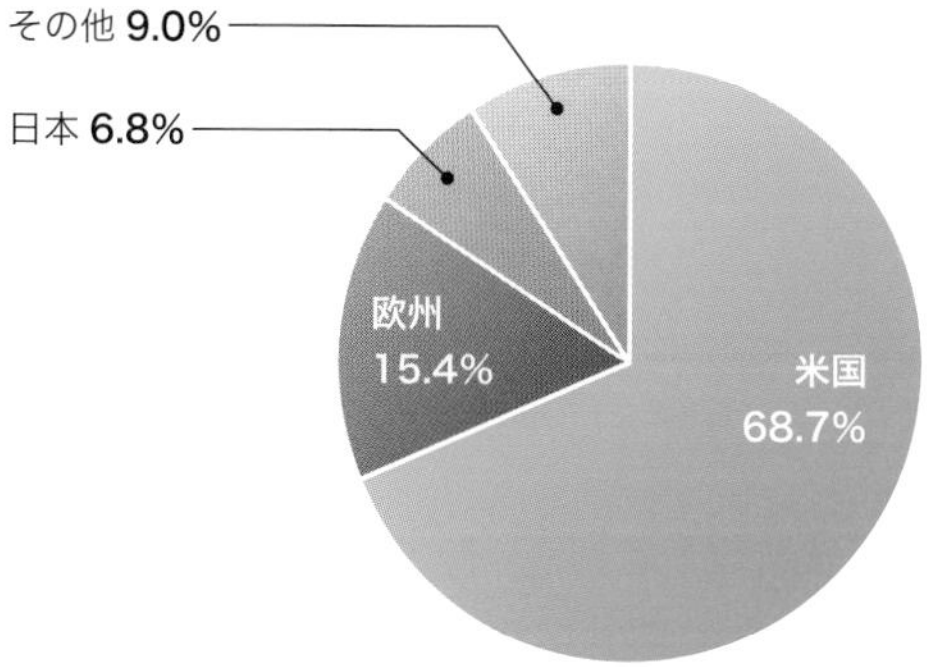

出典：https://etfgi.com/

本書ではＳＢＩ証券・楽天証券・マネックス証券の３社のネット証券会社で売買可能なＥＴＦを取り上げています。

ちなみに、**米国ＥＴＦの取引時間**は、基本的に米国の証券取引所が開かれている時間帯です。日本時間の23時30分〜翌朝６時（サマータイム期間の３月第２日曜日〜11月第１日曜日は22時30分〜翌５時）です。取引時間は深夜ですが、注文自体は日本の日中でも可能です（注文可能時間は証券会社によって異なります）。

4 低コストで簡単に分散投資できる

米国ＥＴＦに投資する大きなメリットは、主に次の３つです。

❶ 簡単に分散投資できる
❷ 低コストで運用できる
❸ 種類が豊富で多数の選択肢

❶ 簡単に分散投資できる

ＥＴＦは「株式など金融商品の詰め合わせを上場したもの」で、その最大のメリットは**分散投**

資が容易にできることです。

1つのETFには、地域やテーマ、業種に合わせてたくさんの株式や債券などが入っています。つまり、1つのETFに投資するだけで多数の企業や複数の債券などに分散して投資ができます。

たとえば、全世界株式ETF「VT」(90ページ)は、世界中の国の約9000社の株式に投資しています。

個人でこれほど多くの企業に1社ずつ投資するのは、多くの時間やコストが発生し、ほぼ不可能に近いでしょう。

❷ 低コストで運用できる

運用コスト（手数料）が低いのも米国ETFの特長の1つです。米国ETFで発生するコストの多くは、わずか年率0・0数%〜0・数%と非常に安価です。

たとえば米国のあらゆる銘柄を組み込んだETF「VTI」(67ページ)のコストは年率0・03%です。

100万円投資した場合、年間300円のコストで全米の約3700社の企業に投資できるということになります。

● ETFのメリット

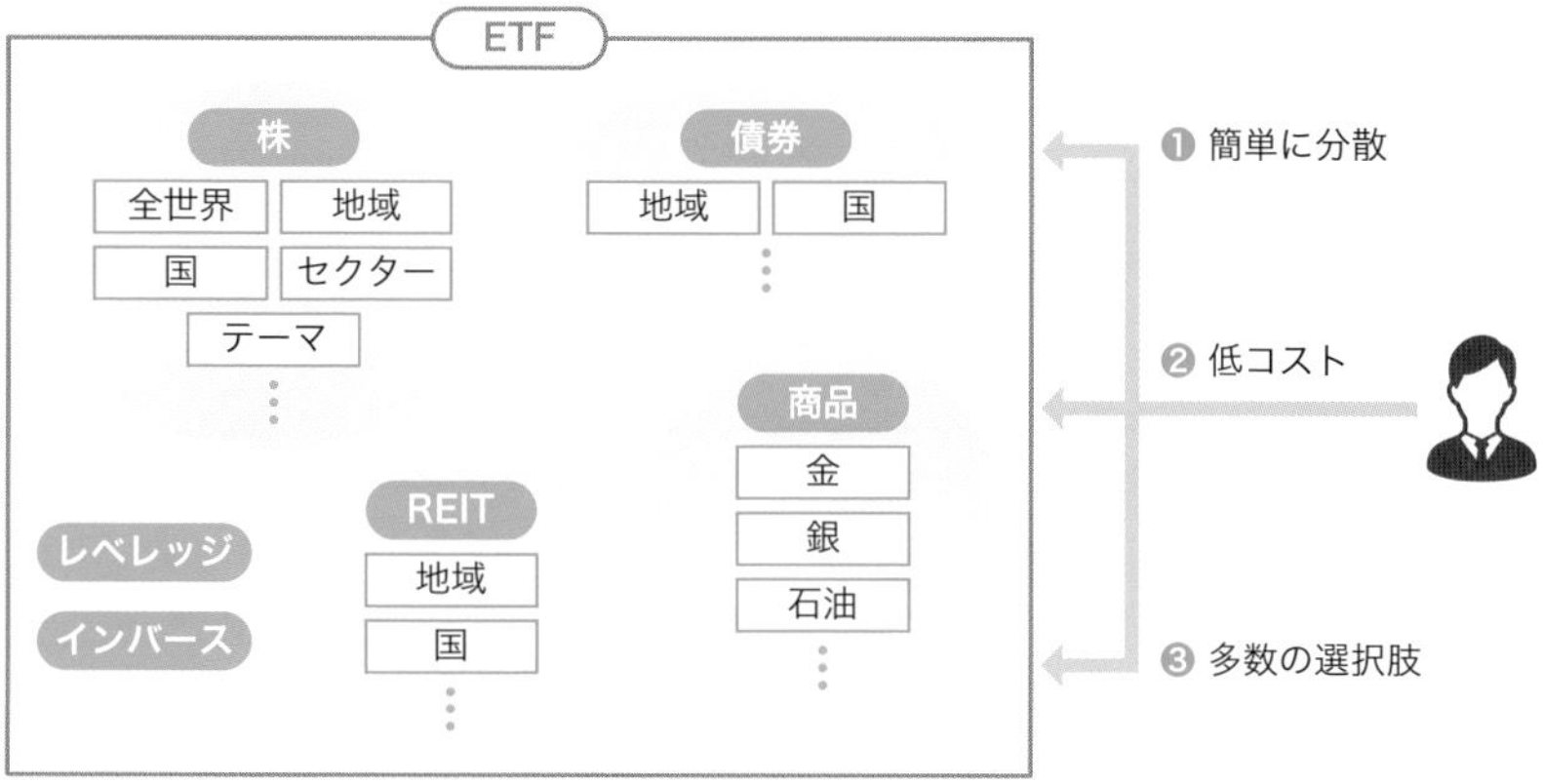

③ 種類が豊富で多数の選択肢

米国ETFのもう1つの特長が、その種類の多さです。**全世界・地域・国・セクター・テーマ**などさまざまな種類のETFがあります。企業の株式だけでなく、債券や金や銀などのコモディティ（商品）、不動産に投資するETFもあります。

分散投資をする場合、株式だけでなく、債券や金、不動産などの**投資対象も分散**するのが基本です。投資対象を分散することでリスクを低減できるからです。

しかし、不動産などに投資するのは、一定の資金が必要であったり手続きが面倒であったりするなど容易ではありません。その点ETFは株式市場で購入するだけで、株式・債券・金・不動産への投資ができます。

このように、米国ETF投資にはさまざまなメリットがあります。2～7時限目では具体的な米国ETFについて取り上げて、詳細を説明します。

ここがポイント

- ETF＝金融商品の詰め合わせ
- ETFに投資するなら、選択肢も多く規模も大きな米国ETFは外せない
- 米国ETFの主なメリットは
①簡単に分散投資することができる、
②低コスト、③多数の選択肢

02 ETFと投資信託の違い

ETFと投資信託にはどのような違いがあるのでしょうか。

1 注文方法はどう違う？

ETFはリアルタイム取引、投資信託は1日1回の基準価格で取引

ETFの売買は、証券取引所の取引時間中であればリアルタイムで可能です。取引価格も市場の動きに合わせて変動します。

投資信託はリアルタイムでの取引はできません。1日1回算出される基準価格での売買になります。購入・売却したい場合にタイムラグが発生することもあります。

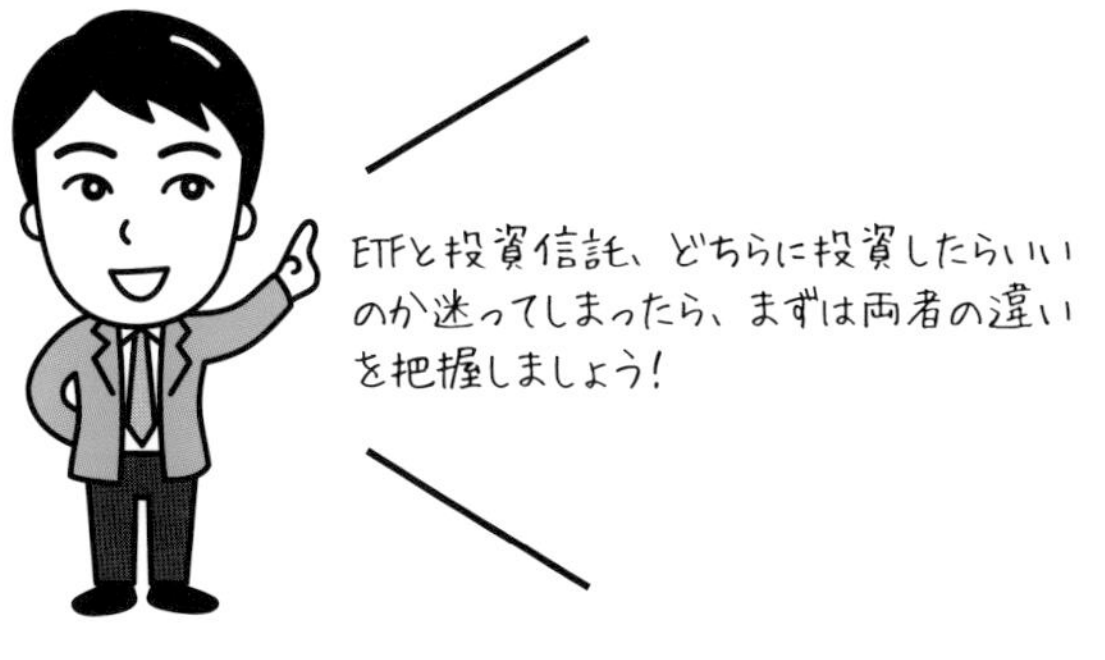
ETFと投資信託、どちらに投資したらいいのか迷ってしまったら、まずは両者の違いを把握しましょう！

どちらも証券会社で購入できる

ＥＴＦは**証券会社**で、投資信託は**証券会社**や**銀行**、**郵便局**などで購入できます。いずれも、金融機関によって取り扱っている銘柄が異なります。

ＥＴＦの注文は株と同じ

ＥＴＦは証券取引所で売買されるため、株式と同じように売買が成立するたびに価格が変動します。

購入金額や売却金額を指定して注文を出したり（**指値**《さしね》**注文**）、値段を指定せずに即時の購入や売却の注文を出したり（**成行**《なりゆき》**注文**）できます。

投資信託は**設定された１日１回設定される基準価格で売買され**、値段を指定することはできません。

投資信託は少額から始めやすい

ＥＴＦは１口からの売買が基本です。各ＥＴＦの１口あたりの価格は、数千～数万円の価格が一般的で、最低

● 上場・非上場によるETFと投資信託の違い

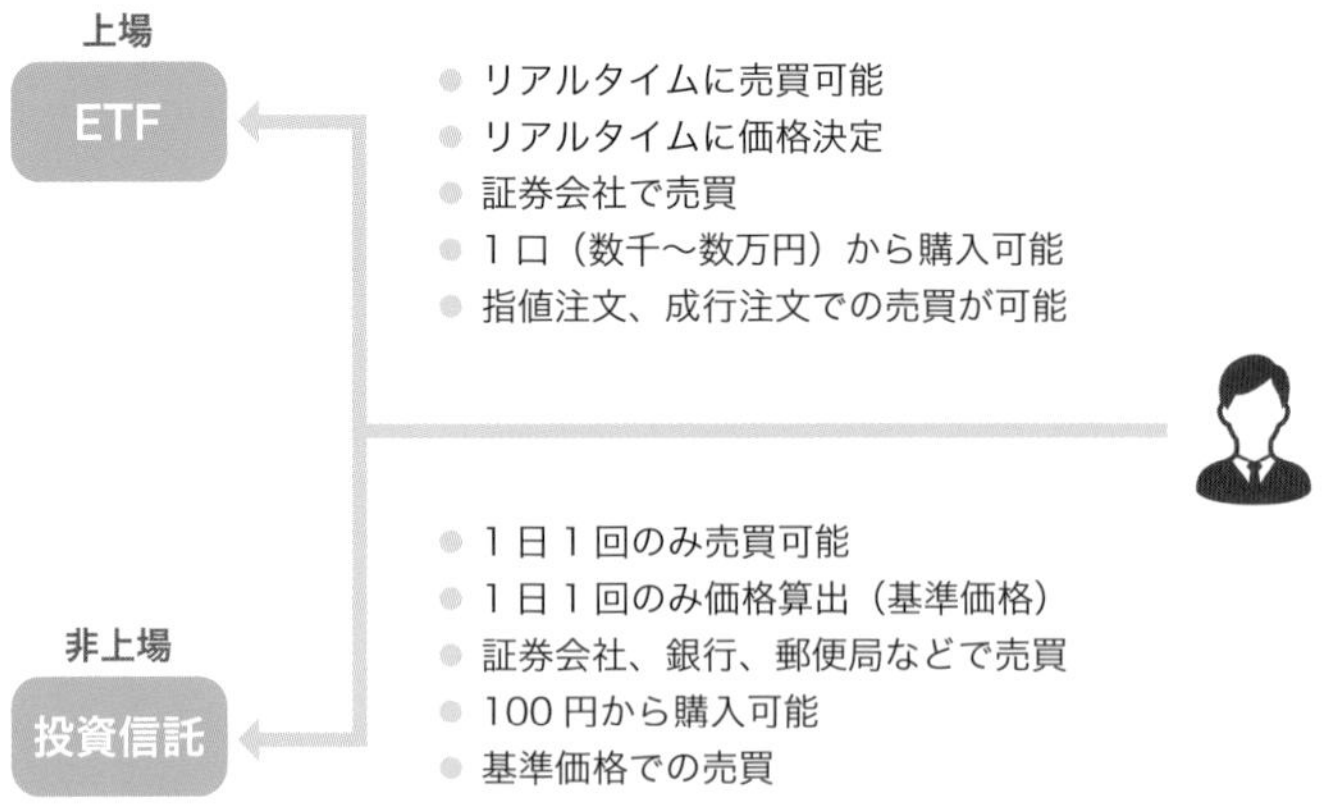

上場
ETF
リアルタイムに売買可能
リアルタイムに価格決定
証券会社で売買
1口（数千～数万円）から購入可能
指値注文、成行注文での売買が可能
1日1回のみ売買可能
1日1回のみ価格算出（基準価格）
証券会社、銀行、郵便局などで売買
100円から購入可能
基準価格での売買
非上場
投資信託

限1口分の金額が必要になります。

投資信託は100円から購入可能です。100円以上で好きな金額を設定して購入できます（1口分に満たない金額でも、1口を分割して購入可能）。**投資信託は少額での投資がしやすい**というメリットがあります。

2 手数料はどっちが安い？

ETFは為替手数料が必要

米国ETFを購入する場合、**円での購入（円貨決済）とドルでの購入（外貨決済）の2通りが可能**です。

外貨決済の場合、証券口座でドルを保有していない場合は、**円からドルへ換金する**必要があります。通常、証券会社のサイト内で換金可能ですが、為替手数料（主要ネット証券で1ドルあたり数銭〜25銭程度）が発生します。また、円貨決済の場合も購入時に為替手数料がかかります。

外貨決済でも円貨決済でも同じ手数料の証券会社（楽天証券など）と、ドルへ換金後に購入した方がお得な証券会社（SBI証券など）があるため、事前に各証券会社のホームページで確認しましょう。

日本の証券会社で販売される**投資信託は円で購入**します。投資先が海外の投資信託でも円で購入・売却します。購入時に為替手数料はかかりません。ただし、投資信託も株式などを売買する際に発生する費用（売買委託手数料）は投資家が負担するので、実質為替手数料も含まれていることになります。

運用管理費用はETFに軍配

ＥＴＦや投資信託を保有していると、日割りで**運用管理費用（信託報酬）**がかかります。これは、ＥＴＦや投資信託の運用会社が、自動的に複数の企業への投資、組み入れ銘柄の入れ替え、割合の調整などを行うことに対する報酬です。

運用管理費用は、投資信託と比べ**ＥＴＦが安い**傾向にあります。米国ＥＴＦの運用管理費用は、年間で保有残高の０・０数%〜０・数%程度と低コストのＥＴＦが主流です。ただし、投資信託でもｅＭＡＸＩＳ Ｓｌｉｍ 米国株式（Ｓ&Ｐ５００）や楽天・全米株式インデックス・ファンドといった米国ＥＴＦ並みに運用管理費用（信託報酬）が安い商品も増えてきています。

なお、投資信託は信託報酬以外に「**隠れコスト**」と呼ばれる費用が発生します。具体的には、投資信託自体が株式など金融商品を売買する際に発生する費用・税金、保管費用、監査費用などです。目論見書には信託報酬しか具体的な数字が記載されていないので注意が必要です。

購入手数料が無料の商品も

米国ETFの購入・売却・解約手数料は、国内の主要ネット証券では**購入金額の0・495%**（税込）です（上限は22ドル）。ただし、証券会社によっては一部の米国ETF（VT・VOO・VTIなど）の**購入手数料が無料化**されています。

投資信託の購入・売却・解約手数料は商品によりますが、ネット証券では**ノーロード**といわれる手数料無料のものが多くなっています。

● ETFと投資信託の比較（購入最低金額や手数料による比較）

	ETF（主に米国ETF）	投資信託
購入最低金額	数千〜数万円	100円〜
取引通貨・為替手数料	円・ドル 為替手数料がかかる	円 為替手数料がかからない ※投資信託のコストとして発生
運用管理費用（信託報酬）	一般的に投資信託より安め	一般的にETFより高め
購入手数料	米国ETF：0.495%（税込） （上限：22ドル） ※証券会社により一部ETFは無料 ※国内ETFは証券会社のプランによる	投資信託によるが、無料（ノーロード）のものも多い ※買付手数料がかかる場合もある
売却・解約手数料	米国ETF：0.495%（税込） （上限：22ドル） ※証券会社により一部ETFは無料 ※国内ETFは証券会社のプランによる	投資信託によるが、無料のものも多い ※解約手数料がかかる場合もある
分配金有無・課税	分配金あり：課税対象	投資信託による ・分配金なし：非課税 ・分配金あり：課税対象
二重課税	確定申告により外国での課税分を一部取り戻すことが可能 ※国内ETFは一部二重課税調整（確定申告不要）	分配金なし：確定申告により取り戻すことはできない 分配金あり：二重課税調整（確定申告不要）

※国内ネット証券での売買を想定
※2021年6月末時点

分配金の有無に注意

ＥＴＦや投資信託を購入すると、**分配金（配当）**が年に何度か支払われるものもあります。長期投資をする場合は、この分配金の有無は非常に重要です。

ＥＴＦの場合、**分配金に対して20・315％**（所得税15％、住民税５％、復興特別所得税０・315％）**の税率で課税**されます（執筆時点）。分配金を再投資する場合は、課税分を差し引いた資金を投資することになります。

投資信託は、分配金を出しているか・出していないかによって異なります。分配金がない投資信託の場合、各企業から支払われた**配当金は投資信託内で再投資されるため、課税されない**メリットがあります（投資信託売却時に課税されるため、**課税を将来に先送り**できます）。これは長期投資において大きなメリットです。

● 分配金・再投資と課税

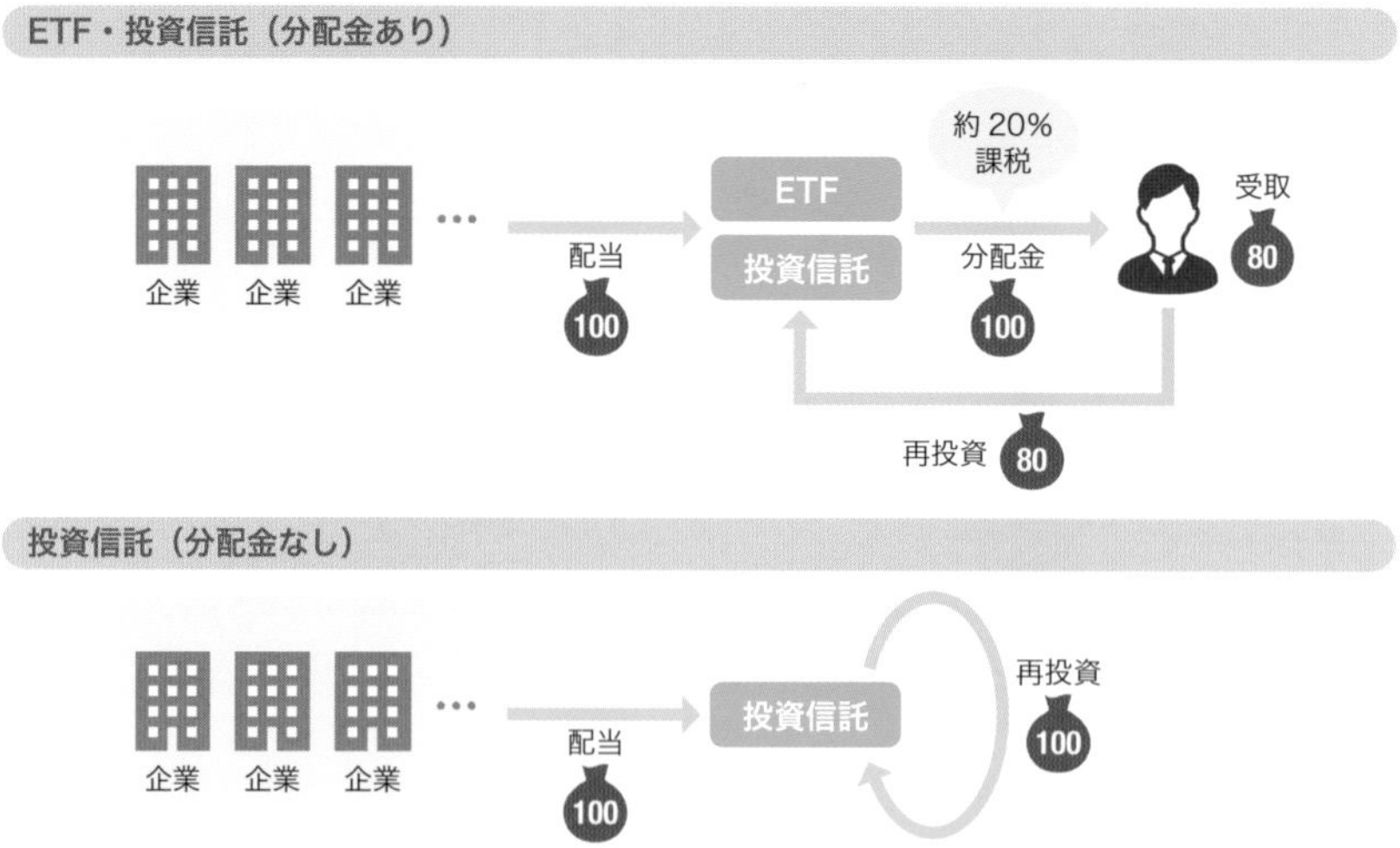

※外国の金融商品を対象とするETF・投資信託の場合は、記載の課税以外にも、配当金支払い時に現地の税金が課される。

分配金への「二重課税」に注意

米国ETFなど米国の金融商品の分配金や配当金を得た場合、10％の外国所得税が課税されます。その後、NISAなど非課税制度以外での投資の場合は、日本国内で20・315％がかかり、**二重課税**となってしまいます。

米国ETFの場合、二重課税されている配当への外国所得税については、一定の範囲で税額から控除する**外国税額控除**（要確定申告）で一部取り戻すことができます。

分配金のない投資信託の場合はそもそも分配金がないため、外国での課税分を取り戻すことはできません。

分配金を出している場合は、税制改正により2020年から**二重課税調整**が行われ、分配金受取時に自動的に外国所得税額分が調整されて受け取ることができます（下図参照）。なお、一部国内ETFも同様に二重課税調整が行われ、分配金を受け取ることができるようになっています。これらの場合は、外国税額控除の確定申告は不要です。

二重課税調整

分配金が100円の場合

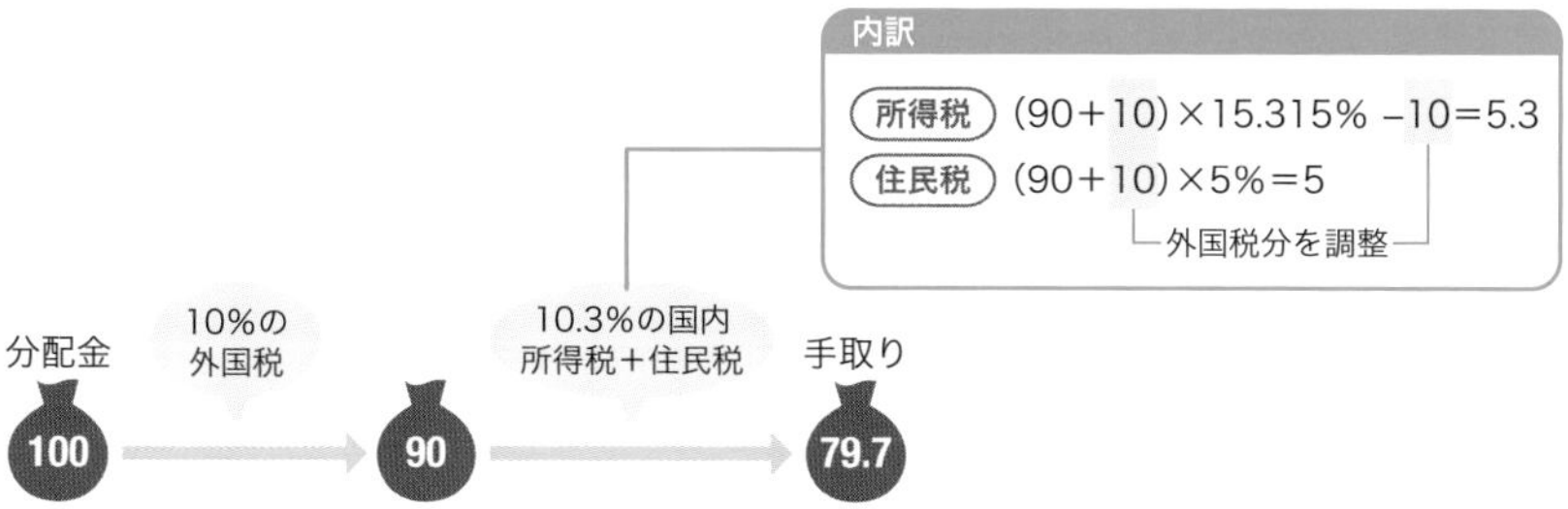
内訳
所得税 (90＋10)×15.315％ −10＝5.3
住民税 (90＋10)×5％＝5
外国税分を調整
分配金
100
10％の外国税
90
10.3％の国内所得税＋住民税
手取り
79.7

3 投資方法・選択肢・リスクについて

積立投資なら投資信託が便利

米国ＥＴＦは現状、多くの証券会社が積立投資（定期買い付け）に対応していません。対応している証券会社（ＳＢＩ証券など）もありますが、１口分の金額（数千〜数万円）からの購入になります。たとえば「毎月１万円ずつ積立投資」といった投資は設定できません。

投資信託の場合、主要ネット証券では積立投資に対応しています。購入金額も１００円以上で金額指定が可能です。楽天証券やＳＢＩ証券ではクレジットカードでの投資信託の積立購入が可能で、ポイントを貯めながら積み立てできます。

少額の積立投資をする場合は、投資信託の方が適しています。

圧倒的な純資産総額を誇る米国ＥＴＦ

純資産総額はＥＴＦや投資信託の規模を表します。ＥＴＦ・投

● ETFと投資信託の比較（投資方法・選択肢・リスクなどによる比較）

	ETF（主に米国ETF）	投資信託
積立投資	一部証券会社で可能	少額から金額指定で積立投資が可能 ※クレジットカード利用が可能な証券会社もあり（5万円まで）
選択肢	米国ETFでしか投資できない商品も多い	投資に値する投資信託（低いコストなど）に絞ると選択肢は少ない
純資産総額 上場廃止/繰上償還リスク	上位の米国ETFは圧倒的な規模	上位の米国ETFと比べると規模は小さい
為替リスク	あり	あり

資信託が保有する資産から、未払いの運用管理費用などの負債を差し引いた金額です。

純資産総額が小さいと、運用していても黒字にならず上場をやめる**上場廃止リスク**や、運用をやめる**繰上償還リスク**が増します。

下表のETF純資産総額TOP5は米国ETFが占めています。規模の大きなETFは上場廃止の危険性が低いと判断できます。

全世界株式や米国などの主要指数を対象にした国内ETFは、純資産総額が数十億〜数百億円程度で、米国ETFと比べるとかなり規模が小さいです。

投資信託は、数千億円規模のものもありますが、数十億〜数百億円規模の投資信託が多く、米国ETFと比べると規模が小さいです。

● ETF純資産総額TOP5（2021年9月末時点）

順位	銘柄	純資産総額
1	SPY	43.5兆円
2	IVV	32.7兆円
3	VTI	29.9兆円
4	VOO	28.2兆円
5	QQQ	20.7兆円

出典：https://myindex.jp/ranking_f.php?s=2

為替リスクはETF・投資信託ともにある

為替リスクとは、**円高や円安など為替相場の変動により資産価値の増減が発生するリスク**です。

たとえば1ドル＝100円のときに1万ドルの資産がある場合、その資産は日本円にして100万円の価値になります。その後1ドル＝80円と円高になった場合、資産は日本円にして80万円の価値に目減りします。

投資信託の場合、円で売買するため為替リスクがないと勘違いする人がいるかもしれません。

しかし、投資対象が海外の金融商品であれば為替リスクは発生します。

一部のＥＴＦや投資信託では、**為替ヘッジ**という為替相場の影響を受けないように調整したものもあります。その場合は為替リスクは回避できますが、為替ヘッジにコストが発生するため運用管理費用が高くなります。

4 非課税制度による違い

非課税制度についてＥＴＦと投資信託を比較します。

つみたてＮＩＳＡ

つみたてＮＩＳＡは、少額からの長期・積立・分散投資を支援するための非課税制度です。２０１８年からスタートしました。
株式投資には運用益や分配金に対し**約20%**の税金が発生しますが、つみたてＮＩＳＡを利用すると非課税になります。年間投資額は40万円までで、積み立て期間は最長20年です。

● つみたて NISA の概要

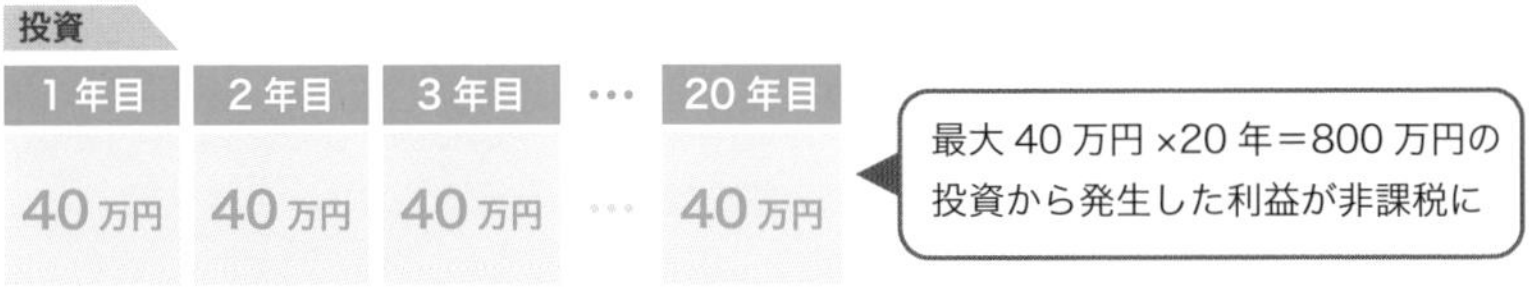

投資
1年目
2年目
3年目
…
20年目
40万円
40万円
40万円
…
40万円
最大40万円×20年＝800万円の投資から発生した利益が非課税に

● NISA の概要

投資
1年目
2年目
3年目
4年目
5年目
120万円
120万円
120万円
120万円
120万円
最大
120万円 ×5年＝600万円の投資から発生した利益が非課税に

40万円×20年で、総額800万円分の投資が非課税になります。

つみたてNISA対象商品は、手数料が低水準など長期・積立・分散投資に適した商品に限定されており、金融庁に届出が必要です。

執筆時点ではつみたてNISA対象商品は投資信託が186本、ETFが7本（すべて国内ETF）で、**米国ETFは対象外です**。

NISA

NISAもつみたてNISAと同様、運用益や分配金に対して非課税になる制度です。つみたてNISAとの違いは年間の投資上限額と非課税の期間です。

NISAは**年間120万円**まで、税金を免れる期間は**最長5年**です。120万円×5年で、総額600万円の投資が非課税になります。非課税期間5年間の終了後は、保有している金融商品を翌年の非課税投資枠に移す（**ロールオーバー**する）ことができます。なお、つみたてNISAとNISAは併用できません。

NISAは対象商品が限定されておらず、ETF・投資信託ともに**ほとんどの商品が対象**です。非課税制度を利用して米国ETFに投資する場合は、NISAを利用します。

● **ETFと投資信託の比較（非課税制度による比較）**

	ETF（主に米国ETF）	投資信託
つみたてNISA	× （対象：7本 ※すべて国内ETF）	○ （対象：186本）
NISA	○ （多くが対象）	○ （多くが対象）
ジュニアNISA	○ （多くが対象）	○ （多くが対象）

非課税の効果は絶大です。投資したい対象や投資に回せる金額・期間などを加味し、つみたてNISAやNISAの制度を最大限活用しましょう。

また、**2024年から新NISAが導入される予定**です。新制度では年間20万円の投資信託の積み立てをしたうえで、最大102万円までETFなどの上場株式に投資できます。非課税期間は最長5年です。

ジュニアNISA

ジュニアNISAは0～19歳の**未成年者少額投資非課税制度**です（2023年末に廃止）。18歳になるまで払い出しできないという制限がありましたが、制度の廃止に合わせて撤廃されるので、対象であれば利用した方が良い制度です。

ジュニアNISAの対象商品はNISA同様に限定されておらず、**ETF・投資信託ともにほとんどの商品が対象**で、米国ETF投資でも活用できます。年間80万円まで投資可能です。

5 ETFと投資信託の選択のポイント

❶ 選択肢があるか？

投資の際は、投資信託とETFで大きく違いが出る次の5点を比較して決めましょう。

投資対象の商品がないと投資できません。米国ETFには米国株式をはじめさまざまな金融商品を対象にした多くの商品があり、選択肢が豊富です。

❷運用管理費用で比較

長期投資する場合、継続的にかかる運用管理費用（信託報酬）は重要な要素です（1時限目04で詳細を解説）。購入対象でETF・投資信託に同等の商品がある場合は、それぞれの運用管理費用を比較して**低コストの商品を選択**しましょう。

❸分配金が必要なければ投資信託が有利

ETFと投資信託でほぼ同じ商品があった場合、**分配金の有無**で決めるのも良いでしょう。分配金を出さない投資信託の場合、課税されずに再投資されます。

下の表は「年率5％成長して2％の配当金を出すETF・投資信託に100万円投資し、分配金をすべて再投資した場合」をシミュレーションした結果です。

30年後の差額は73万円になり、**課税繰延の効果が大きい**こと

● 分配金を再投資する場合の課税影響

年数	分配金なし（課税なし）	分配金あり（課税あり）	差額
1年目	100万円	100万円	0
5年目	131万円	129万円	-2万円
10年目	184万円	178万円	-6万円
15年目	258万円	245万円	-13万円
20年目	362万円	337万円	-25万円
25年目	507万円	464万円	-44万円
30年目	711万円	638万円	-73万円

※年率5%成長し2%の配当金を出すETF・投資信託に100万円投資し、分配金をすべて再投資した場合

がわかります。20％課税されるため、投資期間が長いほど大きな差が出てきます（ただし配当控除などを利用する場合はここまでの差にならないケースもあります）。

同じ投資対象の投資信託とＥＴＦでは、**運用管理費用が同等であれば**、純資産総額が極端に少ない場合を除いてＥＴＦではなく**投資信託を選択**すべきでしょう。ただし、課税を考慮しても分配金を受け取りたい場合は、分配金があるＥＴＦや投資信託を選択しましょう。

④毎月どの程度の金額を投資できるか

ＥＴＦは最低１口分以上（数千〜数万円）の資金がないと購入できません。積立投資をする場合、１口以上の購入資金がなければ、翌月に購入を遅らせる必要が出てきます。

少額から投資したい場合は**１００円以上から購入できる投資信託を選択**しましょう。

⑤純資産総額は大きいか？

純資産総額は**上場廃止・繰上償還リスク**につながります。できる限り**純資産総額の大きな商品を選択**しましょう。

運用会社にも倒産リスクがあります。ブラックロック、バンガード、ステートストリートなどの**世界大手ＥＴＦ運用会社３社**のように信頼できる運用会社の商品を選択しましょう。ＥＴＦ運用会社の詳細は1時限目03で解説します。

純資産総額・運用会社の信用では、米国ＥＴＦの方が規模が大きく安心感があります。

主要株式指数・少額・長期投資なら投資信託、投資の幅を拡げたければ米国ETF

主要な株価指数に**少額から長期投資したい場合**は**投資信託がおすすめ**です。

最近は投資信託の運用管理費用が大幅に下がったことにより、全世界株式や米国の主要な株価指数に連動する商品については、投資信託のメリットが大きくなってきているためです。

少額から投資ができ、主要な株価指数を対象とした投資信託は分配金を出していないものがほとんどで、課税を先送りできるメリットもあります。

一方、**すでに投資経験があるなど投資の幅を広げたい人は、間違いなく米国ＥＴＦがおすすめ**です。米国ＥＴＦでしか投資できない魅力的な投資対象や、運用管理費用が低い商品が多数あります。

自分の目的に合った米国ＥＴＦを見つけ、投資に活用してください。

ここがポイント

- ＥＴＦは証券市場でリアルタイム取引、投資信託は基準価格で売買する
- 米国ＥＴＦは種類が豊富で純資産総額が大きい商品が多く、運用管理費用も安い
- 投資信託は少額から購入でき、積立投資に向いている

03 米国ETFの種類・運用会社・指数とその算出方法

1 ETFには豊富な種類がある

米国ETFにはさまざまな種類があります。

株式ETFには、**地域**で分類した「**全世界**ETF」「**先進国・新興国**ETF」「**地域・各国**ETF」。**特性でジャンル分け**された「**セクター**ETF」「**テーマ型**ETF」「**ファクター**ETF」などがあります。

株式以外にも「**債券**ETF」「**REIT** ETF」「**コモディティ**（商品）ETF」などがあります。

さらに、投資金額の数倍の値動きをする「**レバレッジ（ブル型）**ETF」や、市場と逆に数倍の値動きをする「**イ**

● ETFの種類

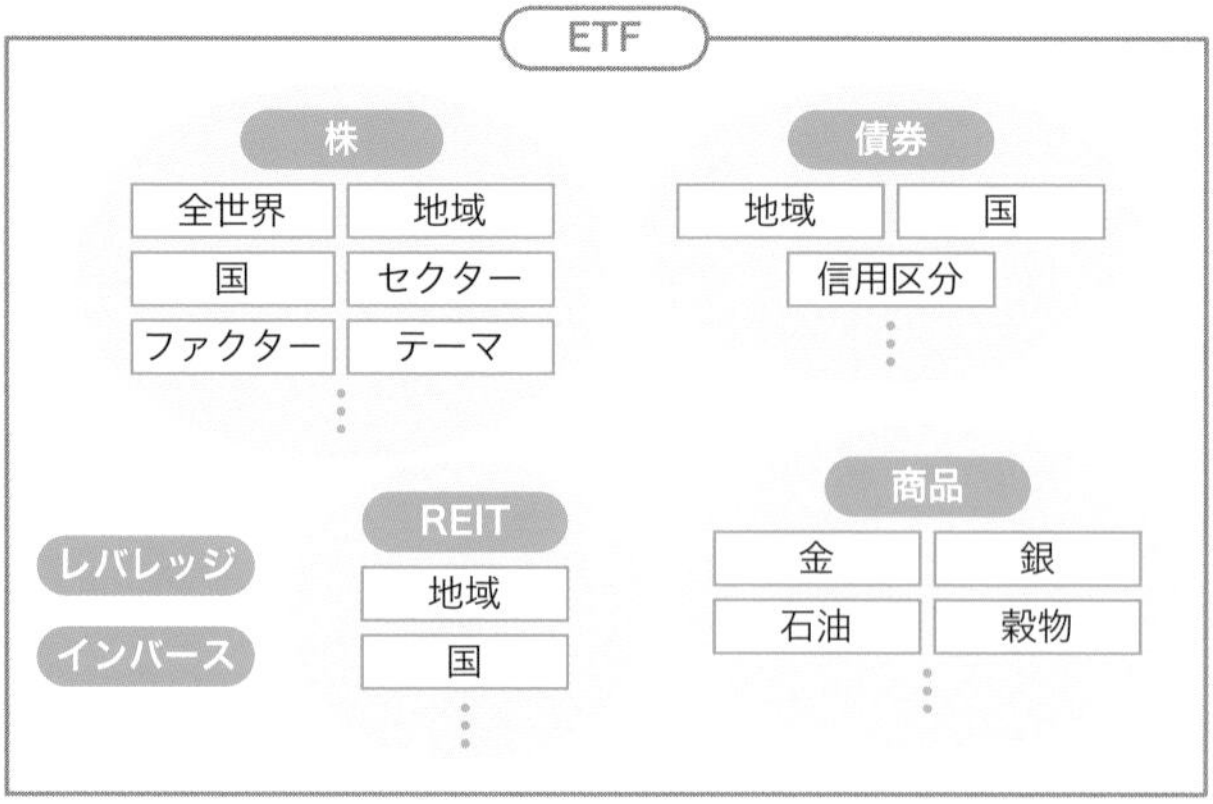

ンバース(ベア型)ETF」などもあります。
さまざまなETFがあるので、目的に合った投資が簡単にできます。

地域で分類
- **全世界ETF**
- **先進国・新興国ETF**
- **地域・各国ETF**

特性ジャンルで分類
- **セクターETF**
- **テーマ型ETF**
- **ファクターETF**

株式以外
- **債券ETF**
- **REIT(不動産)ETF**
- **コモディティ(商品)ETF**

投資資金の数倍の値動き
- **レバレッジ(ブル型)ETF**
- **インバース(ベア型)ETF**

全世界・先進国・新興国・地域・国別ETF

株式ETFの中でもっとも始めやすく人気が高いのは、米国株式や全世界株式などを対象とする**地域別・国別**の企業に投資できるETFです。世界中の企業に分散投資したい場合、特定の地域や国の企業に

● **株式ETF(全世界・先進国・新興国・地域・国)**

ETFの種類	説明	代表的なETF
全世界(株式)	世界中の企業に投資可能	VT・ACWIなど
先進国・新興国(株式)	先進国・新興国の企業に投資可能	VEA(先進国)・VWO(新興国)
地域(株式)	特定の地域の企業に投資可能	VGK(ヨーロッパ)・VPL(パシフィック)・AFK(アフリカ)など
国(株式)	特定の国の企業に投資可能	VTI(米国)・SPY(米国)・EWY(韓国)・EWT(台湾)など

投資したい場合はこのETFへ投資します。

地域別に投資できるETFは2・3時限目で解説します。

セクター・テーマ型ETF

業種ごとに企業をグループ化したものを**セクター**と呼びます。各セクターに投資するETFが**セクターETF**です。

また「バイオテクノロジー」「クリーンエネルギー」など特定のテーマに投資する**テーマ型ETF**もあります。

セクター・テーマ型ETFは4時限目で解説します。

ファクターETF

「**グロース**」「**バリュー**」「**モメンタム**」「**配当**」といった特定の要素（ファクター）に着目して投資するETFを**ファクターETF**と呼びます。

ファクターETFは5時限目で解説します。

債券ETF

債券は、**国や企業などが投資家から資金を借り入れるた**

● 株式ETF（セクター・テーマ）

ETFの種類	説明	代表的なETF
セクター	特定のセクターに投資可能	VHT（ヘルスケア）・VGT（情報技術）・VOX（通信サービス）など
テーマ	特定のテーマに投資可能	IBB（バイオテクノロジー）・ICLN（クリーンエネルギー）など

● 株式ETF（ファクター）

ETFの種類	説明	代表的なETF
ファクター（グロース・バリュー）	グロース・バリューなどのファクターに着目した投資が可能	VUG（グロース）・VTV（バリュー）など
ファクター（配当）	連続増配・高配当などの配当のファクターに着目した投資が可能	VIG（連続増配）・SPYD（高配当）など

めに発行する有価証券です。債券を直接購入することもできますがまとまった金額が必要です。債券に投資する債券ETFを購入すれば、少額からさまざまな債券に分散投資できます。

債券全体に投資するETF、国債や社債のみに投資するETF、新興国の債券に投資するETFなどがあります。

債券ETFは6時限目で解説します。

コモディティETF・REIT ETF

コモディティとは、貴金属・エネルギー・穀物・食品などの**商品**のことです。それらに投資するETFを**コモディティETF**と呼びます。

REITとは**不動産で運用する投資信託**のことです。複数のREITに投資するETFが**REIT ETF**です。REIT ETFに投資することで、世界中の不動産に投資できます。

コモディティETFとREIT ETFについては7時限目で解説します。

● 債券ETF

ETFの種類	説明	代表的なETF
米国総合債券	米国市場の債券全体に投資が可能	AGG・BNDなど
米国債	米国の国債に投資が可能	SHY（短期米国債）・IEF（中期米国債）・TLT（長期米国債）
社債	社債に投資が可能	LQD（投資適格社債）・HYG（ハイイールド債）など
世界債券・新興国	世界中の債券や、新興国の債券に投資が可能	BNDX（米国外総合債券）・EMB（新興国債券）

レバレッジ・インバースETF

レバレッジ（ブル型）ETFは、対象の指数に対し日々2倍や3倍の値動きをするように設計されたETFです。手元資金よりも大きな取引をすることが可能になります。

インバース（ベア型）ETFは、対象の指数に対し日々2倍や3倍、逆の値動きをするように設計されたETFです。インバース（ベア型）ETFを利用することで、下落相場でも利益をあげることが可能になります。

レバレッジ（ブル型）ETF・インバース（ベア型）ETFについては7時限目で解説します。

銘柄（ETF）を識別する記号「ティッカー」

各表の代表的なETFの項目にある「VT」や「VGK」などの文字列は、**ティッカー**（ティッカー・シンボル）と呼ばれる銘柄を識別するための記号です。

日本では「銘柄コード」という数字で表されますが、米国では個別株・ETFともにアルファベットで表します。

● コモディティETF・REIT ETF・レバレッジETF・インバースETF

ETFの種類	説明	代表的なETF
コモディティ	コモディティ（貴金属・エネルギー・農産物）に投資可能	GLD（金）・SLV（銀）など
REIT	REIT（不動産）に投資可能	IYR（米国不動産）・RWR（米国不動産）など
レバレッジ（ブル型）	指数の値動きの2倍や3倍などレバレッジを掛けた投資可能	SPXL（S&P500ブル3倍）など
インバース（ベア型）	指数と逆の動きに投資可能	SPXS（S&P500ベア3倍）など

本書でも各ETFの名称をティッカーを使って説明していきます。

2 莫大な運用資産額を持つ代表的なETF運用会社

ETFの運用会社について解説します。世界のETF運用資産額上位3社は次のとおりです。

- **ブラックロック (BlackRock)**
- **バンガード (Vanguard)**
- **ステートストリート (State Street)**

この3社で世界のETF運用額の多くを占めています。

運用資産額1位の**ブラックロック**は運用資産が**約810兆円**（ETF以外も含む）です。日本の株式市場の時価総額である約715兆円（2021年5

● 世界の資産運用額上位3社（2019年12月末時点）

ETF運用会社	運用資産額 ※ETF以外も含む	設立年	主なETF
ブラックロック (BlackRock)	約810兆円	1988年	iShares（iシェアーズ）ETF ・IVV（S&P500） ・HDV（米国高配当株） ・AGG（米国総合債券）など
バンガード (Vanguard)	約671兆円	1975年	Vanguard（バンガード）ETF ・VOO（S&P500） ・VTI（全米株式） ・VYM（米国高配当株）など
ステートストリート (State Street)	約340兆円	1978年 （前身のユニオンバンク：1792年）	SPDR（スパイダー）ETF ・SPY（S&P500） ・SPYD（米国高配当株） ・GLD（ゴールド）など

※1ドル=109円換算

出典：https://www.willistowerswatson.com/ja-JP/News/2020/10/PI-500-2020-PR

月末）と比べると、規模の大きさがわかります。

３社以外にもインベスコ、ウィズダムツリー、ヴァンエック、ファーストトラスト、グローバルＸなどの運用会社のＥＴＦを本書で紹介します。

信頼できる運用会社を選ぶことで破綻・上場廃止リスクを回避

ＥＴＦには、運用会社を選ぶことで避けられるリスクがあります。

まず、運用会社にも**倒産**の危険性があります。ただし、米国ＥＴＦの運用会社が倒産しても、株式は**ＤＴＣ**（Depository Trust Company：保管振替機関）で分別管理されているため、投資家の資産自体は安全が確保されています。

一方で、運用会社が倒産や経営難に陥ったり、ＥＴＦ自体の運用資産額の規模が小さくなった場合、**ＥＴＦ自体が上場廃止**となる恐れがあります。

株式と異なり、上場廃止で価値が大きく棄損することはありません。しかし、上場廃止によって運用方針の変更は避けられないので、可能な限り避けるべきリスクです。

できるだけ信頼できるＥＴＦ運用会社を選定しましょう。

3 株価指数とその主要な算出方法

運用の目標基準となるベンチマークと採用される指数

ETFを理解するためのポイントに**ベンチマーク**と**指数**があります。

投資信託やETFが運用する際に目標とする基準を**ベンチマーク**といいます。ベンチマークとして採用されるのが**日経平均株価**や**TOPIX**といった株価の動きを表す**指数**です。

米国市場の代表的な株価指数である「**S&P500**」は500社の米国企業で構成されています。「**NYダウ**」は30社の米国企業で構成され、それぞれの構成企業の株価の動きを表します。

株式ETFは、日経平均株価・S&P500・NYダウといった指数や商品価格などをベンチマークとし、それに連動するように運用されるのが一般的です。

指数に連動することにより、特定企業の業績に大きく影響されることなく、ベンチマークに沿ってETFが自動的に運用してくれます。

● **株価指数の算出方法**

算出方法	内容	指数の例
時価総額加重平均	構成銘柄の時価総額の大小が反映される。時価総額の大きな銘柄ほど株価変動が指数に与える影響は大きい	TOPIX（日本） S&P500（米国） ナスダック総合株価指数（米国） 上海総合指数（中国）
株価平均	構成銘柄の株価の高低が反映される。株価の高い銘柄ほど株価変動が指数に与える影響は大きい	日経平均株価（日本） NYダウ工業株30種（米国）
均等ウェイト	構成銘柄すべてが一定の割合で構成される。すべての銘柄が一定の割合となるため、指数に与える影響はどの銘柄も同じ	S&P500 イコール・ウェイト指数（米国） S&P500 高配当指数

株価指数の算出方法

ＥＴＦがベンチマークとする指数の主な算出方法に「**時価総額加重平均**」「**株価平均**」「**均等ウェイト**」があります。

本書で紹介する大多数のＥＴＦもこのいずれかで算出された指数に連動します。

時価総額の大きな銘柄が反映される「時価総額加重平均」

時価総額加重平均は、組入銘柄の**時価総額**（株価×発行株式数で算出される企業の規模や価値を示す金額）**の合計**を**基準時点での時価総額の合計で割って算出**したものです。

時価総額が大きい銘柄ほど組み入れ比率が高く、指数に与える影響も大きくなります。会社の規模や価値を反映した時価総額で組み入れ比率が決まるため、**株式市場をもっともよく反映したもの**として、多くの指数で時価総額加重平均が採用されています。

時価総額加重平均の指数の例としては、日本の**ＴＯＰＩＸ**や、

● **株価指数の算出例**

銘柄	株価	時価総額	時価総額加重平均での組み入れ比率	株価平均での組み入れ比率	均等ウェイトでの組み入れ比率
A社	100円	700億円	42.4%	1.1%	20%
B社	200円	500億円	30.3%	2.3%	20%
C社	5,000円	300億円	18.2%	56.8%	20%
D社	500円	100億円	6.1%	5.7%	20%
E社	3,000円	50億円	3.0%	34.1%	20%
合計	8,800円	1,650億円	100%	100%	100%

米国のS&P500などがあります。

株価が高い銘柄の影響力が強い「株価平均」

株価平均は、指数に組み入れられている銘柄の各株価を合計し、それを一定の数で割ることで算出されたものです。

株価の高低によって組み入れ比率が決まり、**株価が高いほど組み入れ比率が高く**なります。

株価平均の指数の例としては、日本の**日経平均株価**や米国の**NYダウ**などがあります。

組み入れ銘柄が均等な「均等ウェイト」

均等ウェイトは、時価総額や株価に関係なく**指数に組み入れられている銘柄がすべて均等に組み入れられたもの**です。

全銘柄が同じ割合で組み入れられているため、どの銘柄も指数に与える影響は同じです。

ここがポイント

- 世界の運用資産額上位3社はブラックロック、バンガード、ステートストリート。破綻リスクや上場廃止リスクを避けるため、可能な限り信頼できるETF運用会社を選ぶ
- ETFが連動する株価指数は時価総額加重平均、株価平均、均等ウェイトが主な算出方法
- 会社の規模と株価を反映した時価総額加重平均がもっともよく採用される

04 手数料はリターンを左右する重要なファクター

1 手数料は唯一の予測可能な要素

株価の上昇・下落は誰にも予測できません。配当金は株価の変動よりも予測しやすいといわれますが、減配の恐れもあります。**投資における手数料は唯一の予測可能な要素**で非常に重要です。

ETFにかかる手数料は3種類

ETF投資の手数料は**運用管理費用**、**購入手数料**、**売約手数料**の3つです（下の表参照）。

手数料が投資に与える影響を簡単な例で考えます。次の条件でETFを100万円分購入するとします。

● ETFの保有や売却で発生する手数料一覧

手数料	内容	発生頻度
運用管理費用（信託報酬）	ETFの運用・管理にかかる費用	毎日
購入手数料	購入時に発生する手数料（円で購入する場合は為替手数料も発生）	購入時
売却手数料	売却時に発生する手数料（円で受け取る場合は為替手数料も発生）	売却時

- **運用管理費用（信託報酬）：年率1％**
- **購入手数料：0・5％**
- **売却手数料：0・5％**

ＥＴＦを購入する際に0・5％の**購入手数料**がかかります。購入金額100万円の0・5％で5000円です。

ＥＴＦを保有すると**運用管理費用**が発生します。運用管理費用は保有し続ける限り発生します。ＥＴＦの価格が100万円の場合、年率1％の1万円が手数料として発生します（実際には日次の日割りで発生）。2年目も価格が変わらなければ100万円の1％（1万円）が手数料として取られます。3年目、4年目と保有している限り以降も同様に年率1％の手数料がかかります。

ＥＴＦを売却する際には**売却手数料**がかかります。ＥＴＦの価格が売却時も100万円であれば、今回の例では0・5％の5000円の売却手数料が発生します。

2 運用管理費用を抑えよう

3つの手数料の中で特に重要視すべきなのが、保有中に継続的に発生する**運用管理費用**です。ＥＴＦ投資が長期間であれば、継続的に発生する手数料が投資成績に大きな影響を与えます。

運用管理費用の違いが与えるインパクト

「運用管理費用が重要」と知っている人は多いのですが、大事なのは「０・５％や１％の違いが、資産に対し**具体的にどれぐらい影響するのか認識しておく**」ことです。

具体的な例を示します。大学新卒22歳で１００万円を投資し、年利回り５％で増加したとします。65歳時点で、運用管理費用の違いで資産にどれほど違いが出るかを下グラフで確認しましょう。

運用管理費用なしは65歳時点で８１５万円に対し、０・５％の場合は６６４万円と１５１万円の差が出ています。２％の場合は３５６万円で半額以下です。

年間数％の手数料が、長期運用のリターンに大きな影響を与えることが数字で理解できると思います。できる限り運用管理費用の安いＥＴＦを選択するべきです。

● 運用管理費用が長期投資に与える影響
（22歳から65歳まで、100万円を年率5%成長と仮定して投資した場合）

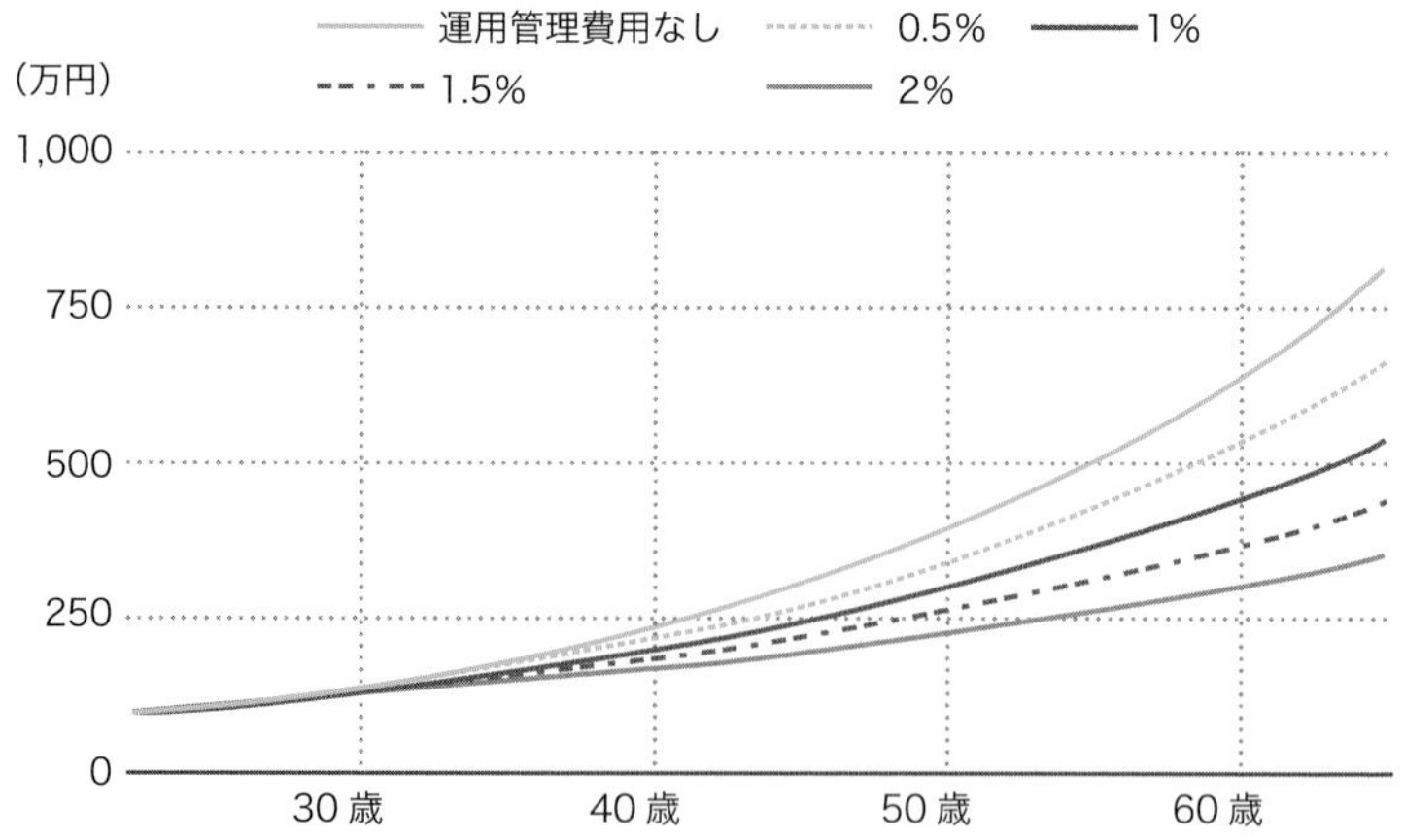

3 各証券会社の手数料

本書で紹介するETFを扱う主要証券会社の手数料を解説します。本書では、各手数料が最安値水準で、米国ETFを多く取り扱う国内ネット証券3社（**SBI証券、楽天証券、マネックス証券**）で購入可能なETFを主に紹介します。

ネット証券3社で購入可能な米国ETFの運用管理費用は、執筆時点で0・03％〜2・95％（年率）です。下のグラフは、ネット証券3社で購入可能な米国ETFの銘柄数を**運用管理費用別**に示したものです。いろいろな運用管理費用のETFがあります。

米国ETFには運用管理費用が年率0・03％のものがあります。100万円投資して手数料が年間300円です。

一方で年率2％以上の運用管理費用がかかるETFもあります。一般的に手数料が高いETFへの投

● ETF運用管理費用（年率）と銘柄数

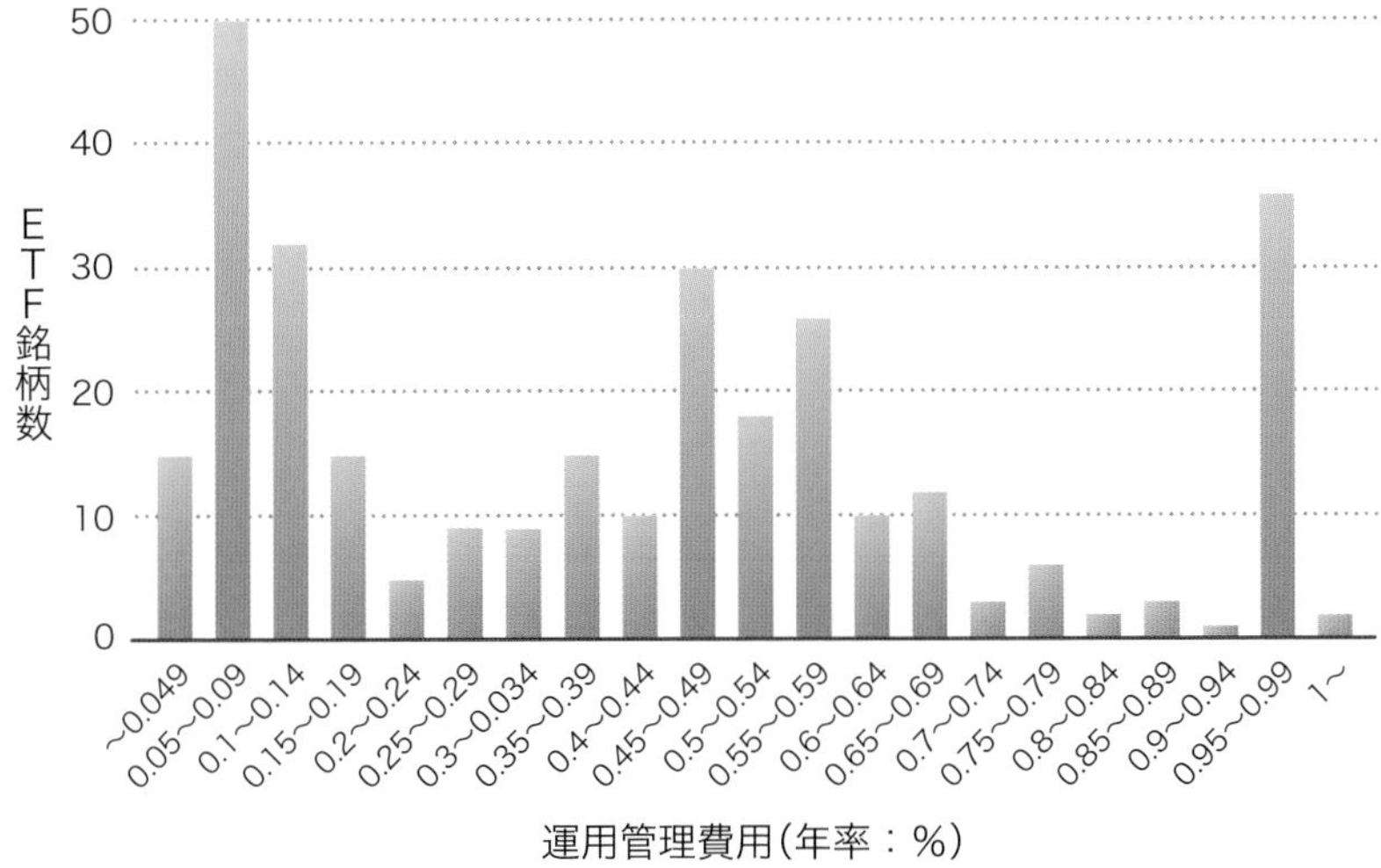

資は短期間での値上がりを期待して行いますが、長期投資する場合は手数料がリターンに与える影響を理解して判断しましょう。

手数料は横並び

購入手数料や売却手数料は**ネット証券3社でほぼ差はありません**（下表参照）。

最近まで最低手数料というものがありましたが、各社の企業努力と競争で現在は撤廃され、購入金額を気にせず少額から投資が可能になりました。また、一部のETFは購入手数料が無料です（表の注記参照）。

● 各証券会社の手数料（2021年2月末時点）

証券会社	SBI証券	楽天証券	マネックス証券
最低取引手数料（税抜き）	0ドル	0ドル	0ドル
購入手数料	0.45% 一部ETFは無料※1	無料～0.45% 一部ETFは無料※2	無料～0.45% 一部ETFは無料※3
売却手数料	0.45%	0.45%	0.45%
上限取引手数料	20ドル	20ドル	20ドル

※ 各社HPから筆者が作成

※1　VT、VOO、VTI、IVV、SPY、EPI、DHS、DLN、DGRWは購入手数料が無料

※2　VT、VOO、VTI、SPY、RWR、GLDM、AIQ、FINX、GNOMは購入手数料が無料

※3　VT、VOO、VTI、IVV、SPY、EPI、DHS、DLN、DGRWは購入手数料が無料

ここがポイント

- 手数料は、投資において唯一予測可能な要素
- 長期投資において手数料（特に運用管理費用）は、パフォーマンスに大きな影響を与える
- 手数料には徹底的にこだわり、手数料が安いETFを選択しよう

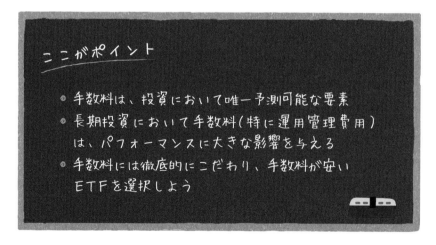

05 投資関連用語の基礎知識

本書ではさまざまな米国ＥＴＦを紹介していきます。各ＥＴＦを分析する前に、前提として覚えておきたい用語がいくつかあります。事前にそれらの言葉の意味を理解しておきましょう。

ここで解説する投資用語は次の４つです。

- リスク
- 標準偏差
- シャープ・レシオ
- 相関係数

リスク、シャープ・レシオなどの言葉の定義を明確にして、各ETFの特徴を把握し、銘柄を選びましょう。

1

リターンのブレ幅・バラつきを意味する「リスク」

日常生活で「リスク」というと、悪いことが起こったり、予想どおりにいかないことなど「危険性」という意味で使います。

しかし、**投資における「リスク」は危険性ではなく、「リターンのブレ幅・バラつき」**のことを指します。言い換えると、投資のリスクは「投資で資産がマイナスになる危険性」ではなく、リターンがどれだけプラス・マイナスに大きくブレる・バラつくかを意味するということです。

下のグラフは、米国株式に投資できるSPYというETFの、1993年から2021年の年率リターンです。トータルで年平均10・17%でした。

しかし、各年の年間リターンは毎年10・17%ずつ上昇しているわけではありません。40%近く上昇した年もあれば、マイナス30%を超えて下落した年もあります。

このようなリターンのブレ幅・バラつきがリスクです。

● SPYの年間リターン推移

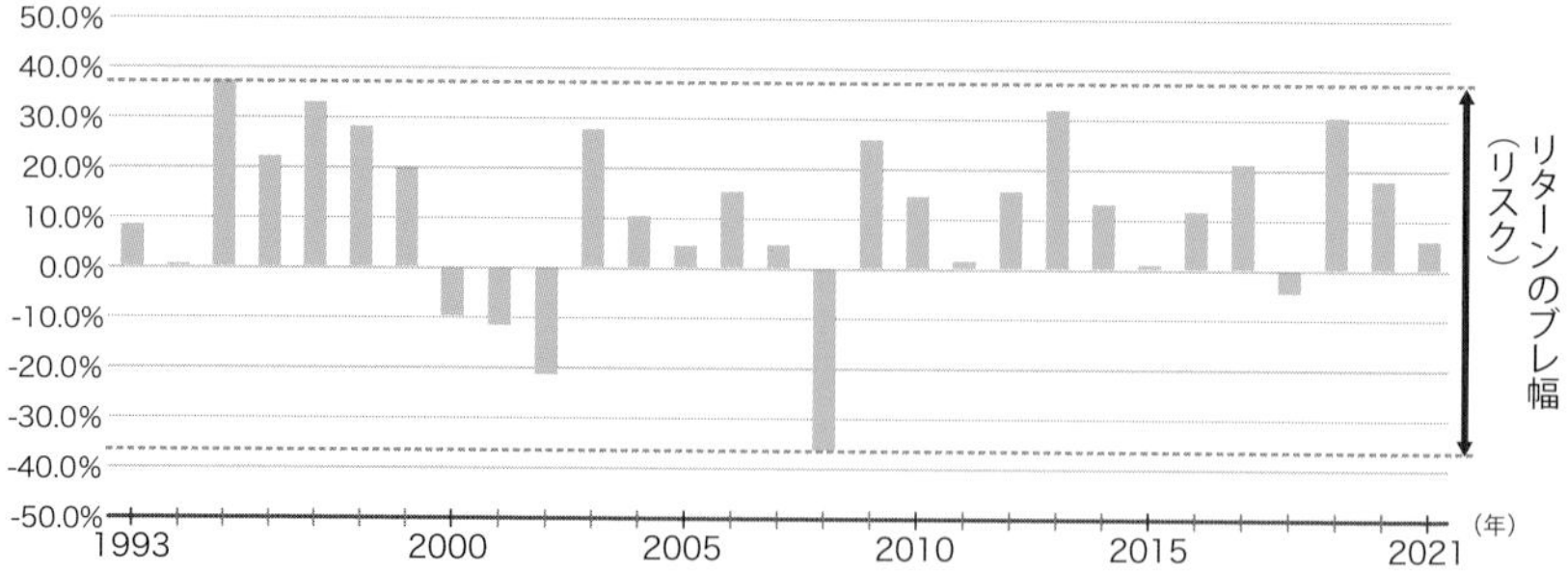

出典：https://www.portfoliovisualizer.com/

リスクが大きいほど毎年のリターンのブレ幅が大きくなるということになります。

リスクを数値にしたのが「標準偏差」

リスクを具体的な数値にしたものが**標準偏差**です。

標準偏差が大きいほどリターンのブレ幅・バラつきは大きくなります。

一般に統計学では、平均値を中心に

±1標準偏差の範囲にデータの68・3％（約3分の2）
±2標準偏差の範囲にデータの95・3％
±3標準偏差の範囲にデータの99・7％

が入ることが知られています。

つまり標準偏差を見れば、投資でリターンが収まる範囲をおおよそ把握できるということです。

期待リターンが5％、標準偏差が15％の場合を考えてみましょう（下グラフ参照）。

● 期待リターン5%・標準偏差15%の場合のリターン分布のイメージ

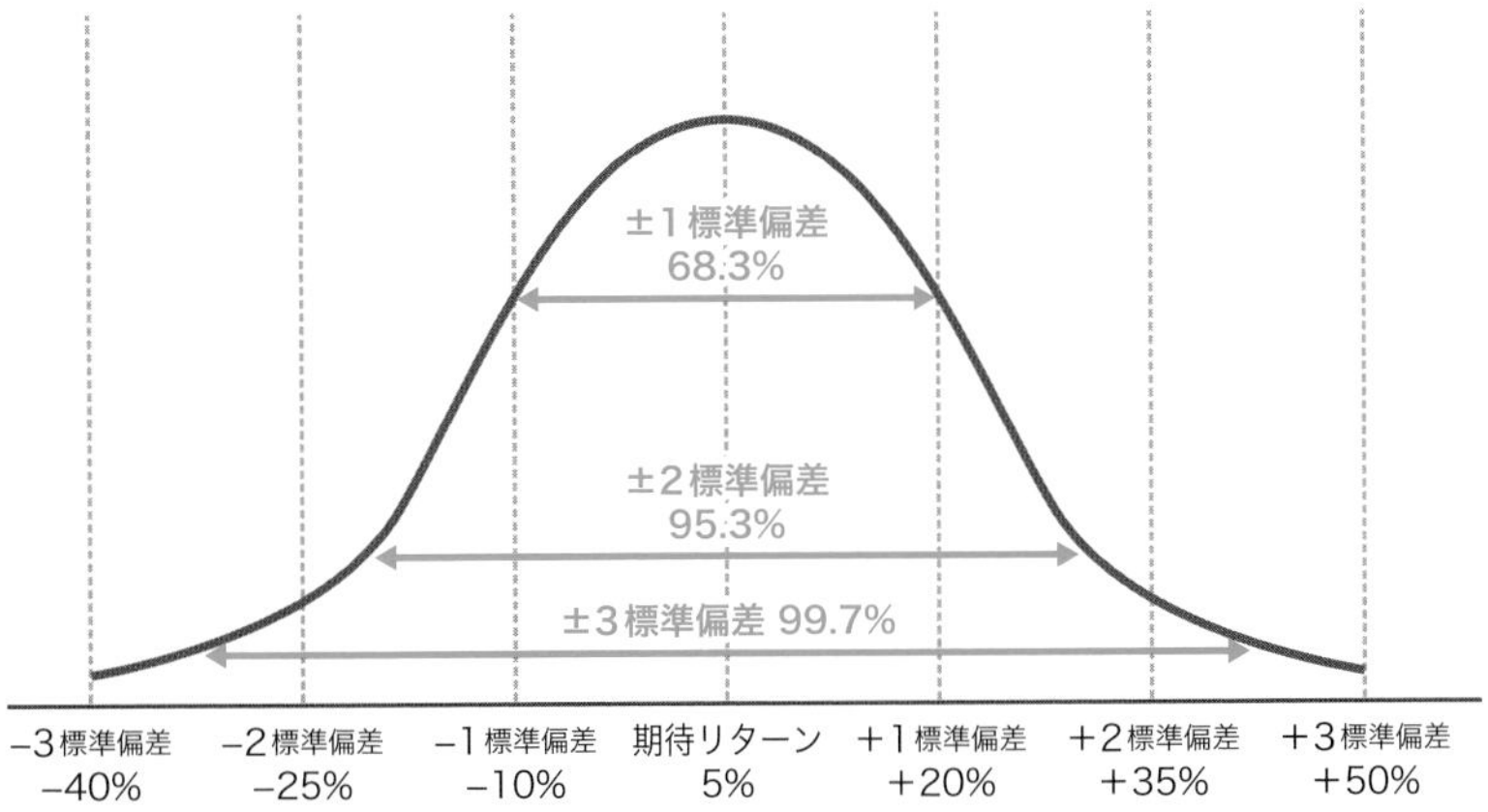
±1標準偏差
68.3%
±2標準偏差
95.3%
±3標準偏差 99.7%
−3標準偏差
−40%
−2標準偏差
−25%
−1標準偏差
−10%
期待リターン
5%
+1標準偏差
+20%
+2標準偏差
+35%
+3標準偏差
+50%

±１標準偏差（期待リターン５％を中心に－15％〜＋15％）では、リターンは－10％から＋20％の間に68・３％（約３分の２）の確率で収まることがわかります。

±２標準偏差（期待リターン５％を中心に－30％〜＋30％）では、リターンが－25％から＋35％の間に95・３％の確率で収まるということです。

標準偏差はあくまで1つの目安

投資では、標準偏差や期待リターンを過去のデータから算出します。しかし、未来は過去とは違った想定外の値動きをすることもあります。

また、「確率的にだいたいこの範囲に収まる」というだけで、確率的にはほとんど起こり得ない株価暴落が起きたこともあります。

たとえば－３標準偏差以上の下落が起こるのは約０・３％ですが、リーマンショックの際はその０・３％に該当する暴落が起こりました。極端にいえば、０・３％の確率の大暴落が明日訪れる可能性もあるのです。

標準偏差は１つの目安にはなりますが、実際には数値以上のリターンの変動は十分に起こり得る点は認識しておきましょう。

2 リスクに見合うリターンかを判断する「シャープ・レシオ」

同じリターンならリスクは低い方が良い

投資におけるリスクの意味を理解したところで、年率リターンは同じでリスクが違う銘柄Aと銘柄Bを比較します（下表参照）。

いずれも同じ15％の年率リターンですが、リスク（標準偏差）を比較するとAの方がリスクが20％と高く、Bはリスクが5％と低いことがわかります。

この場合、銘柄Bの方が少ないリスクで同じリターンが期待できるため、こちらを選択するべきです。

同じ年率リターンであればリスクが少ない方を選択すればいいですが、**リターンとリスクのどちらも違う場合、どのように評価**すればいいのでしょうか。

このようなリターンとリスク両方を含めて投資対象を比

● 銘柄Aと銘柄Bの年率リターンとリスク

銘柄	年率リターン	リスク（標準偏差）
A	15%	20%
B	15%	5%

● 銘柄Cと銘柄Dの年率リターンとリスク

銘柄	年率リターン	リスク（標準偏差）
C	10%	30%
D	8%	10%

較・評価したい場合に用いられるのが**シャープ・レシオ**です。

リターンとリスクが異なる銘柄Cと銘柄Dがあります（前ページ下表）。リターンだけに注目すると銘柄Cの方が高いので、一見良さそうに見えますが、リスクも高いことに注意が必要です。

シャープ・レシオは、**リスクに見合うリターンがあるか**を判断するための、**投資効率を数値化した指標**です。数値が大きいほど、小さなリスクで大きなリターンを上げた効率の良い投資であることを意味します。

シャープ・レシオは次の式で求められます。

シャープ・レシオ＝（平均リターン－無リスク資産のリターン）÷リスク

無リスク資産のリターンとは、リスクなしで得られるリターンです。銀行預金や国債の金利などが該当します。

リターンをリスクで割っており、リターンだけでなくリスクも考慮されています。

たとえば無リスク資産のリターンが2％とします。銘柄Cと銘柄Dのシャープ・レシオを計算すると、銘柄Cが0・27（（10％－2％）÷30％）、銘柄Dが0・6（（8％－2％）÷10％）になります。銘柄Dの方がリターンは小さいものの、リスクが低かったことでシャープ・レシオの値は高く、効率が良い投資であったことがわかります。

ただし、シャープ・レシオが高いことが必ずしも良いとは限りません。なぜなら、求めるリターンが得られなければその投資に意味はないからです。

また、比較条件は極力一致させる必要があります。期間が違う数値を比較すると誤った投資判断をしかねません。たとえばリーマンショックのような大暴落時期が含まれているかどうかで数値がまったく異なる恐れがあります。

本書では、基本的にリーマンショック前の2007年初めから2021年6月末までのデータを用いて評価します。

ただし、2007年以降に運用開始したETFについては運用開始翌年初めからのデータになるので、リーマンショックの時期を含むETFとは単純に比較できない点に注意してください。

3 2つの資産の値動きの関係性を示す「相関係数」

相関係数は、**2つの資産がどのくらい同じ動きをするのか関連性を示す**数値です。

＋1から－1までの範囲で表し、＋1に近づくほど同じ動き

● 相関係数と相関の強さ

相関係数	相関の強さ
0.7 ～ 1.0	強い正の相関
0.4 ～ 0.7	正の相関
0.2 ～ 0.4	弱い正の相関
–0.2 ～ –0.2	ほとんど相関が無い
–0.4 ～ –0.2	弱い負の相関
–0.7 ～ –0.4	負の相関
–1.0 ～ –0.7	強い負の相関

をする傾向が高いことを示します。

逆に−1に近づくほど逆の動きをする傾向が高まります。+1に近いと「**正の相関がある**」、ゼロに近いと「**相関がない**」、−1に近いと「**負の相関がある**」と判断されます。

異なる金融商品に分散投資する際に、正の相関が強いものに投資してしまうとリスク分散になりません。**相関が弱いものや、負の相関となる資産を組み合わせるほどリスクを下げる効果があります。**

本書では各ETFを評価する際、ベンチマークとして米国株式の代表的な指数であるS&P500（詳細は65ページ参照）との相関係数を示しています。

標準偏差、シャープ・レシオ、相関係数の意味が理解できると、ETFに限らず投資候補の銘柄のパフォーマンスを比較できます。

リターンの数字に惑わされず、リスクや銘柄どうしの関連性も考慮して選ぶようにしましょう。

● **相関の強さと株価の値動きのイメージ**

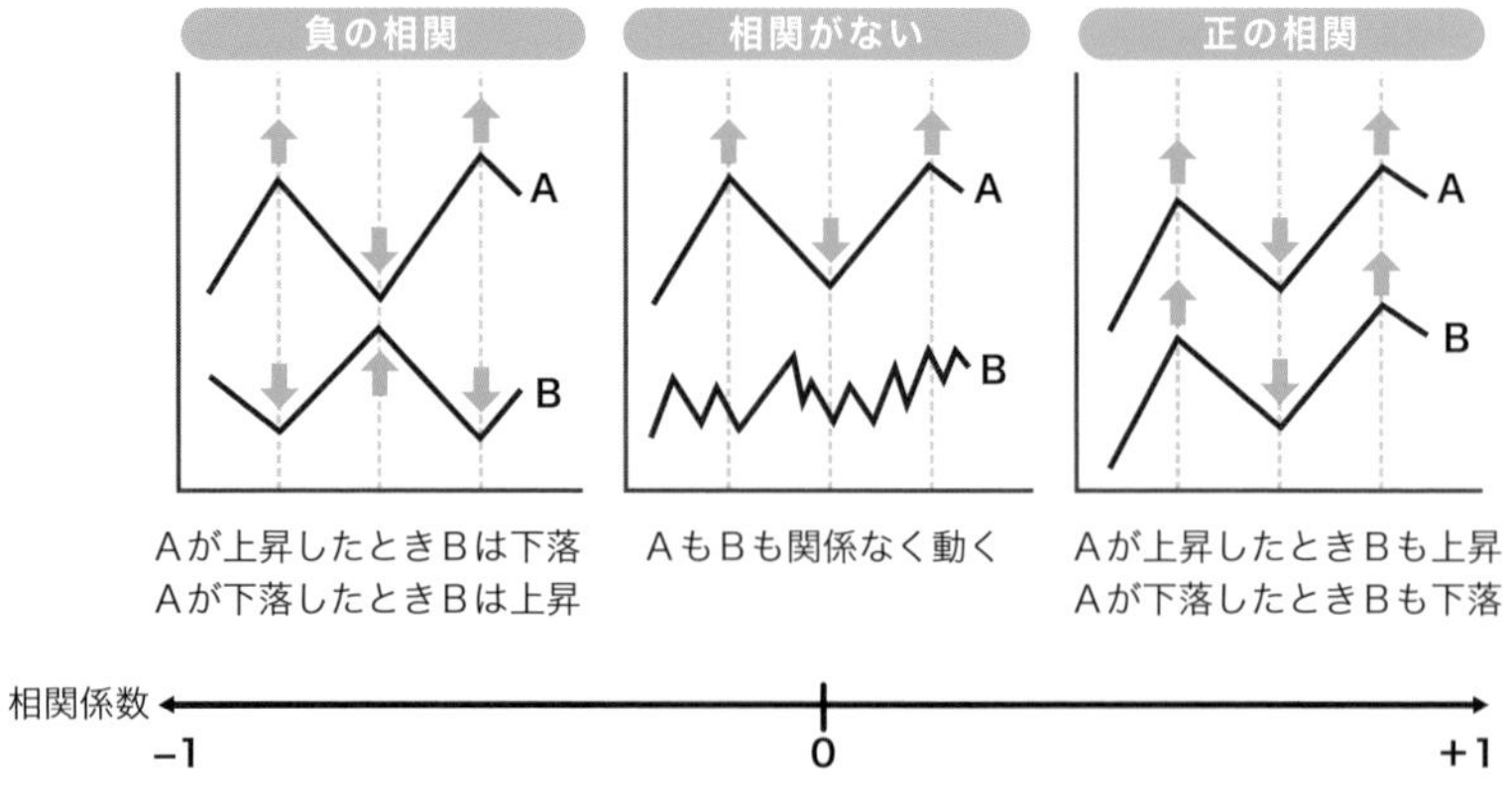

負の相関
A
B
相関がない
A
B
正の相関
A
B
Aが上昇したときBは下落
Aが下落したときBは上昇
AもBも関係なく動く
Aが上昇したときBも上昇
Aが下落したときBも下落
相関係数
−1
0
+1

リターンの数値だけを見るのではなく、標準偏差、シャープ・レシオ、相関係数を踏まえて投資する銘柄を選びましょう！

ここがポイント

- リスク（標準偏差）はリターンのブレ幅・バラつきを示す
- シャープ・レシオは「リスクに見合うリターンがあがっているか」という、投資効率を数値化したもの
- 相関係数とは、2つの対象がどのくらい関連した動きをするのかを示す数値。相関が弱いものや、負の相関となる資産を組み合わせることでリスクが下がる

Column

投資に重要な「アセットアロケーション」「ポートフォリオ」「リバランス」

資産形成の要「アセットアロケーション」

長期投資で資産形成する場合、もっとも重要な要素が「**アセットアロケーション**」です。「アセット」は資産、「アロケーション」は配分という意味で、日本語では「**資産配分**」です。

つまり、アセットアロケーションとは株式・債券・不動産・コモディティ・現金などの資産に、それぞれどういった割合で投資するかを決めることです。投資成績の約80～90%はアセットアロケーションで決まるという研究結果もあるほど、投資において重要なポイントです。

自身の**リスク許容度**（どれだけマイナスに耐えられるか）を超えない範囲で、無理のない配分を設定することが大切です。

アセットアロケーションに金融商品を当てはめたのが「ポートフォリオ」

「**ポートフォリオ**」は、アセットアロケーションに対して具体的な金融商品を当てはめたものです。「株式」「債券」「コモディティ」「不動産」などのＥＴＦやその他金融商品を、アセットアロケーションの各資産の割合になるように当てはめていきます。

「リバランス」でリターン向上・リスク低減

資産運用を続けていくと、資産価格の上昇や下落により、当初設定した資産割合が崩れていきます。この崩れた資産割合を元の割合に戻すことを「**リバランス**」といいます。

値動きによって、当初想定していた資産配分からズレが発生した場合、たとえば債券の割合が減り、リスク資産である株式の割合が増えるなど、資産が過剰にリスクを負っている状況になります。逆に、安全資産である債券の割合が高くなったままだと、期待されるリターンを得られない状態になっているといえます。

リバランスは、単にアセットアロケーションの割合を調整するだけでなく、投資パフォーマンスの向上を期待できる側面もあるため、年一度は見直すべきでしょう。

本書の読者特典として、「アセットアロケーション」「ポートフォリオ」「リバランス」について詳しく解説した付録をPDFで用意しました。サポートページ（320ページ参照）からダウンロードできます。ぜひ参考にしてみてください。

2時限目
米国株式ETF

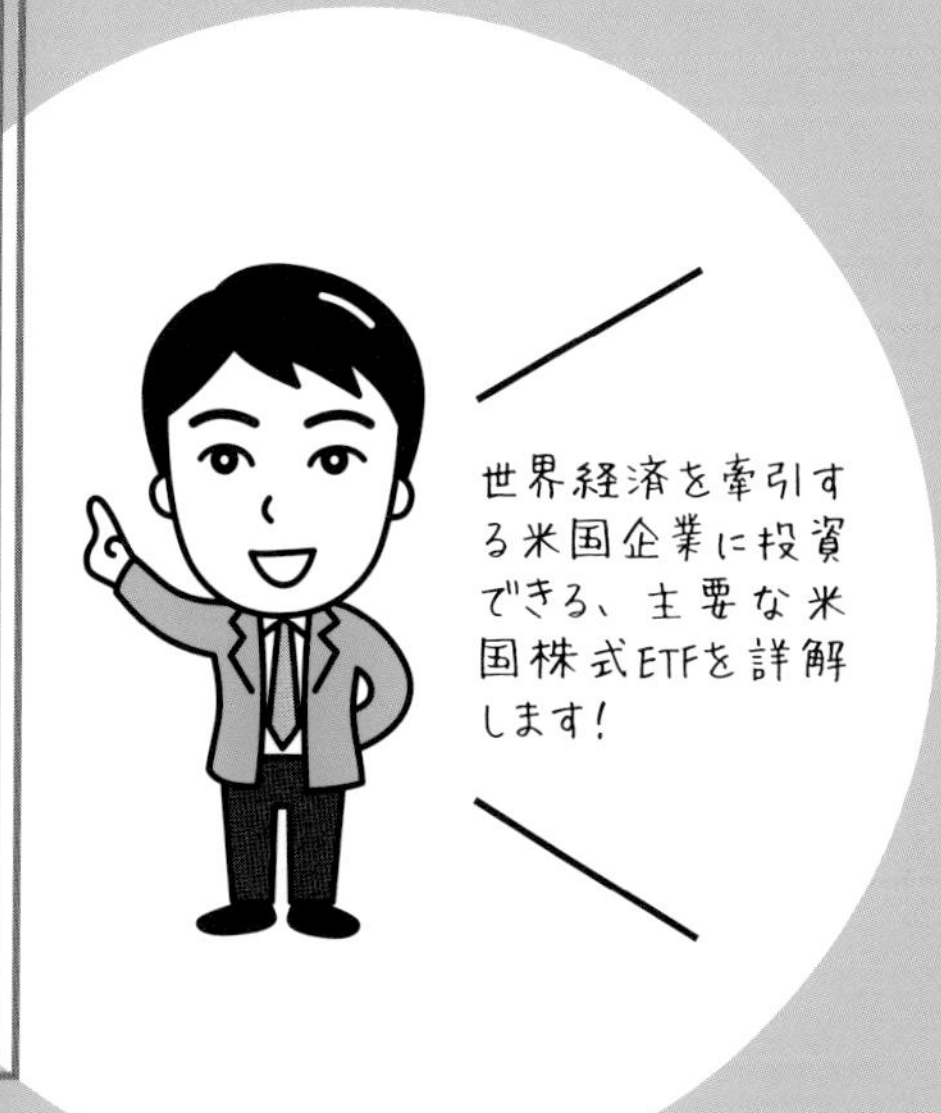
世界経済を牽引する米国企業に投資できる、主要な米国株式ETFを詳解します！

01 米国企業にまとめて投資するなら米国株式ＥＴＦ

1 圧倒的なパフォーマンスの米国株式ＥＴＦ

長年世界経済をリードしている米国経済ですが、特に近年は好調を維持しています。

ＧＡＦＡＭ（グーグル、アップル、フェイスブック、アマゾン、マイクロソフトの5社の頭文字）を筆頭に巨大企業が並ぶハイテク関連、電気自動車や自動運転分野で急成長を遂げるテスラ、ほかにも世界規模で事業を展開するコカ・コーラやヘルスケア分野の巨人ジョンソン＆ジョンソンなど、著名企業が名を連ねます。

このような**米国企業にまとめて投資できる**のが**米国株式ＥＴＦ**です。米国経済の好調を受け、米国株式ＥＴＦはダントツの人気を誇り

近年成長が著しいGAFAMや話題のテスラ、その他連続増配している優良企業にも、米国株式ETFでまとめて投資できます！

ます。米国株に連動するETFは多数ありますが、米国大型株を指数とするS&P500に連動するETFについては2時限目02で紹介します。

米国株の中でも注目度の高い株式指数に**NASDAQ100指数**があります。NASDAQはベンチャー企業向けで最大の米国株式市場です。

この指数に連動している**QQQ**というETFは、**注目の急成長企業にまとめて投資できる**ETFとして近年投資家の人気を集めています。QQQは2時限目03で詳しく説明します。

2 「S&P500（SPY）」をベンチマークにリターンを解説

本書で各ETFを解説する際に、リターンのベンチマークとなるETFとして、「**S&P500**」という株価指数に連動した「**SPY**」というETFを用います。各ETFの運用期間によりますが、特定の期間で運用した場合、そのETFとS&P500に連動したETFではリターン（運用結果）に差が出たか、どのぐらい資金が増減したかを比較しています。

S&P500は、S&Pダウ・ジョーンズ・インデックス社が算出・公表している**米国の代表的な株価指数**です。ニューヨーク証券取引所やNASDAQなど米国の取引所に上場している代表的な500銘柄から構成され、銘柄は定期的に見直されています。

幅広いセクターの企業を対象とし、企業の規模である時価総額に応じて組み入れ比率も決められている（**時価総額加重平均**）ことから、**米国株式市場全体の株価動向を表す指数**として用いられています。

　本書では、このS&P500と各ETFの運用結果を比較することで、パフォーマンスがわかりやすいようにしています。

● 米国の主な証券市場

NYSE （ニューヨーク証券取引所）	世界最大の証券取引所。米国の大型優良企業や各国のグローバル企業などが数多く上場している
NASDAQ （ナスダック証券取引所）	世界初の電子株式取引所として設立。テクノロジー系の企業や新興企業が多く上場している

● 米国の主な株価指数

S&P500	米国の代表的な500銘柄の時価総額加重平均で算出される株価指数。米国株式市場の時価総額の約80%を網羅しており、米国の株式市場全体の動きを表す指数として用いられている
NASDAQ総合指数	ナスダック証券取引所に上場するすべての銘柄の時価総額加重平均で算出される株価指数。ナスダック証券取引所の上場企業を対象とするため、テクノロジー系の企業や新興企業が多い
NYダウ工業30種	ダウ・ジョーンズ社が発表する世界で最も長い歴史を誇る株価指数。米国の代表的な30銘柄の推移をもとに算出

ここがポイント

- ETFの中でも米国株式ETFは圧倒的な人気
- S&P500に連動するETF、GAFAMを中心に超成長企業に投資できるQQQなど、米国株式ETFには人気商品が並ぶ

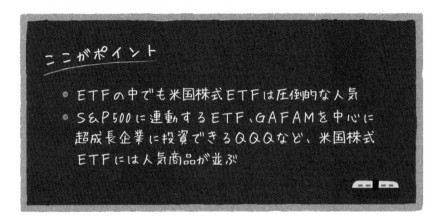

02 米国の代表的指数に連動するETF（VTI・SPY・VOO・IVV）

1 世界中の株式の時価総額の半分以上を占める米国株

現在の世界中の株式の時価総額の半分以上を米国株が占めています。**直近の世界の株の値動きは米国がリードしている**と言っても過言ではないでしょう。

米国株のリターン成績は目を見張るものがあり、近年日本でも米国株ブームが起きています。

今後も成長が期待できる米国経済

今後十数年のスパンでも米国企業が世界をリードし続ける可能

近年好調の米国株式ETFは、他ETFと比べて規模が圧倒的で、種類も豊富であることが特長です！

性が高いと考えられています。

その理由の1つは、経済成長に不可欠な要素である**米国の人口が、先進国の中では例外的に増加**していることが挙げられます。

米国の人口推移を下に示しました。近年は伸びが鈍化傾向であるものの、今後も増加していくことが予想されています。

また、米国は**投資に関する法制度、会計制度などが整っている**ことや、**株主還元が重視されている**ことも大きな特長です。

同時に、新興ビジネスやイノベーションが生まれやすい側面もあります。

今後も成長し上昇が見込まれる米国株

S&P500や**NYダウ**などの米国株に連動する指数には長い歴史があり、1929年のウォール街大暴落（世界恐慌）、1987年ブラックマンデー、2008年リーマンショックと多数の暴落を乗り越え上昇してきた実績があります。
こうした暴落から不況といった困難を乗り越え、さらに事

● アメリカと日本の人口推移

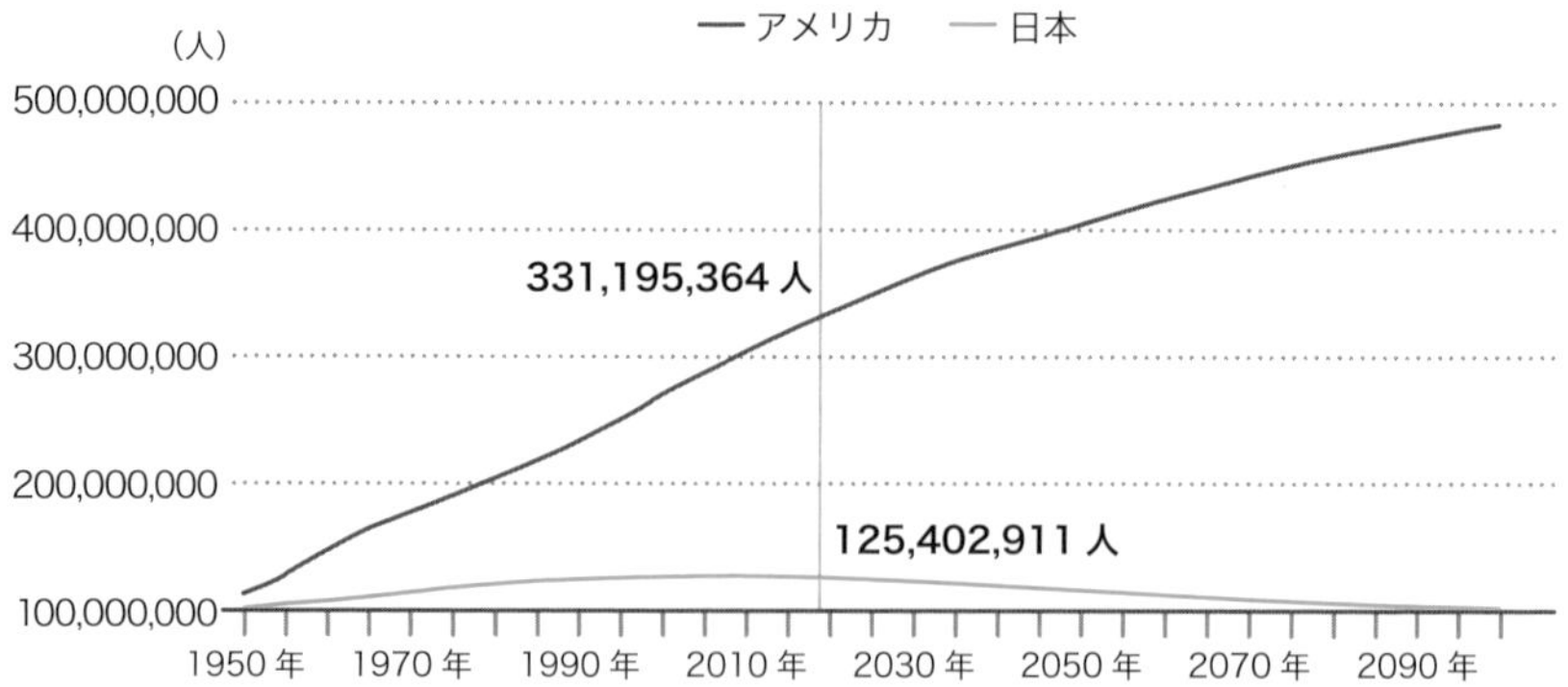

アメリカ
日本
（人）
500,000,000
400,000,000
300,000,000
200,000,000
100,000,000
331,195,364 人
125,402,911 人
1950 年
1970 年
1990 年
2010 年
2030 年
2050 年
2070 年
2090 年

業環境も整備されていることから、米国経済は今後も世界をリードしていく可能性が高く、株価も上昇していくと考える人も多くいます。

また、米国には新興国に進出しているグローバル企業も多く、新興国の成長も取り込むことができます。

しかし、このような事実はすでに株価に織り込まれているかもしれません。米国株式を魅力的に感じている人が多いということは、株価がすでに割高になっている危険性もあるということです。

2 投資対象の企業規模に応じたETF

本書の主眼となる米国株式ETFにも、企業規模に応じてさまざまな銘柄があります。

本節では、圧倒的な純資産総額を誇る**VTI**、S&P500に連動するETFである**SPY・IVV・VOO**を取り上げて詳細を見ていきます。79ページの表に、国内主要ネット証券で取り扱われている、その他の純資産総額が1兆円を超える規模の大きな米国株式ETFをリストアップしているので参考にしてみてください。特に、米国の小型株や中型株にフォーカスして投資したい場合は、有用な選択肢となるでしょう。

3 圧倒的な純資産総額の米国株ETF

下表にそれぞれのETFの基本情報を示しました。どれも圧倒的な純資産総額で、これらは全ETFの純資産総額ランキングでも1〜4位を占めています。

どのETFも米国の企業に幅広く投資でき、コストも非常に低いことから、米国株式に投資したい場合にまず候補に挙がるETFです。

VTIは「CRSP USトータルマーケット・インデックス」に連動したパフォーマンスを目指すETFです。米国の大型株・中型株・小型株に幅広く投資ができ、保有銘柄数は3943銘柄に上ります。

SPY・IVV・VOOは、先ほどご紹

●VTI・SPY・IVV・VOOの基本情報（2021年9月末）

区分	ティッカー / 運用会社	銘柄 / 連動指数	価格（ドル/1口）	保有銘柄数	運用管理費用（%）	純資産総額（兆円）	運用期間（年）
米国株全体	**VTI**	**バンガード・トータル・ストックマーケット ETF**	222.06	3,943	0.03	29.9	20.4
	バンガード	CRSP USトータルマーケット・インデックス					
大型株	**SPY**	**SPDR S&P500 ETF**	429.14	508	0.09	43.5	28.7
	ステートストリート	S&P 500					
	IVV	**iシェアーズ・コア S&P 500 ETF**	430.82	508	0.03	32.7	21.4
	ブラックロック	S&P 500					
	VOO	**バンガード・S&P 500 ETF**	394.4	508	0.03	28.2	11.1
	バンガード	S&P 500					

出典：https://myindex.jp/ranking_fund.php、https://investor.vanguard.com/、https://www.blackrock.com/、https://www.ssga.com/

介した米国の主要株価指数である**S&P500に連動**したパフォーマンスを目指します。

なおこの4つのETFはすべて、各銘柄の時価総額に応じて組み入れ比率が決まる**時価総額加重平均**（46ページ参照）です。そのため時価総額が大きい銘柄ほど組み入れ比率が高く、投資される資金の割合が高くなります。

4 GAFAMなど米国優良企業に一括投資

次に、各ETFに含まれる具体的な銘柄を見ていきましょう。SPY・IVV・VOOはどれも**S&P500**に連動するETFで、組み入れ銘柄に大きな差はありません（下表参照）。また、パフォーマンスにつ

● VTIの組み入れ上位10社

順位	VTI企業	VTI比率
1	アップル	4.47%
2	マイクロソフト	4.31%
3	アマゾン	3.21%
4	フェイスブック	1.72%
5	アルファベット Class A	1.50%
6	アルファベット Class C	1.40%
7	テスラ	1.24%
8	JPモルガン・チェース	1.12%
9	バークシャー・ハサウェイ Class B	1.10%
10	ジョンソン & ジョンソン	1.05%

● SPYの組み入れ上位10社

順位	S&P500（SPY）企業	S&P500(SPY)比率
1	アップル	5.94%
2	マイクロソフト	5.55%
3	アマゾン	4.06%
4	フェイスブック	2.05%
5	アルファベット Class A	1.93%
6	アルファベット Class C	1.87%
7	テスラ	1.61%
8	バークシャー・ハサウェイ Class B	1.46%
9	JPモルガン・チェース	1.30%
10	ジョンソン&ジョンソン	1.24%

出典：https://investor.vanguard.com/、https://www.blackrock.com/

いても大きな差はないため、このあとはＳＰＹのみに絞って見ていきます。

前ページのＶＴＩとＳＰＹの組み入れ上位10社は、いずれも**GAFAM**が上位を占めています。

その他は電気自動車の**テスラ**、ウォーレン・バフェットが率いる投資会社**バークシャー・ハサウェイ**などがランクインしています。

VTIとS&P500の重複率は80%

前ページの表を見ると、ＶＴＩとＳＰＹの上位組み入れ銘柄には大きな違いはありません。それでは、投資される資金全体で見た場合には、どれだけ内容が重複しているのでしょうか。

VTIとSPYの時価ベースの重複率は約80%です。銘柄数としては３０００銘柄以上の差がありますが、投資される資金で見た場合は、80%同じ銘柄に投資されるということです。

逆に言うと、ＶＴＩはＳ＆Ｐ５００に組み入れられていない銘柄に約20%投資していることになります。

また、Ｓ＆Ｐ５００は選別された約５００社への投資ですが、

● VTI・S&P500（SPY）の時価総額ベースの重複率

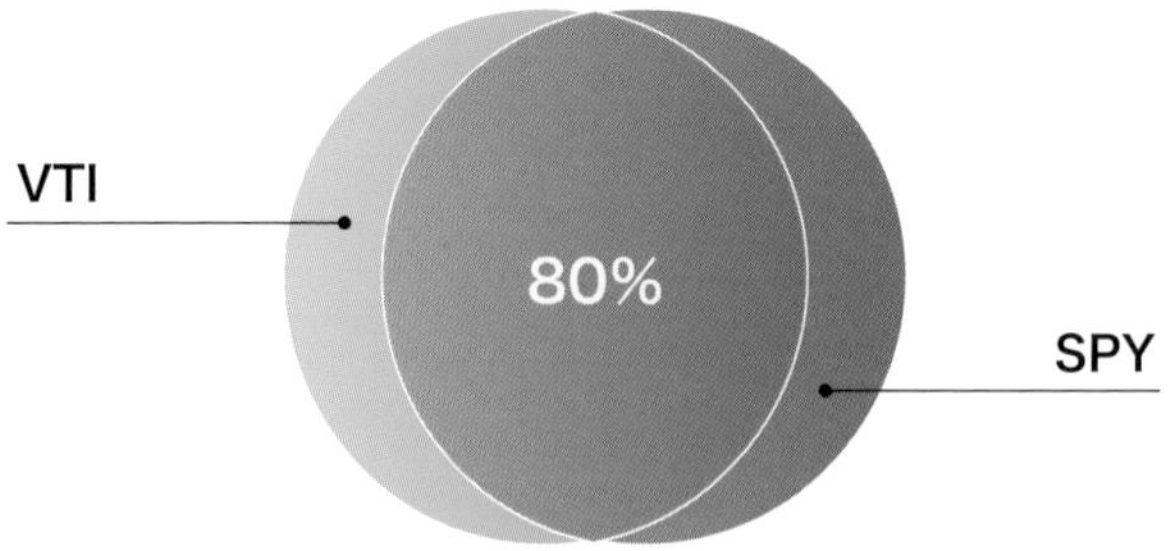

出典：https://www.etfrc.com/

その500社で**米国株式市場の約80%を網羅できている**こともわかります。

情報セクターが4分の1を占める

VTIとSPYに組み入れられている銘柄のセクター分布を左に示しました。多少の違いはありますが、どちらも**複数のセクターにバランス良く分散されています。**

ただし分散されているものの、近年米国市場を牽引してきた**情報技術セクターが約4分の1**と

● VTIのセクター別組み入れ比率

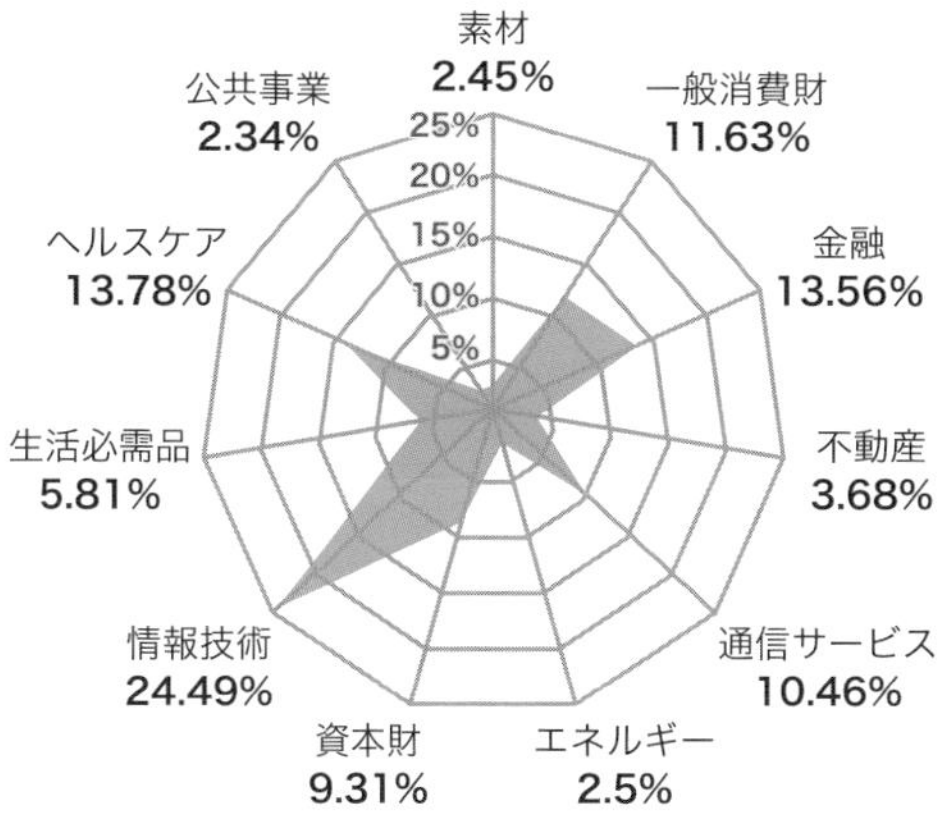

● SPYのセクター別組み入れ比率

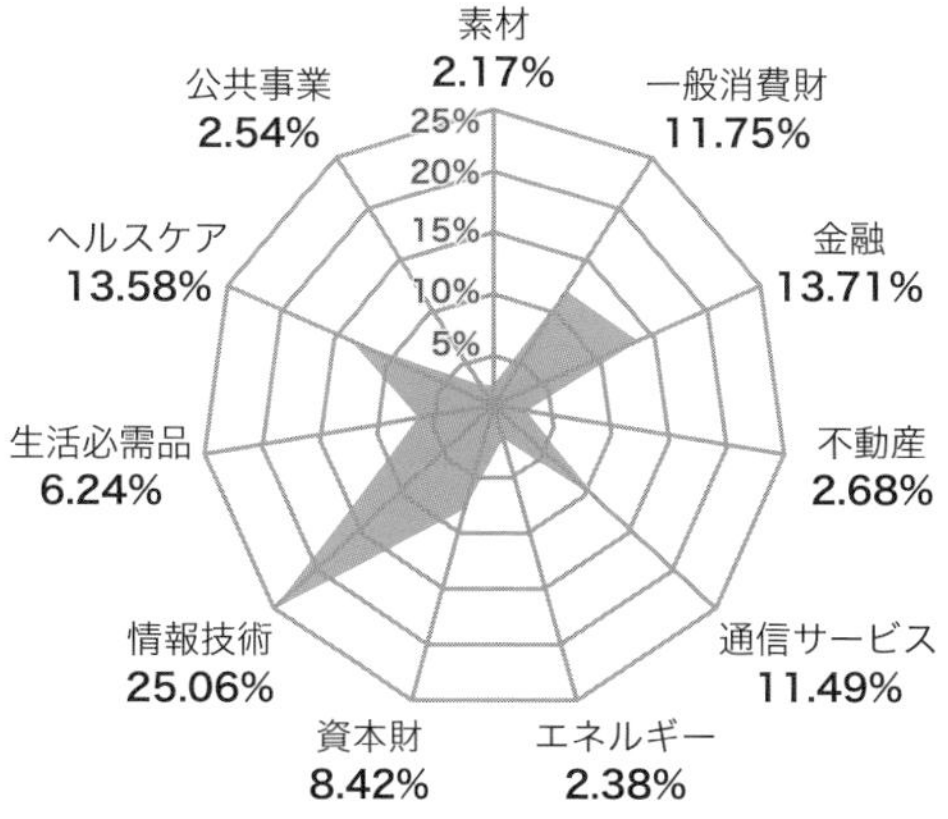

出典：https://portfolios.morningstar.com

大きな割合を占めています。

5 10数年で4倍以上のリターンを記録

ＶＴＩとＳ＆Ｐ５００（ＳＰＹ）のリターンを見ると、２００７年から２０２１年６月末までの期間は、ともに素晴らしいパフォーマンスです。

２００７年１月に投資した１００ドルは、２０２１年６月末時点でＶＴＩが４２１ドル、Ｓ＆Ｐ５００が４０４ドルとなりました（次ページ上表参照）。

年率リターンはＶＴＩが10・42％、Ｓ＆Ｐ５００が10・11％です。ＶＴＩの方が少し高いパフォーマンスですが、大きな差はありません。また、直近５年や10年でも同様の結果でした（次ページ下表参照）。

● VTI・S&P500（SPY）の資産推移

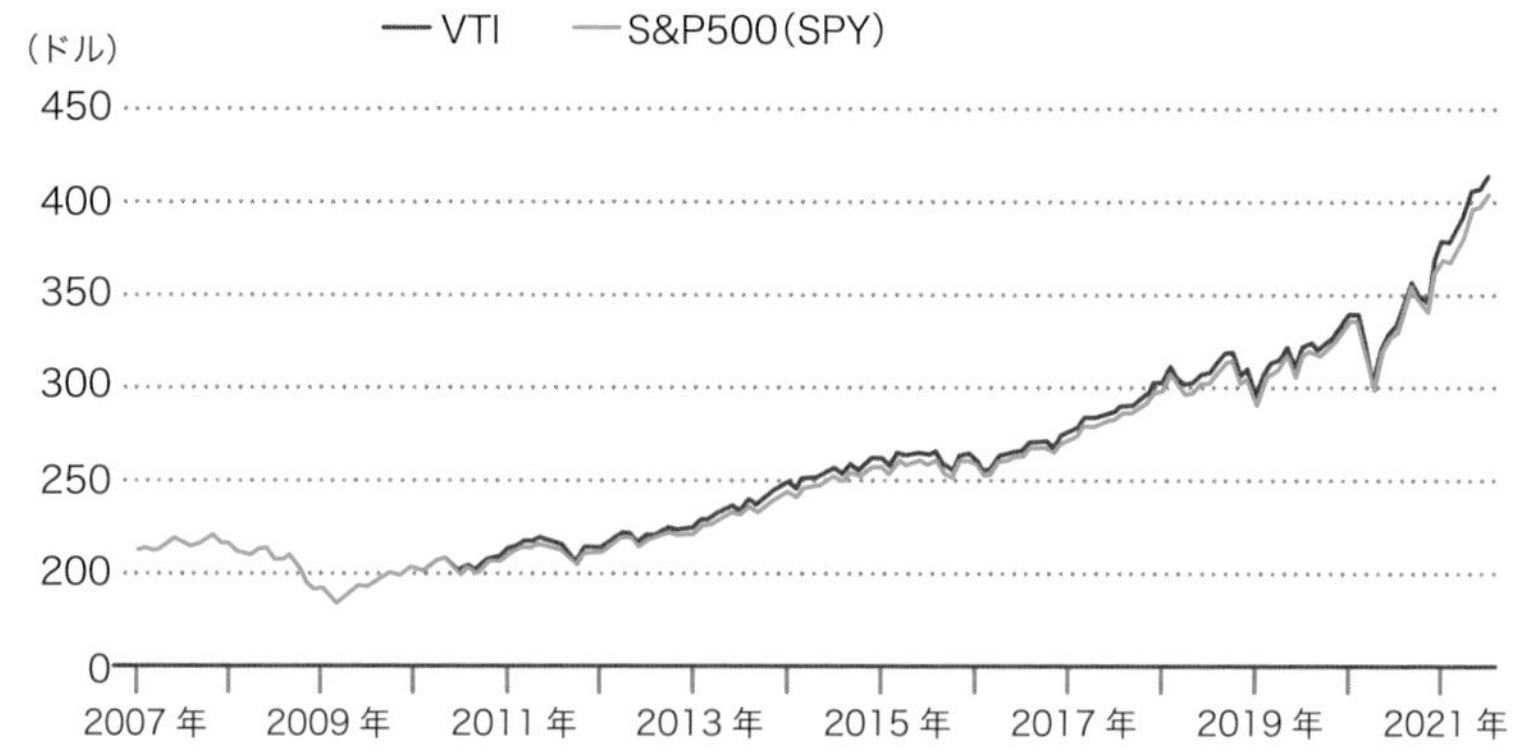

※2007年1月に100ドルを投資し、分配金はすべて再投資した場合の2021年6月末までの各月末時点の月次推移。税金は未考慮。

出典：https://www.portfoliovisualizer.com/

過去の長期の株式データを分析した結果によると、小型株を組み入れた方が長期のリターンが高くなる傾向があることが知られています（小型株効果と呼びます）。長期で見た場合は、今後も同様の傾向が続く可能性はあります。

２００７年から２０２１年の間には、リーマンショックやコロナショックなど株価の大きな下落がありました。にもかかわらず、ＶＴＩ・ＳＰＹはいずれも４倍以上の高いリターンを記録しており、近年の米国株式の力強さを実感できます。

ＶＴＩとＳＰＹのリスクの差はごくわずか

高いパフォーマンスをあげている一方、リスクはどうだったのでしょうか。下表を見ると、リスク・価格の振れ幅を示すリスク（標準偏差）はＶＴＩが15・93％、Ｓ＆Ｐ５００が15・35％となっています。小型株が含まれるＶＴＩの方が少しだ

● VTI・S&P500(SPY) の各種データ（2007 年 1 月～ 2021 年 6 月末）

銘柄	初期投資額（ドル）	最終資産額（ドル）	年率リターン	リスク（標準偏差）
VTI	100	421	10.42%	15.93%
S&P500	100	404	10.11%	15.35%

銘柄	最も良かった年の上昇率	最も悪かった年の下落率	最大下落率	シャープ・レシオ	米国株市場との相関係数
VTI	33.45%	-36.98%	-50.84%	0.65	1.00
S&P500	32.31%	-36.81%	-50.80%	0.65	1.00

● VTI・S&P500(SPY) の運用実績年率リターン（2021 年 6 月末時点）

銘柄	1年	3年	5年	10年
VTI	44.42%	18.73%	17.90%	14.70%
S&P500	40.90%	18.56%	17.54%	14.72%

出典：https://www.portfoliovisualizer.com/

け高くなっていますが、こちらも大きな違いはありません。

リターンも大きな違いがないことから、投資のリスクに対しどれだけリターンを得られたかを示すシャープ・レシオは0・65と同じ値となっています。

一時的な暴落があっても回復力は高い

最大下落率（該当期間で株価の下落率を示す数値）は、VTIが－50・84％、S＆P500が－50・80％です。いずれもリーマンショックの際に記録したものです。リーマンショック時は同時に急激な円高もあり、円建てでは最大下落率60％超となりました。

一方、暴落のリスクを負って投資してきた人々は、大きなリターンを得られました。今後もVTIやS＆P500への投資は、一時的な下落をすることはあったとしても、魅力的な投資先であることには変わりません。

もっとも上昇した年の上昇率は、VTI、S＆P500ともに30％超で、もっとも下落した年の下落率はともに－35％超です。

年率リターンは約10％程度ですが、大きく上昇する年もあれば、大きく下落する年もあります。ただし、2007年から14年間でマイナスとなった年は、VTI、S＆P500ともにわずか2回のみで、多くの年はプラスのリターンとなっています。

直近10数年の米国株のリターンは、他の先進国や新興国を上回る素晴らしいものでした。そのため、今後も素晴らしいリターンが得られることを期待して、米国株が日本でも大きなブームになっています。

しかし前述のとおり、すでに割高になっている可能性もあります。今後も同様に他国を上回るリターンをもたらすかはわからない点には注意しましょう。

分配金は継続的に増加

下に２００７年以降のＶＴＩとＳＰＹの分配利回りの推移を示しました。

利回りがリーマンショックの２００８年に一時的に跳ね上がっているものの、**１％台後半から２％台前半で推移**しています。

また、分配金はリーマンショック時に減配していますが、それ以降は２０１９年まで順調に増加していることが見て取れます。

２０２０年はＳＰＹは増配していますが、コロナによる影響でＶＴＩの分配金は微減しています。

● SPY・VTI 1口あたりの分配金推移（年次）

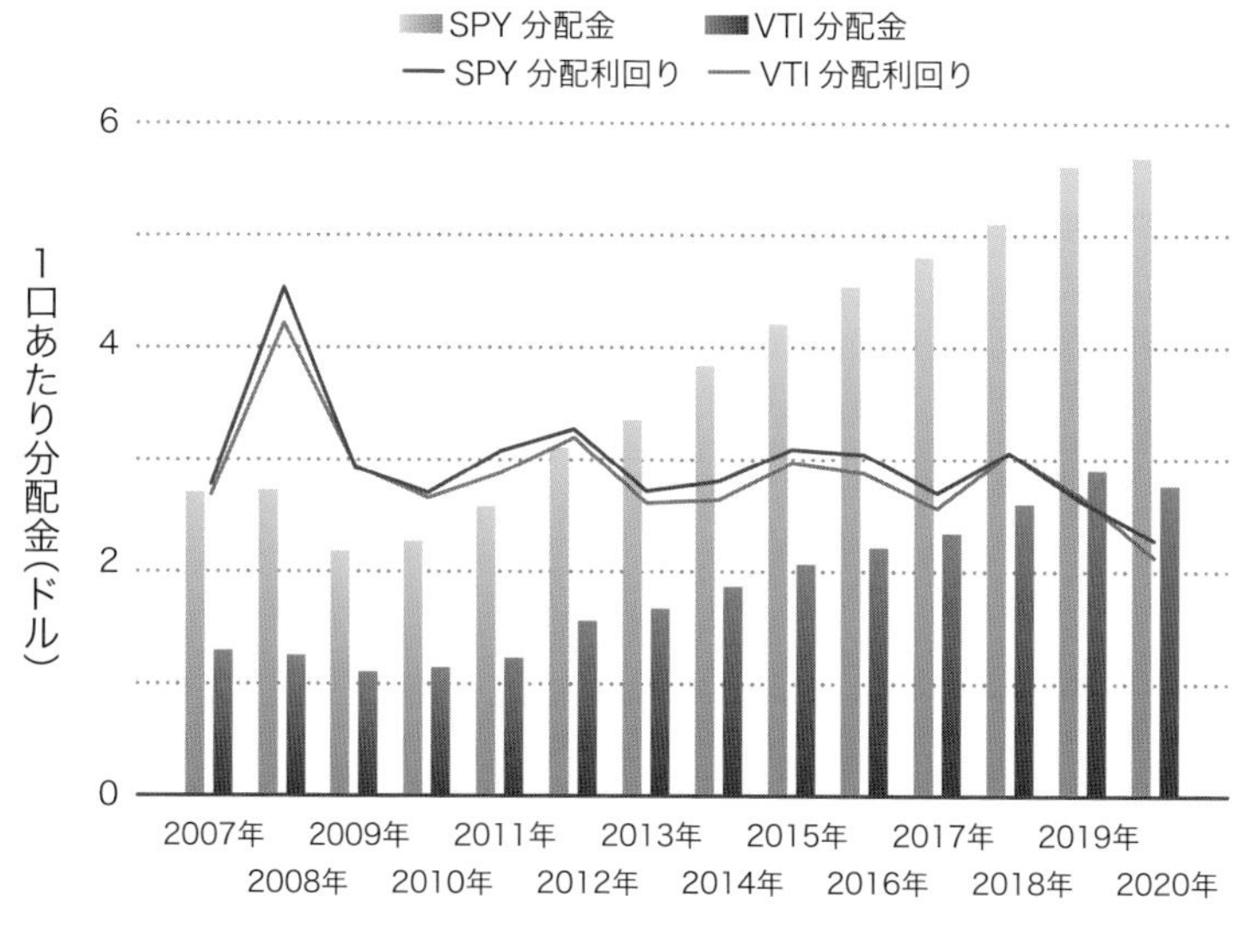

出典：https://marketchameleon.com/、https://haitoukabu.com/

リーマンショックやコロナショックなど一時的な影響はあるものの、今後も株価の上昇とともに分配金の増加も期待できる安定感のある銘柄といえます。

今後も米国企業の躍進が見込まれる中、米国株への投資は外せません。

ただし注意したいのは、直近のパフォーマンスが良いからといって、米国株を過信しすぎることです。

資産の分散は投資の鉄則です。ほかのＥＴＦも参考にしつつ、バランスの取れたポートフォリオを目指しましょう。

ここがポイント

- 2007年から2021年6月末までの期間で、米国株式ETFは4倍以上のリターンを記録
- 米国企業が世界をリードしていく可能性は高く、米国株ETFは今後も魅力的な投資先

● その他の米国株式 ETF の基本情報（2021 年 9 月末時点）

区分	ティッカー 運用会社	銘柄 連動指数	価格 (ドル/1口)	保有 銘柄数	運用管理 費用(%)	純資産 総額 (兆円)	運用 期間 (年)
大型株	**DIA** ステート ストリート	**SPDR ダウ工業株平均 ETF** ダウ平均	338.29	31	0.16	3.2	23.7
大型株	**VV** バンガード	**バンガード・米国ラージキャップETF** CRSP USラージキャップ	200.92	595	0.04	2.9	17.7
中型株	**IJH** ブラックロック	**iシェアーズ・コア S&P 中型株 ETF** S&P MidCap 400	263.07	402	0.05	7	21.4
中型株	**VO** バンガード	**バンガード・米国ミッドキャップETF** CRSP US米国ミッドキャップ	236.76	374	0.04	5.8	17.7
中・小型株	**VXF** バンガード	**バンガード・米国エクステンデッド・マーケットETF** S&Pコンプリーション指数	182.36	3,497	0.06	1.9	19.8
小型株	**IJR** ブラックロック	**iシェアーズ・コア S&P 小型株 ETF** S&P SmallCap 600	109.19	603	0.06	7.8	21.4
小型株	**IWM** ブラックロック	**iシェアーズ ラッセル 2000 ETF** Russell 2000	109.19	603	0.06	7.6	21.4
小型株	**VB** バンガード	**バンガード・スモールキャップ ETF** CRSP USスモールキャップ・インデックス	218.67	1,521	0.05	5.3	17.7

出典：https://myindex.jp/ranking_fund.php、https://investor.vanguard.com/、
https://www.blackrock.com/、https://www.ssga.com/

03 GAFAMを買うならQQQ

1 NASDAQ（ナスダック）は最大のベンチャー向け株式市場

読者のみなさんは、「**ナスダック**」という言葉を日経平均株価などを知らせるニュース番組などで聞いたことがあるかと思います。

NASDAQ（National Association of Securities Deals Automated Quotations）は米国株式市場の1つで、1971年にコンピュータシステムで運営される**世界初の電子株式市場**として設立されました。

新興企業向けの市場でしたが、今や**GAFAM**などの巨大IT企業も上場し、**急成長する産業や企業を見極めるのに欠かせない**

近年の米国経済を牽引する
GAFAMが上場するNASDAQ銘柄
をまとめて買うならQQQ！

といっても過言ではないほど、投資家の間では長年注目度の高い市場となっています。

時代の潮流を反映し、GAFAMをはじめ数多くのIT企業、ベンチャー企業がNASDAQで上場しています。また、任天堂、三井物産、東京海上、キリンホールディングスといった日本の企業や、アリババなど中国の企業もNASDAQの上場企業です。

QQQはNASDAQ100指数に連動するパフォーマンス上々のハイテクグロースETF

NASDAQ100指数は、NASDAQに上場している企業のうち、**金融業界の銘柄を除く時価総額が上位100社で構成**され、QQQのベンチマークとなっています。

QQQ（インベスコQQQ 信託シリーズ1）はNASDAQに上場する企業の中でも、時価総額の大きな大型ハイテク企業などに投資することができるETFです。

2007年に100ドルを投資したときの資産推移（次ページグラフ）は800ドルを超え、高いパフォーマンスをあげています。

QQQがどんなETFなのか、もう少し深く見ていきましょう。

● QQQの基本情報（2021年9月末時点）

ティッカー / 運用会社	銘柄 / 連動指数	価格（ドル/1口）	保有銘柄数	運用管理費用（%）	純資産総額（兆円）	運用期間（年）
QQQ / インベスコ	インベスコQQQトラスト・シリーズ1 / NASDAQ 100指数	357.96	103	0.20	20.7	22.6

出典：https://myindex.jp/ranking_fund.php、https://www.invesco.com/

2 GAFAMをはじめ世界的なテクノロジー企業を組み入れ

QQQの組入銘柄は、**GAFAM**が上位を占めています。それだけではなく、電気自動車メーカー**テスラ**、半導体の**エヌヴィディア**や**インテル**、決済プラットフォームの**ペイパル**なども上位10社に入っています（次ページ図参照）。

エヌヴィディアは日本では一般になじみのない企業かもしれませんが、高性能パソコンに搭載されるグラフィックボードで有名です。2020年7月には老舗インテルの時価総額を抜き、アメリカ国内でトップの半導体メーカーとなっています。

上位10社の組み入れ比率は合計52・03％と半分以上で、成長著しい企業に集中投資できます。

セクター別の組み入れ比率（84ページ）ではアップルやマイクロソフトなど**情報技術セクターが**

● QQQ・S&P500の資産推移

※2007年1月に100ドルを投資し、分配金はすべて再投資した場合の2021年6月末までの各月末時点の月次推移。税金は未考慮。
出典：https://www.portfoliovisualizer.com/

約半数の45・56％を占めます。

2位はアルファベット（グーグル）やフェイスブックが入る**通信サービスセクター**で19・57％、3位はアマゾンやテスラが入る**一般消費財セクター**で16・63％となっています。

情報産業だけではなく、生活必需品やヘルスケアセクターも合計10％ほど組み入れられています。

3 直近10数年は圧倒的なリターン

14年間で9倍以上のリターン

QQQは具体的にどのくらいのリターンが得られたのでしょうか。

2007年から2021年までの推移を見ると、**QQQはS&P500を圧倒**しています。

年率リターンはS&P500が**10・11％**、QQQは**16・63％**でした（85ページ下表参照）。

● QQQの組み入れ上位10社

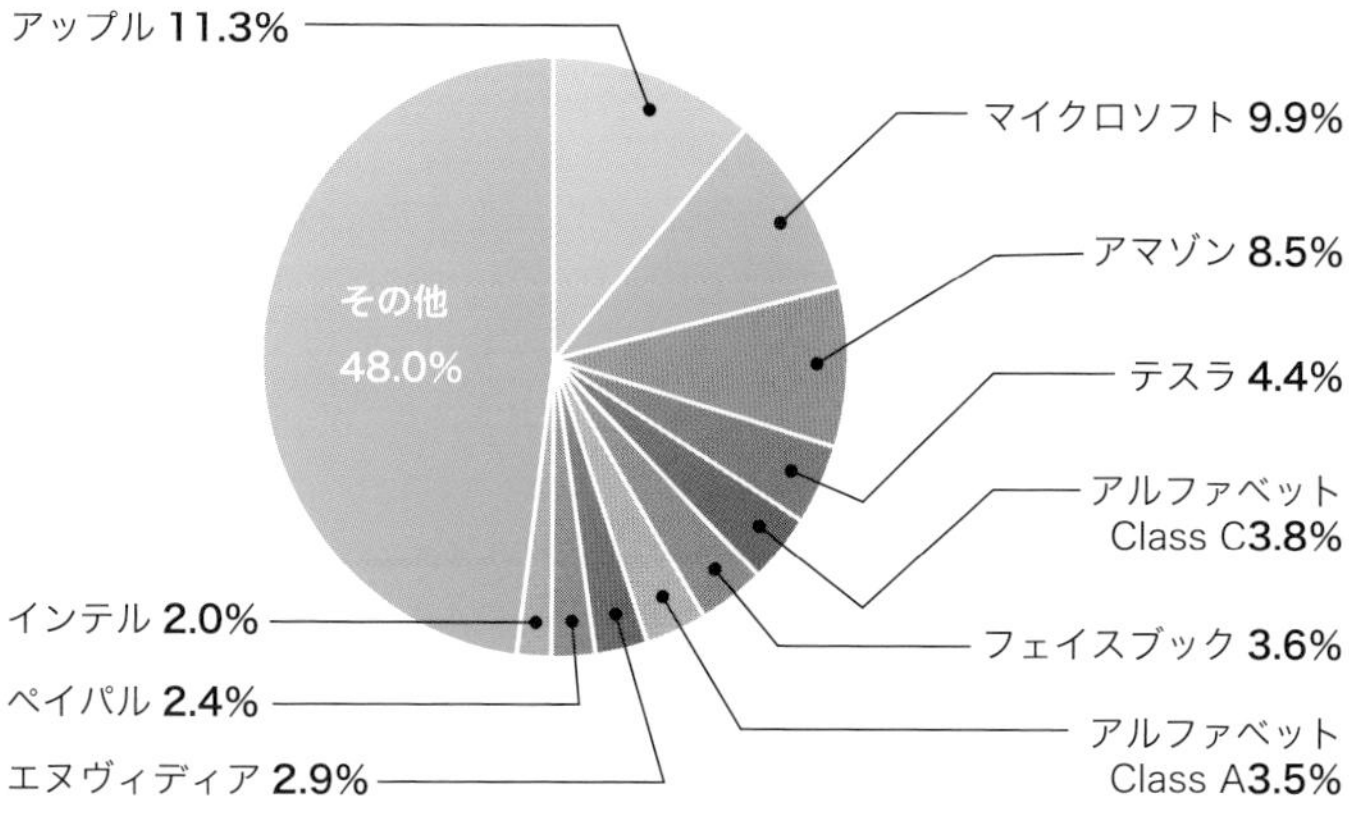
アップル 11.3%
マイクロソフト 9.9%
アマゾン 8.5%
テスラ 4.4%
アルファベット Class C3.8%
フェイスブック 3.6%
アルファベット Class A3.5%
エヌヴィディア 2.9%
ペイパル 2.4%
インテル 2.0%
その他 48.0%

出典：https://www.invesco.com/

２００７年１月に１００ドルをＱＱＱに投資したとすると、２０２１年６月末に９３０ドルになる計算です。**９倍以上に成長**しています。これは、直近10数年の株価上昇を牽引してきたＧＡＦＡＭの組み入れ比率がＱＱＱの方が高かったことが大きく影響しています。

２０２０年のコロナショックによる下落を考慮しても、ＱＱＱの間近10年の年率リターンは19・92％で、**20％近いリターン**と驚くべき数字を記録しています（次ページ上表参照）。

コロナ禍による外出規制やリモートワーク拡大など、ＱＱＱの組み入れ銘柄に多いＩＴ企業に追い風の要素も多くありました。時代の大きな流れとしてＩＴが社会インフラとなってきたことや、サブスクリプションの定額サービスを提供する企業が多く、急激な売り上げ減少が少ないことも成長の背景として挙げられます。

● QQQ のセクター別組み入れ比率

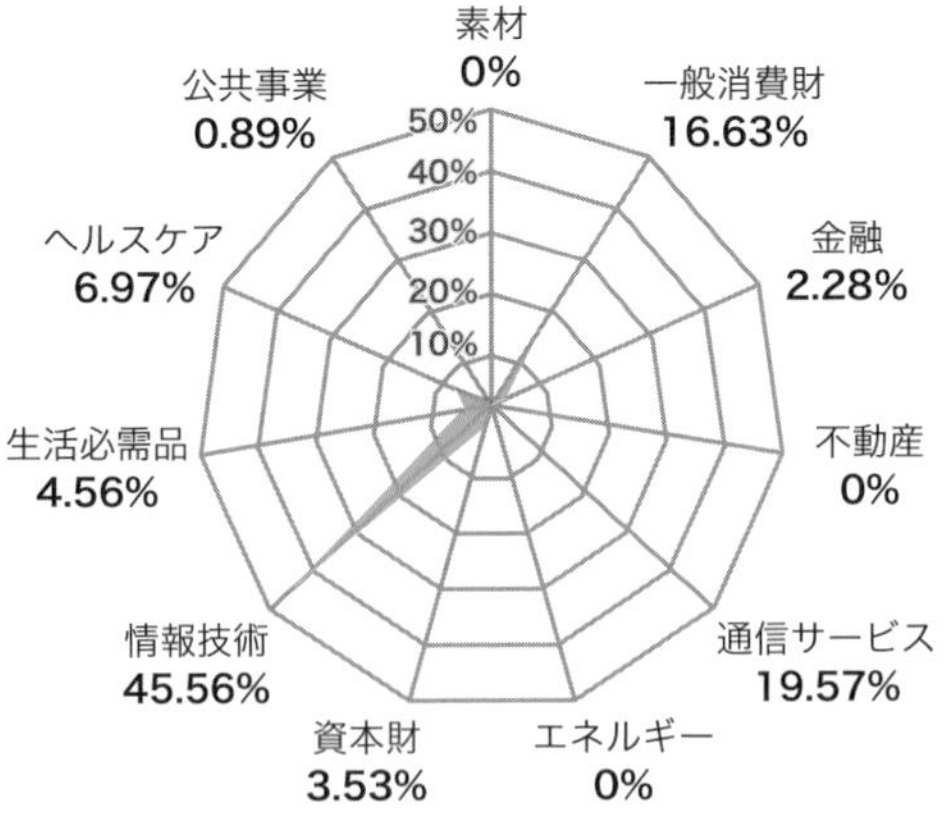
素材
0%
一般消費財
16.63%
金融
2.28%
不動産
0%
通信サービス
19.57%
エネルギー
0%
資本財
3.53%
情報技術
45.56%
生活必需品
4.56%
ヘルスケア
6.97%
公共事業
0.89%
50%
40%
30%
20%
10%

出典：https://www.invesco.com/

リスクを考慮しても大きなリターン

リスク（標準偏差）はＱＱＱが18・01％、Ｓ＆Ｐ５００が15・35％なので、対象の期間ではＱＱＱの方がリスクが大きかったということになります。しかし、シャープ・レシオはＱＱＱ

が０・90、Ｓ＆Ｐ５００が０・65で、**ＱＱＱの方が高いです**。ＱＱＱのリターンの大きさがうかがえます。

利益は分配せず成長への投資に

ＱＱＱの分配利回りは**０・５〜１％台**と低い水準になっています（次ページグラフ参照）。これは、ＱＱＱに組み込まれる企業は、利益を配当としてでなく、**事業成長のための投資に回すグロース銘柄が多い**ためです。ただし、今後も成長率を反映した株価上昇が期待できると考えられます。

今後ＧＡＦＡＭが失速したり、政治的な要因で解体されるなど、大きな株価下落が起きる恐れもゼロではありません。しかし、ＱＱＱにはイノベーションが期待できる企業が多数組み入れられており、魅力的なＥＴＦであることは事実でしょう。

● QQQ・S&P500の運用実績年率リターン（2021年6月末時点）

銘柄	1年	3年	5年	10年
QQQ	43.75%	28.23%	27.94%	19.92%
S&P500	40.90%	18.56%	17.54%	13.75%

出典：https://www.portfoliovisualizer.com/

● QQQ・S&P500の各種データ（2007年1月〜2021年6月末）

銘柄	初期投資額（ドル）	最終資産額（ドル）	年率リターン	リスク（標準偏差）
QQQ	100	930	16.63%	18.01%
S&P500	100	404	10.11%	15.35%

銘柄	最も良かった年の上昇率	最も悪かった年の下落率	最大下落率	シャープ・レシオ	米国株市場との相関係数
QQQ	54.68%	-41.73%	-49.74%	0.90	0.91
S&P500	32.31%	-36.81%	-50.80%	0.65	1.00

出典：https://www.portfoliovisualizer.com/

● QQQ1口あたりの分配金推移（年次）

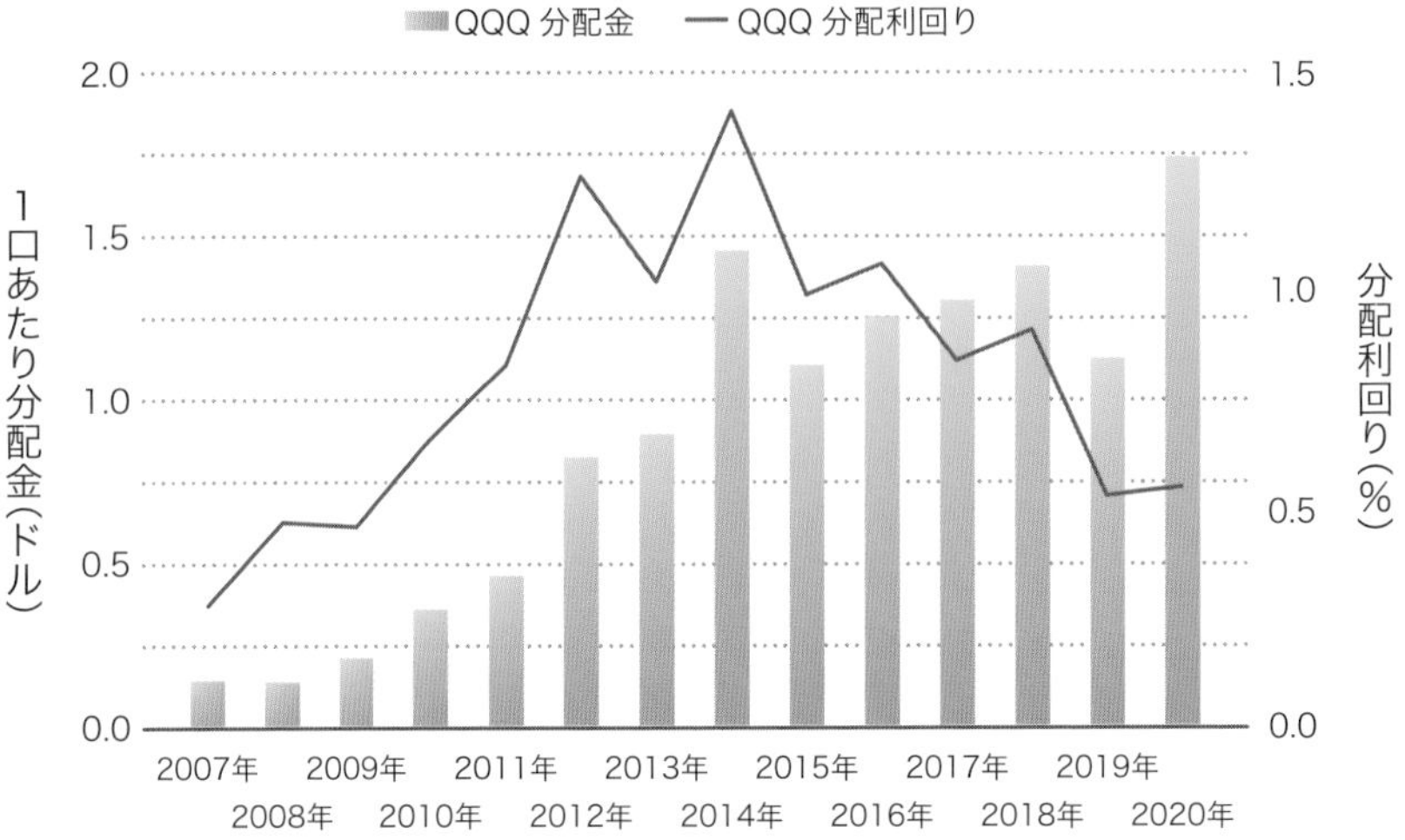

出典：https://marketchameleon.com/、https://haitoukabu.com/

ここがポイント

- 成長を続けるGAFAMはNASDAQに上場
- NASDAQ100指数に連動するQQQに投資することでGAFAMをはじめとした成長企業にまとめて投資可能
- QQQは2007年～2021年で9倍以上のリターンを記録。圧倒的な成長率を誇る

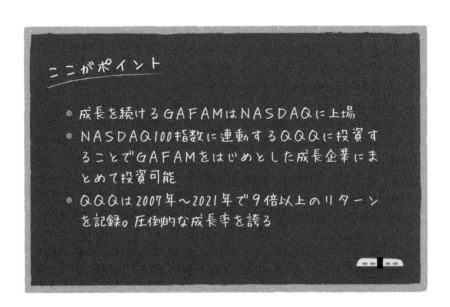

3時限目

全世界・地域・各国株式ETF

全世界、地域別、国別など、投資するエリアを絞って投資できるETFを紹介します!

01 全世界・地域・各国など地域を絞って投資できるＥＴＦ

1 投資対象をエリアで設定できるＥＴＦ

ＥＴＦにはさまざまなテーマで投資先銘柄を決めた商品があります。ここでは2時限目でご紹介した米国株式ＥＴＦを除いた地域や国などの**エリアで設定されたＥＴＦ**を解説します。全世界の株式にまとめて投資したいときや、成長が期待できる特定のエリアに投資したいときに重宝するＥＴＦです。

02以降で、全世界、米国、先進国、新興国、地域、その他各国のＥＴＦに分けて、それぞれの特徴やメリット・デメリットを説明します。

2 全世界の会社に投資したいなら全世界株式ETF

投資の基本は「**分散**」です。**全世界株式ETF**は世界中の上場企業を組み込んだETFで「地域を絞らずに投資したい」という希望が簡単にかないます。全世界株式ETFは次の3時限目02で解説します。

3 ポートフォリオが偏ったら地域別ETFの活用を

「気がついたら近年好調な米国株式にばかり投資していた」という人も多いのではないでしょうか。自身のポートフォリオを見直して、偏りが見られる場合は地域別ETFの活用を検討してもいいでしょう。

地域や国別をテーマに投資できるETFとして、3時限目03では**先進国株式ETF**、04では**新興国株式ETF**、05では**地域別株式ETF**、06では**各国別株式ETF**を解説しています。

ここがポイント

- 全世界、地域別、国別で投資できるETFがある
- 地域別ETFはポートフォリオのバランス調整にも活用可能

02 全世界に分散投資できる全世界株式ＥＴＦ（ＶＴ）

1 世界中の企業に丸ごと投資

全世界株式ＥＴＦは、その名のとおり**全世界数千社の上場企業に投資するＥＴＦ**です。

以前は世界中の企業に投資する場合、複数のＥＴＦを組み合わせて投資する必要がありました。全世界株式ＥＴＦの登場以降は全世界株式ＥＴＦを購入するだけで、世界中の企業に分散して投資できます。

リスクを抑えて全世界の成長を享受できる

新型コロナウイルスなどのパンデミックや自然災害、テロ、不祥事などのさまざまな不確定要素が発生したとき、国別、企業別に株価へ

世界経済は成長を続けています！
全世界株式ETFを使えば、リスクを抑えて世界経済の成長を享受することができます。

の影響を予測することは困難です。

一方、世界経済は右肩上がりに成長を続けており、今後も成長し続ける可能性は高いといえます。

全世界株式ETFへの投資は特定の国、地域、企業に賭けることなく世界経済全体の成長を享受できるという大きなメリットがあります。そして、一度購入すれば**成長・衰退する国や企業を見分けて、投資比率を自動的に調整**してくれます。

米国株への過信は禁物

全世界株式ETFとよく比較されるのが、米国市場の銘柄で構成されるVOOなどの**米国株式ETF**（64ページ）です。直近十数年の米国株のリターンが高かったことから、米国株式ETFに投資すべきという主張をよく聞きます。

しかし、2000年代は新興国株が米国株を大きく上回りました。

歴史を振り返ると、世界の覇権を握り続けた国はありません。今後も米国が世界経済をリードするかはわからず、中国やインド、あるいはその他に先進国を凌駕する成長を遂げる国が出てくる可能性もあります。

未来は不確定であるため、**長期での保有を考えている場合、全世界株式ETFのような複数の国、地域、セクターに分散投資しておくのがおすすめ**です。

米国を除いて投資できるＥＴＦも

米国株以外の企業に投資できるＥＴＦもあります。

米国の個別株や米国ＥＴＦを保有している場合は、全世界株式ＥＴＦと併用することで米国株式への偏りを軽減し分散投資ができます。

米国を除いた全世界株式ＥＴＦには**ＶＸＵＳ**・**ＶＥＵ**・**ＶＳＳ**があります（１０２ページ表参照）。それぞれの違いは投資対象の企業規模です。**ＶＸＵＳ**は大・中・小型企業、**ＶＥＵ**は大・中型、**ＶＳＳ**は小型企業へ投資します。

超大手企業に絞った全世界株式ＥＴＦも

世界の超大手企業のみに絞って投資したいときは、**ＩＯＯ**というＥＴＦを購入すれば、グローバルに競争力のある超大手の企業約１００社に投資できます（１０２ページ表参照）。

2 保有銘柄数・管理費用などで有利なＶＴ

代表的な全世界株式ＥＴＦに**ＶＴ**（バンガード・トータル・ワールド・ストック ＥＴＦ）と**ＡＣＷＩ**（ｉシェアーズ ＭＳＣＩ ＡＣＷＩ ＥＴＦ）があります。

運用管理費用と保有銘柄数はそれぞれ次のとおりです。

- 運用管理費用（信託報酬） VT：0・08％ ACWI：0・32％
- 保有銘柄数 VT：9051銘柄 ACWI：2307銘柄

VTの方が手数料が安く、扱う銘柄数も多く幅広い企業に投資できます。初心者にはよりおすすめのETFといえるので、VTに絞って詳しく解説します。

1つのETFで全世界9000超の銘柄に投資できる

VTは保有銘柄数・純資産総額・運用管理費用の面で有利な全世界株式ETFです。VTだけで**先進国および新興国約47ヵ国の株式に幅広く分散投資**できます。基本情報は下表を参照してください。

投資対象は米国に大きく偏る

地域別の構成比率を次ページに示しました。

VTは「全世界株式」と銘打っていますが、地域別の構成比率は**北米が約6割**と多くを占めています。続いてヨーロッパ、アジア・太平洋地域、新興市場の順でそれぞれ10％台です。

● VTの基本情報（2021年9月末時点）

ティッカー 運用会社	銘柄 連動指数	価格（ドル/1口）	保有銘柄数	運用管理費用（％）	純資産総額（兆円）	運用期間（年）
VT バンガード	バンガード・トータル・ワールド・ストック ETF FTSE 全世界指数（All-World）	101.83	9,051	0.08	2.7	13.3

出典：https://myindex.jp/ranking_fund.php、https://investor.vanguard.com/、https://www.blackrock.com/

国別の構成比率（次ページ）は**米国が51・7％**と圧倒的に高く、2位の日本が7％、3位の中国が4・5％と続きます。

ＶＴが米国に大きく偏っている理由は、**時価総額加重平均**（46ページ）によって構成銘柄の時価総額の合計額を一定時点の時価総額の合計額で割って算出しているからです。

組み入れ銘柄の時価総額の割合に応じて組み入れ比率は決定されますが、米国に偏っているのは**現在の全世界の株式の時価総額の半分以上が米国で、その割合が反映されているから**です。特に**GAFAM**を筆頭とした米国の巨大ＩＴ企業が成長を続けており、米国への偏りがさらに大きくなってきています。

ＶＴは米国株市場（Ｓ＆Ｐ５００）との相関が非常に高く、相関係数は０・96です。米国企業の組み入れ比率が半分以上となる理由以外に、近年のグローバル化で全世界の株式が近い動きをしていることも要因として挙げられます。

● VTの組み入れ銘柄地域別構成比率

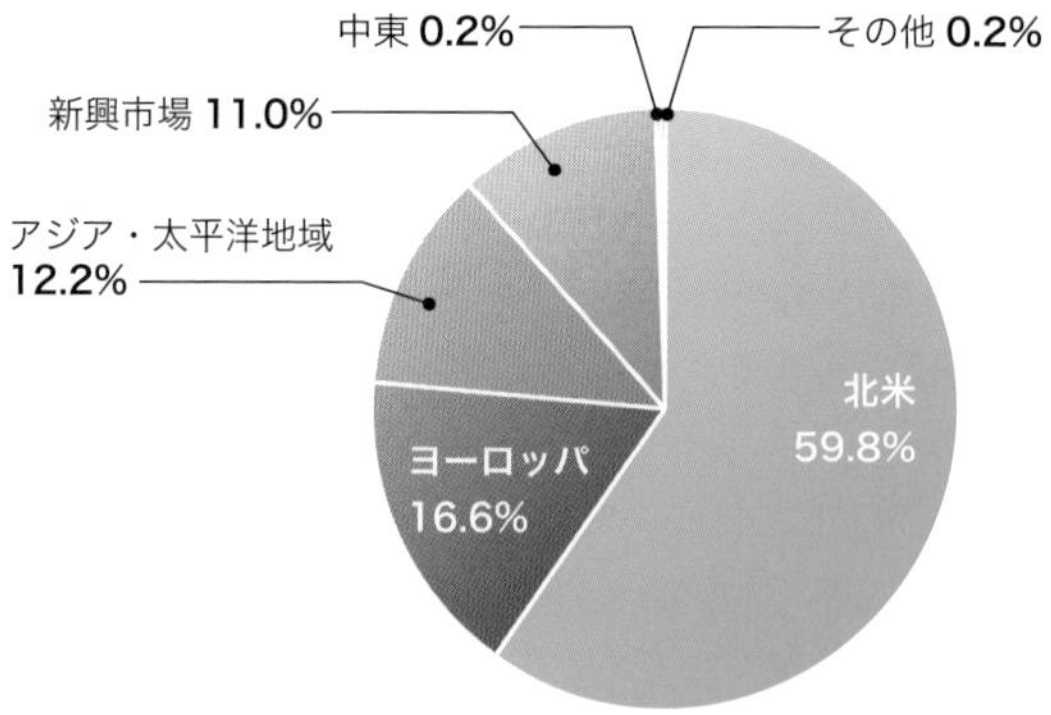
中東 0.2%
その他 0.2%
新興市場 11.0%
アジア・太平洋地域
12.2%
北米
59.8%
ヨーロッパ
16.6%

出典：https://investor.vanguard.com/

米国の優良企業が上位を独占

次ページの表はVTの組み入れ上位の企業です。地域別の構成比率からわかるように、米国の優良企業が並びます。**上位10社中9社が米国企業**で、近年の米国企業の強さを表す結果となっています。

GAFAMが1〜6位を占め、電気自動車や自動運転で急成長中の**テスラ**が7位、米国を代表する金融大手の**JPモルガン・チェース**が8位です。

9位の中国の巨大IT企業**テンセント**は上位10社で唯一の米国以外の企業です。アジアでは時価総額ナンバー1、グローバルでも7位にランクし（2021年5月20日現在）、いまや世界でも有数のインターネットサービス企業として知られています。テンセントが開発しているメッセンジャーアプリ「WeChat（微信）」の名前を聞いたことがある人もいるかもしれません。オンラインゲーム事業でも世界トップレベルの売上を誇っています。

● VTの組み入れ銘柄国別構成比率

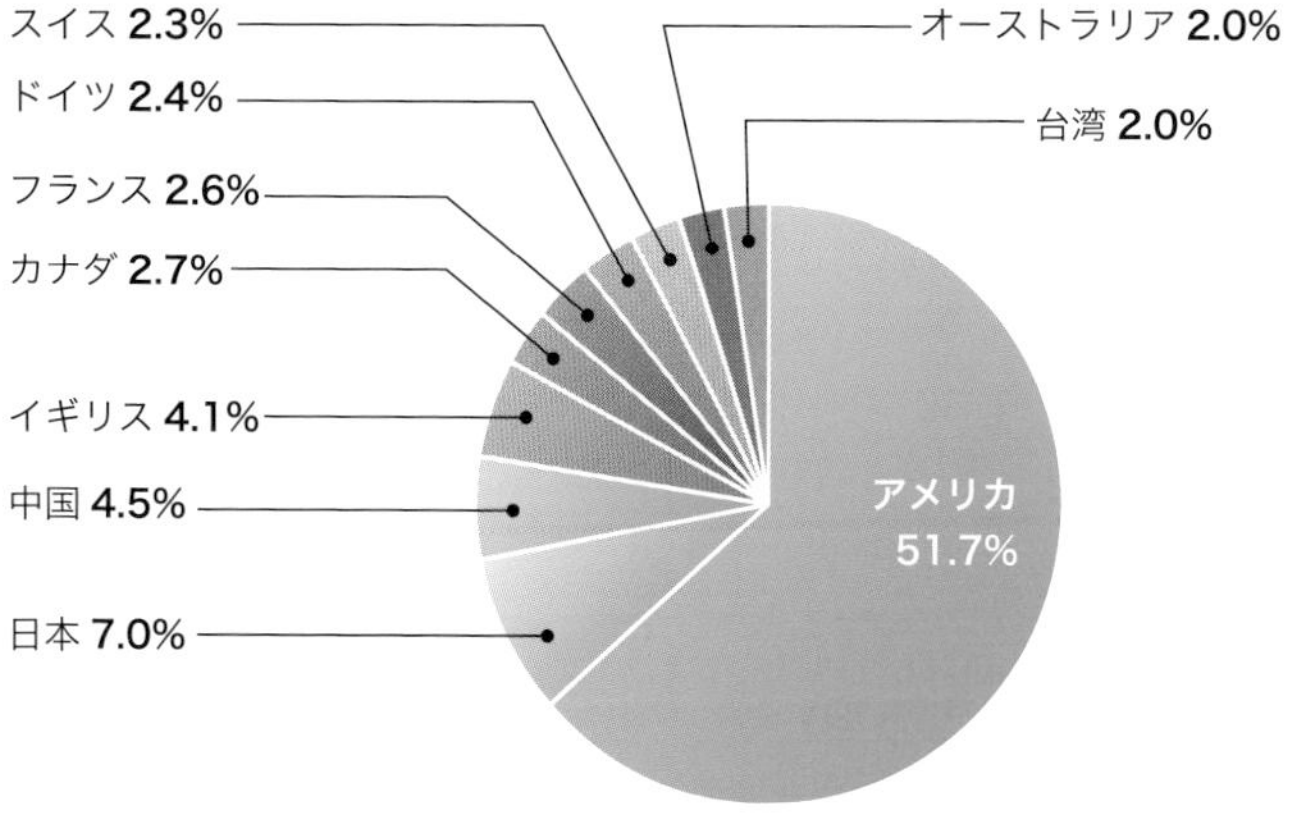
スイス 2.3%
ドイツ 2.4%
フランス 2.6%
カナダ 2.7%
イギリス 4.1%
中国 4.5%
日本 7.0%
オーストラリア 2.0%
台湾 2.0%
アメリカ 51.7%

出典：https://investor.vanguard.com/

10位は、製薬や医療機器などを事業としているヘルスケア大手の**ジョンソン&ジョンソン**です。

組み入れ比率は1位のアップルでも2・71%、4位以下は1%未満となっており、特定の企業に偏っていないことがわかります。

3 成長著しいセクターに広く分散

次ページの図でVTのセクター組み入れ比率を確認すると、広く分散されていることがわかります。

近年成長著しい「情報技術セクター」の組み入れ比率が19・63%ともっとも高く、「金融セクター」が15・36%、「一般消費財セクター」が12・32%と続きます。

VTは時価総額荷重平均で構成されるETFなので、今後も拡大・成長するセクターの割合は大きくなり、低迷・衰退するセクターの割合は低くなっていきます。

投資対象の地域・国と同じように、各セクターも成

● VTの組み入れ上位10社

組み入れ順位	企業	組み入れ比率
1	アップル	2.71%
2	マイクロソフト	2.47%
3	アマゾン	1.84%
4	フェイスブック	0.99%
5	アルファベット Class A	0.87%
6	アルファベット Class C	0.84%
7	テスラ	0.72%
8	JPモルガン・チェース	0.65%
9	テンセント	0.64%
10	ジョンソン & ジョンソン	0.61%

出典：https://investor.vanguard.com/

長・衰退に合わせて自動的に調整されます。

4 S&P500には劣るが十分なリターン

続いてVTのリターンを見ていきましょう。

次ページ上のグラフにVTとS&P500の資産推移を示しました。2009年から2021年の期間で、**S&P500に比べるとVTのリターンは劣後**しています。

次ページ中央の表を参照すると、2009年1月に投資した100ドルは、2021年6月末にS&P500が608ドルに成長したのに対し、VTは413ドルです。

年率リターンはS&P500が15・54％に対し、VTは12・02％と、VTがビハインドしています。また、直近5年や10年でも同様の結果です（次ページ下表参照）。

このようにS&P500のリターンには及びませんが、

● VTのセクター別組み入れ比率（%）

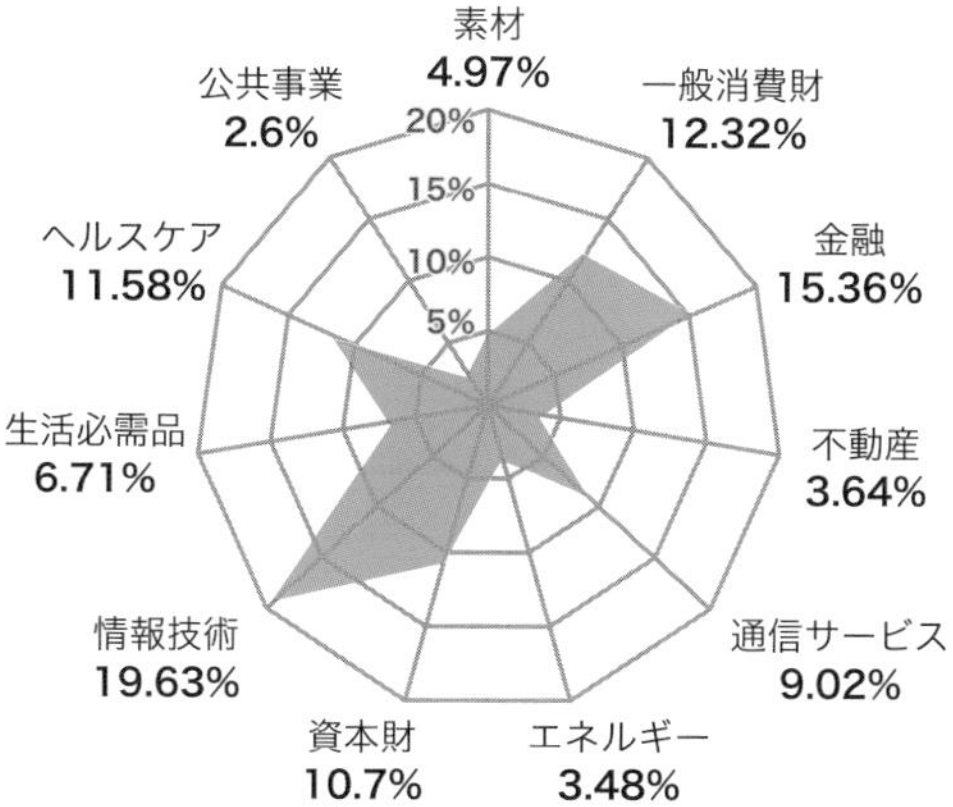
素材
4.97%
一般消費財
12.32%
金融
15.36%
不動産
3.64%
通信サービス
9.02%
エネルギー
3.48%
資本財
10.7%
情報技術
19.63%
生活必需品
6.71%
ヘルスケア
11.58%
公共事業
2.6%
20%
15%
10%
5%

● VT・S&P500の資産推移

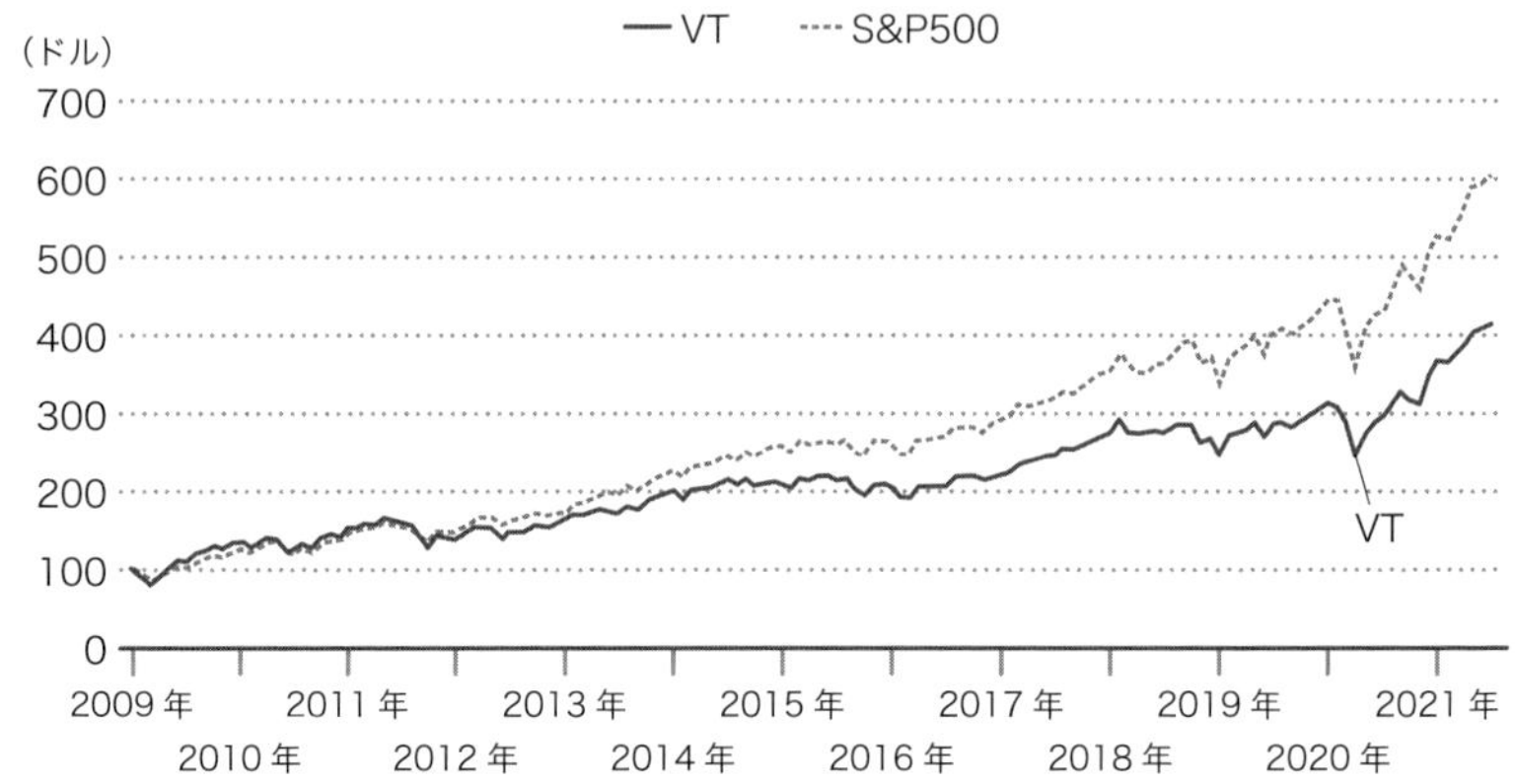

※2009年1月に100ドルを投資し、分配金はすべて再投資した場合の2021年6月末までの各月末時点の月次推移。税金は未考慮。

● VT・S&P500の各種データ(2009年1月〜2021年6月末)

銘柄	初期投資額(ドル)	最終資産額(ドル)	年率リターン	リスク(標準偏差)
VT	100	413	12.02%	15.99%
S&P500	100	608	15.54%	14.60%

銘柄	最も良かった年の上昇率	最も悪かった年の下落率	最大下落率	シャープ・レシオ	米国株市場との相関係数
VT	32.65%	-9.76%	-22.15%	0.76	0.96
S&P500	32.31%	-4.56%	-19.43%	1.03	1.00

● VT・S&P500の運用実績年率リターン(2021年6月末時点)

銘柄	1年	3年	5年	10年
VT	41.12%	14.64%	14.79%	10.13%
S&P500	40.90%	18.56%	17.54%	14.72%

出典:https://www.portfoliovisualizer.com/

ＶＴに投資した場合でも２００９年から資産は**約４倍**となり、**十分なリターンを得られています。**年により大きなプラスとなる年もあれば、マイナスになる年もあります。ただし、２００９年以降で年間でＶＴがマイナスとなったのは３回と、多くの年はプラスのリターンで終えています。

リスク分散を念頭に判断を

対象期間でのリスク（標準偏差）を前ページ中央の表で確認すると、ＶＴが15・99％、Ｓ＆Ｐ５００が14・60％とＶＴの方が高くなっています。リターンはＶＴの方が低かったことから、Ｓ＆Ｐ５００に対して、ＶＴは高リスク低リターンだったといえます。

そのため、シャープ・レシオを同表で確認すると、ＶＴが０・76、Ｓ＆Ｐ５００が１・03と、ＶＴの方が低い結果となっています。

２００９年から現在までの期間のパフォーマンスを比較すると、ＶＴはＳ＆Ｐ５００に及びません。

これは、特に直近の米国市場の成長率が高かったためです。しかし先述したとおり、２０００年代など米国よりも新興国の方がリターンが高い時代もありました。切り取った期間によってリターンはまったく違った結果になります。

全世界ＥＴＦに投資するメリットは**特定の国にリスクが集中しない**ことです。これを念頭に投資の判断を行いましょう。

下落の可能性も考慮して投資を

最大下落率は、VTが−22・15％、S&P500が−19・43％です（98ページ中央表参照）。

VTの設定日が2008年6月26日で、翌年初めの2009年1月からの統計でリーマンショックのデータが含まれていないことは留意しましょう。

リーマンショックが発生した2008年前後の株価を比べると、S&P500はおよそ**50％の下落**を記録しています。VTはリーマンショック直前に設定されてすぐにS&P500と同様に50％近く株価が下落しました。

分配金の継続的な増加が期待できる

下に分配金推移を示しました。

VTの分配利回りは**1％台後半から2％台前半**で推移しています。

● VT1口あたりの分配金推移（年次）

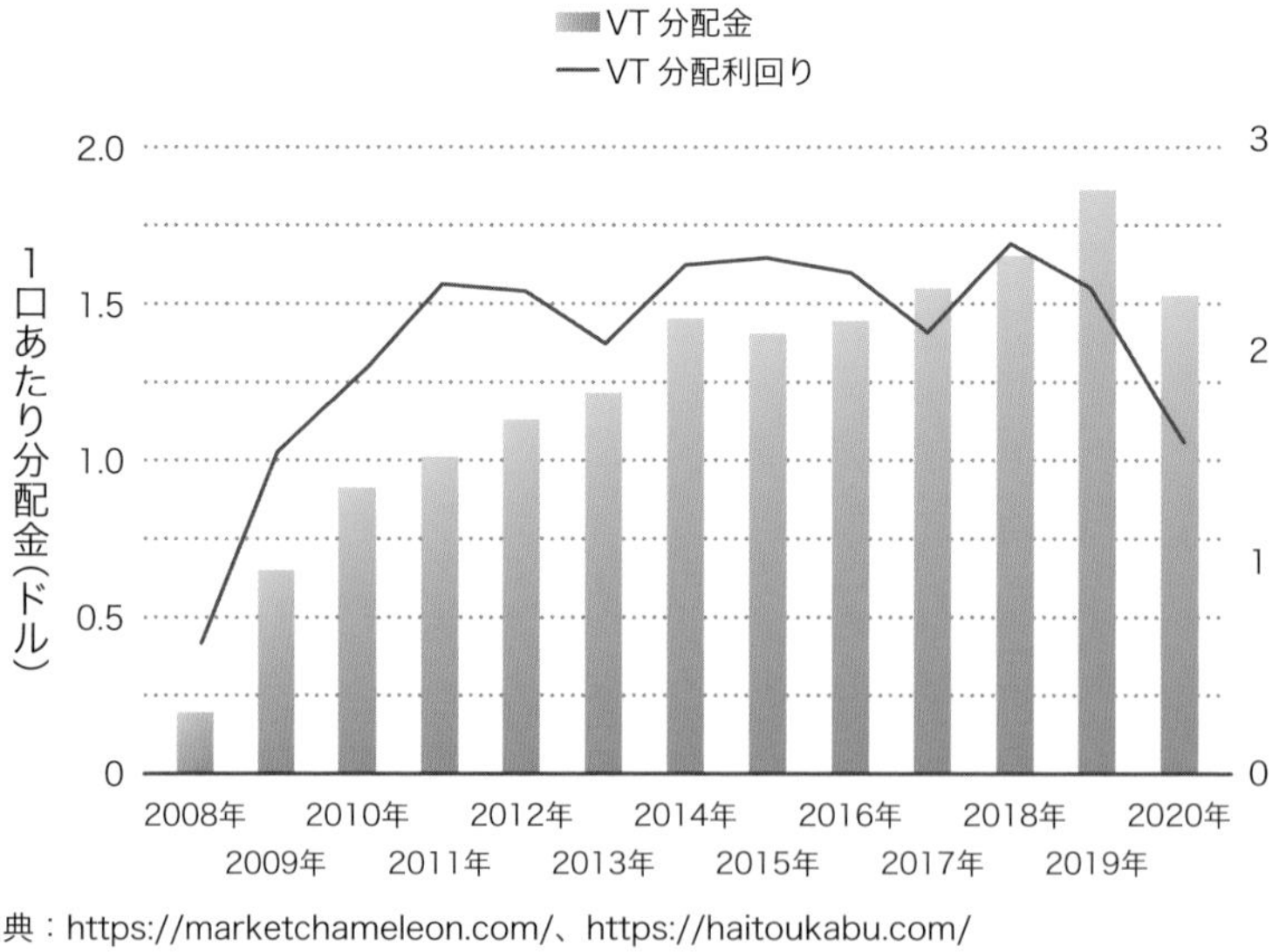

VT 分配金
VT 分配利回り
1口あたり分配金（ドル）
分配利回り（%）
2.0
1.5
1.0
0.5
0
3
2
1
0
2008年
2009年
2010年
2011年
2012年
2013年
2014年
2015年
2016年
2017年
2018年
2019年
2020年

出典：https://marketchameleon.com/、https://haitoukabu.com/

分配金は２０２０年のコロナ禍による影響で減少していますが、２０１９年までは増加傾向であったことがわかります。

コロナショックのような一時的な影響はあるものの、今後も株価の上昇とともに、分配金の増加も期待できると考えられます。

全世界株式ＥＴＦは、直近のリターンでは米国株ＥＴＦに劣りますが、**リスク分散の目的で非常に手堅い選択肢**といえます。

直近のリターンの数字にとらわれすぎることなく、投資対象を選定するようにしましょう。

ここがポイント

- 世界経済は成長を続けている
- 全世界株式ETFは世界中の優良企業数千社に丸ごと、低コストで分散して投資できる優れもの
- 組み入れ比率は各国の成長・衰退に合わせて自動的に調整される。現在は米国が約6割

● その他の全世界株式ETFの基本情報（2021年9月末時点）

ティッカー	銘柄	価格(ドル/1口)	保有銘柄数	運用管理費用(%)	純資産総額(兆円)	運用期間(年)
運用会社	連動指数					
ACWI	**iシェアーズ MSCI ACWI ETF**	95.15	2,241	0.32	1.8	13.1
ブラックロック	MSCI オール・カントリー・ワールド・インデックス (ACWI)					
VXUS	**バンガード・トータル・インターナショナル・ストック(除く米国)ETF**	63.26	75,74	0.08	5.6	10.7
バンガード	FTSE 全世界指数 (All-World)					
VEU	**バンガード・FTSE・オールワールド(除く米国)ETF**	60.96	3,521	0.08	3.8	14.6
バンガード	FTSE オールワールド(除く米国)					
VSS	**バンガード・FTSE・オールワールド(除く米国)スモールキャップETF**	133.69	4,058	0.11	1.1	12.5
バンガード	FTSE オールワールド ex-US スモールキャップインデックス					
IOO	**iシェアーズ グローバル 100 ETF**	71.14	106	0.40	0.382	20.9
ブラックロック	S&P Global 100					

出典：https://myindex.jp/ranking_fund.php、https://investor.vanguard.com/
https://www.blackrock.com/

03 米国を除いた先進国株に投資できる先進国株式ＥＴＦ（ＶＥＡ）

1 米国以外の先進国株に投資したい

西欧、アジア太平洋地域などの**先進国のみに投資**したい場合には、**先進国株式ＥＴＦの代表的なＥＴＦ**（バンガード・ＦＴＳＥ先進国市場（除く北米）ＥＴＦ：**ＶＥＡ**）がおすすめです。このＥＴＦには米国企業は入っていません。

株式市場の半分以上を占める米国株は選択肢から外せませんが、投資においては**分散が重要**です。ＶＥＡを購入することで、米国株に偏り過ぎたポートフォリオを調整することができます。

ポートフォリオが米国株に偏っている場合は、アメリカを除いた先進国に投資できるVEAを使って分散投資しましょう！

先進国に投資できる3つのETF

下表は先進国株式に投資できる主なETFです。純資産総額が1兆円を超えるもの、運用期間が10年を超えるものなどもあり、需要が高いことがわかります。

手数料も0・04％～0・32％と**低コストで運用可能**です。

先進国株式に投資したい場合、純資産総額が大きく低コストな**VEA**がまずは候補になります。

2 ヨーロッパ・日本への投資が大半を占めるVEA

VEAの投資先はヨーロッパが約半分

VEAの投資先は**ヨーロッパが53％**と約半分を占めます。続いて日本を含む太平洋地域の先進国であるパ

● 先進国株式ETF（抜粋）の基本情報（2021年9月末時点）

区分	ティッカー / 運用会社	銘柄 / 連動指数	価格（ドル/1口）	保有銘柄数	運用管理費用（%）	純資産総額（兆円）	運用期間（年）
先進国	VEA / バンガード	バンガード・FTSE先進国市場(除く北米)ETF / FTSE 先進国（除く北米）	50.49	4,033	0.05	11.4	14.2
先進国	EFA / ブラックロック	iシェアーズ MSCI EAFE ETF / MSCI EAFE インデックス	78.01	852	0.32	6.3	20
先進国	SPDW / ステート ストリート	SPDR ポートフォリオ先進国株式(除く米国)ETF / S&P 先進国総合指数（除く米国）	36.21	2,413	0.04	1.3	14.5

出典：https://myindex.jp/ranking_fund.php、https://investor.vanguard.com/、https://www.blackrock.com/、https://www.ssga.com/、https://www.wisdomtree.com/

シフィックが37・4％と大きな割合を占めています。

VEAは米国を除く先進国株式に投資することから、北米の割合は9・0％と低めです。

国別組み入れ比率1位は日本

VEAの国別組み入れ比率1位は日本の22・0％です。続いてイギリス12・8％、カナダ8・8％、フランス8・2％、ドイツ7・6％と主要な先進国が並んでいます。

1位でも1・4％と分散された組み入れ銘柄

VEAの組み入れ銘柄を見ていくと、上位には世界的に有名な優良企業が並んでいます（次ページ参照）。

日本でもなじみのある総合家電・電子部品メーカーの**サムスン電子が組み入れ比率1位**です。2位がネスカフェやキットカットなどで知られる世界最大の食品・飲料会社の**ネスレ**、5位には日本を代表する企業である**トヨタ自動車**が組み入れられています。

1位のサムスン電子でも組み入れ比率は1・4％とかな

● VEAの組み入れ銘柄国別構成比率

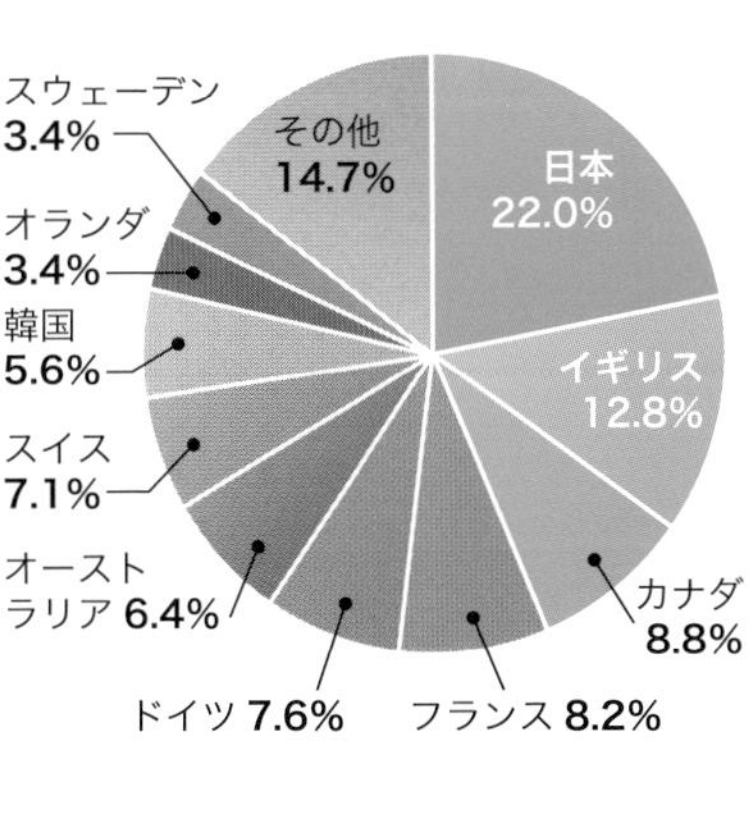
日本
22.0%
イギリス
12.8%
カナダ
8.8%
フランス 8.2%
ドイツ 7.6%
オーストラリア 6.4%
スイス
7.1%
韓国
5.6%
オランダ
3.4%
スウェーデン
3.4%
その他
14.7%

● VEAの組み入れ銘柄地域別構成比率

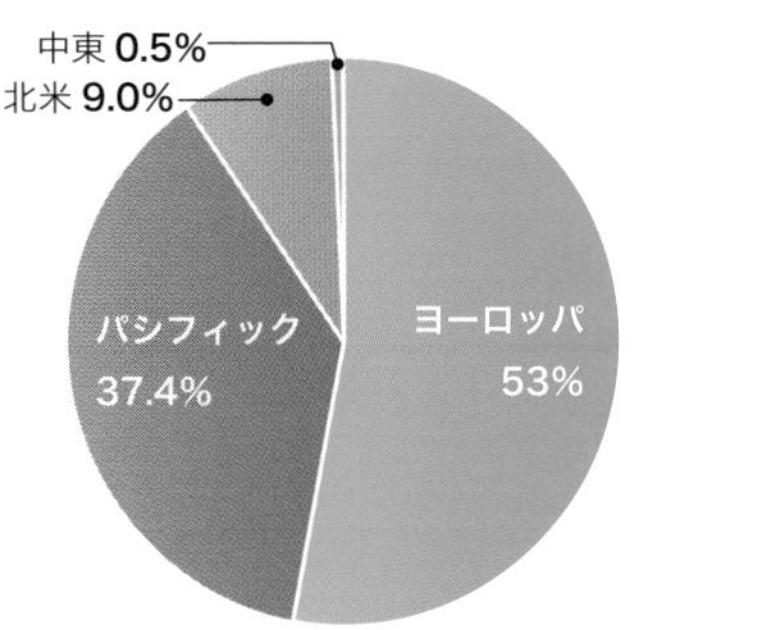
中東 0.5%
北米 9.0%
ヨーロッパ
53%
パシフィック
37.4%

出典：https://investor.vanguard.com/

り小さく、**さまざまな企業に広く分散されている**ことがわかります。

幅広いセクターに投資

セクター比率（下図）を見ると、もっとも組み入れ比率が高いセクターでも20％以下です。金融セクターが1位で17・41％、資本財セクターが2位で15・63％、情報技術セクターが3位で11・78％となっています。

3 直近10数年のリターン・リスクはS&P500に劣る

2008年から2021年の期間でS&P500と比べると、**VEAのリターンは劣後**しています。

2008年1月に投資した100ドルは2021年6月末に160ドルに増えていますが、S&P500の384ドルと比較すると**半分以下**であること

● VEAの組み入れ上位10社

順位	企業	比率
1	サムスン電子	1.40%
2	ネスレ	1.32%
3	ASML	1.04%
4	ロシュ	0.96%
5	トヨタ自動車	0.81%
6	ノバルティス	0.77%
7	LVMH	0.71%
8	AIA	0.63%
9	SAP	0.58%
10	カナダロイヤル銀行	0.56%

出典：https://investor.vanguard.com/

● VEAのセクター別組み入れ比率（%）

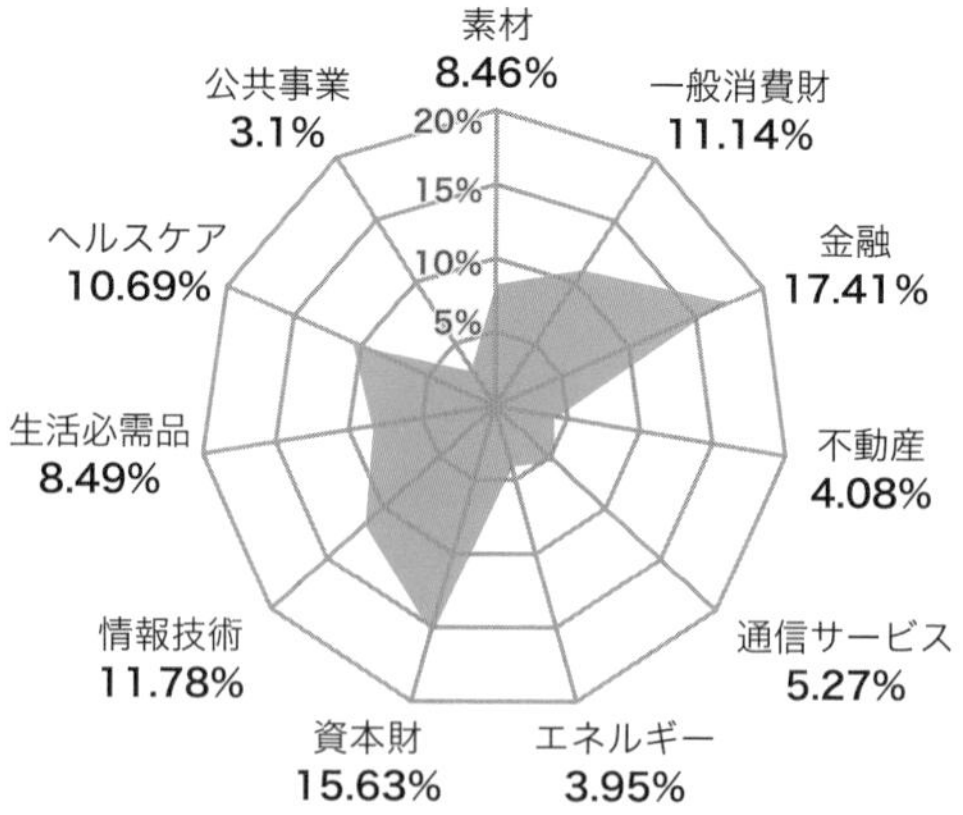

素材
8.46%
一般消費財
11.14%
金融
17.41%
不動産
4.08%
通信サービス
5.27%
エネルギー
3.95%
資本財
15.63%
情報技術
11.78%
生活必需品
8.49%
ヘルスケア
10.69%
公共事業
3.1%
20%
15%
10%
5%

出典：https://portfolios.morningstar.com

● VEA・S&P500 の資産推移

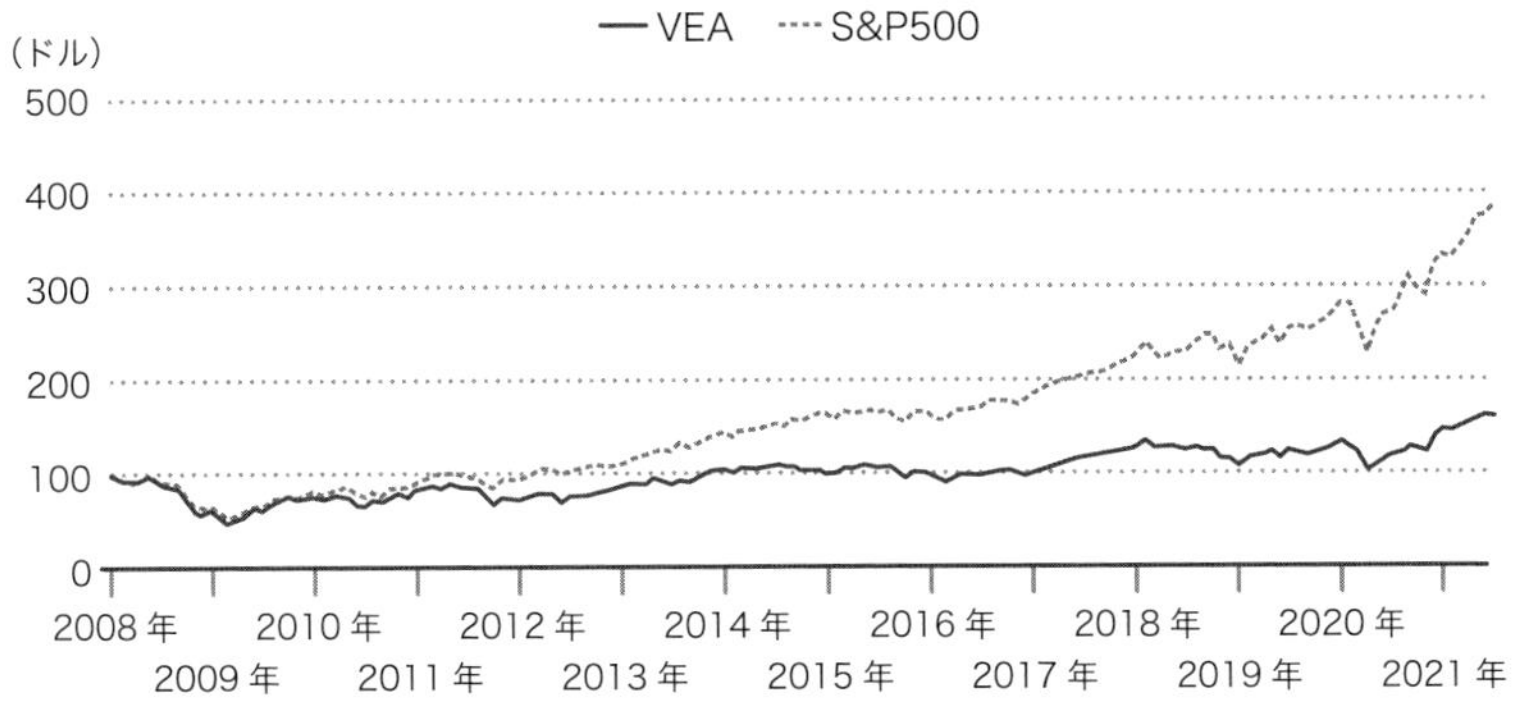

※2008年1月に100ドルを投資し、分配金はすべて再投資した場合の2021年6月末までの各月末時点の月次推移。税金は未考慮。

● VEA・S&P500 の運用実績年率リターン（2021 年 6 月末時点）

銘柄	1年	3年	5年	10年
VEA	36.44%	9.27%	10.90%	6.36%
S&P500	40.90%	18.56%	17.54%	14.72%

● VEA・S&P500 の各種データ（2008 年 1 月～ 2021 年 6 月末）

銘柄	初期投資額（ドル）	最終資産額（ドル）	年率リターン	リスク（標準偏差）
VEA	100	160	3.54%	18.59%
S&P500	100	384	10.49%	15.71%

銘柄	最も良かった年の上昇率	最も悪かった年の下落率	最大下落率	シャープ・レシオ	米国株市場との相関係数
VEA	27.49%	-40.65%	-54.11%	0.25	0.90
S&P500	32.31%	-36.81%	-48.23%	0.68	1.00

出典：https://www.portfoliovisualizer.com/

がわかります。年率リターンもＳ＆Ｐ５００が10・49％に対し、ＶＥＡが３・54％です。直近５年、10年でも同様の結果です（前ページ中央表参照）。

２００８年から２０２１年の期間では、Ｓ＆Ｐ５００をはじめとする**米国株が非常に強かった**ことが表れています。

リスク（標準偏差）でもＳ＆Ｐ５００に劣る結果となっています。ＶＥＡの標準偏差は対象期間で18・59％、Ｓ＆Ｐ５００の標準偏差は15・71％と、ＶＥＡよりも低い結果でした。

また、シャープ・レシオは、Ｓ＆Ｐ５００が０・68に対し、ＶＥＡが０・25です。

Ｓ＆Ｐ５００に対しＶＥＡの方がリスクが高く、リターンが小さかったことがわかります。

分配利回りは２～３％で安定

次ページのグラフのとおり、ＶＥＡの利回りは２～３％です。米国株式の分配金が増加傾向であるのに比べると、あまり増加しておらず不安定であるといえます。

ＶＥＡは米国を含む北米を除いた先進国に投資できるＥＴＦです。米国株に偏りがちなポートフォリオを分散したい、また新興国を除いた先進国に投資したい場合におすすめのＥＴＦといえるでしょう。

● VEA1口あたりの分配金推移（年次）

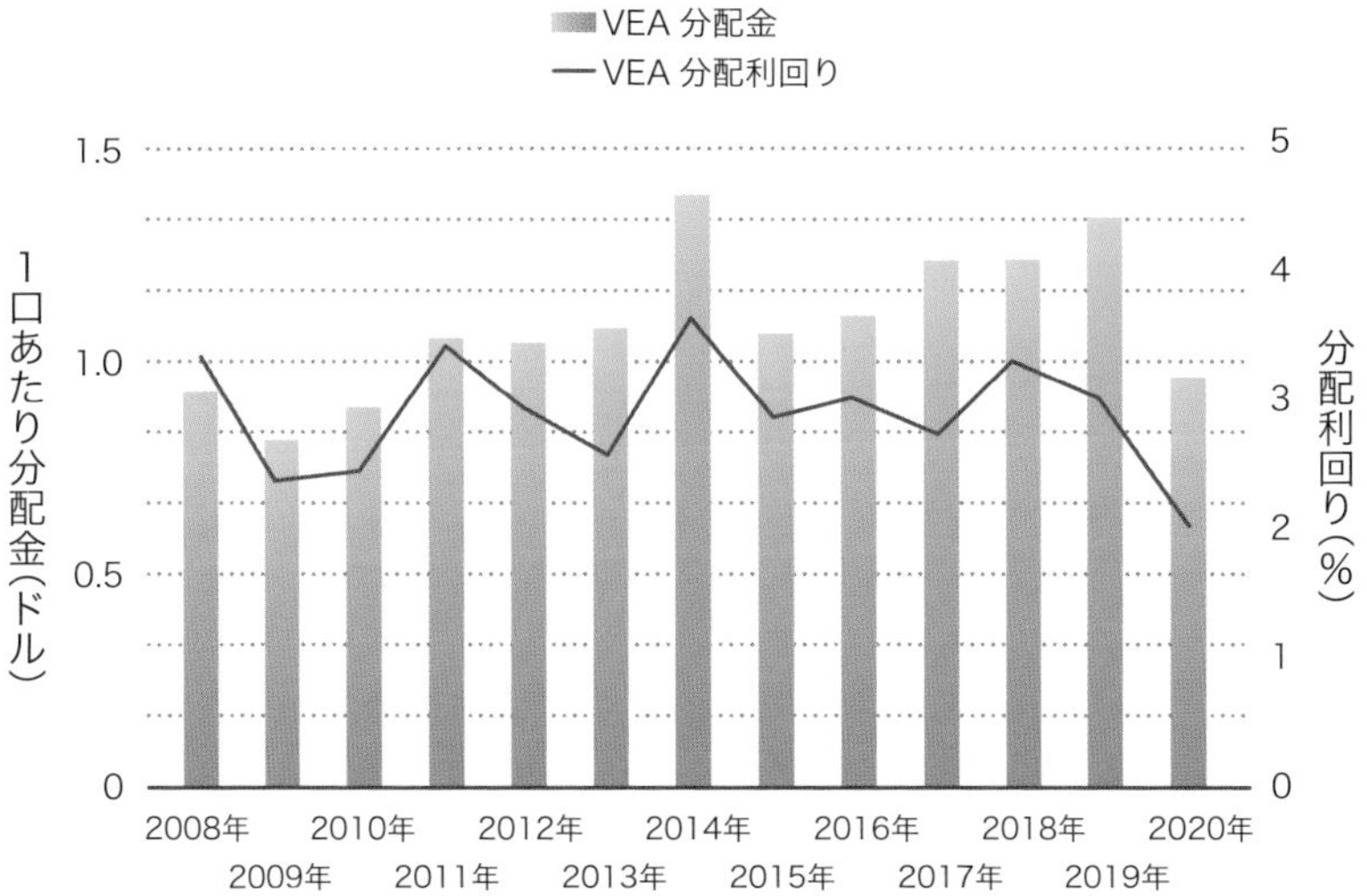

出典：https://marketchameleon.com/、https://haitoukabu.com/

ここがポイント

- 先進国の優良企業にまとめて投資できるのが先進国株式ETF
- 直近のS&P500と比べると先進国株式（VEA）のパフォーマンスは低い
- 米国株に偏ったポートフォリオを先進国に幅広く分散できるのが魅力

04 成長が期待できる新興国に投資！新興国株式ＥＴＦ（ＶＷＯ）

1 リスクは大きいが成長の期待が高い新興国株式ＥＴＦ

今後の成長を期待して新興国に投資したい場合は、**新興国株式ＥＴＦ**がおすすめです。

アフリカや中東のように、今はまだ経済規模が小さいものの今後経済発展が期待されている**フロンティア市場**に投資できるＥＴＦもあります。

これらの市場は政情や為替が不安定なことが多く、株式の値動きも激しいため、個別株での投資は専門家でも難易度が高いです。

しかしＥＴＦであれば、初心者でも低コスト・低リスクで投資を実

難易度の高い新興国株式投資にチャレンジしたいなら、個別株ではなくETFがおすすめです！

現できます。

「新興国や途上国の成長を見込んで買っておきたい」「ポートフォリオが先進国に偏っているので分散したい」という人におすすめです。

2 純資産総額が大きく低コストなVWO

新興国株式ＥＴＦの中でも、純資産額が大きく低コストで投資可能な**ＶＷＯ**（バンガード・エマージング・マーケットＥＴＦ）がまず候補となるでしょう。下表に基本情報を記載しました。

その他の主な新興国株式ＥＴＦは１１８ページにリストアップしています。

ＶＷＯは、新興国株のパフォーマンスを表すＦＴＳＥエマージング指数に連動したＥＴＦです。**中国、インド、ブラジルなどを含む新興国に幅広く投資可能で**、新興国の成長をリスク分散しながらポートフォリオに取り込むことができます。

● VWOの基本情報（2021年9月末時点）

区分	ティッカー／運用会社	銘柄／連動指数	価格(ドル/1口)	保有銘柄数	運用管理費用(%)	純資産総額(兆円)	運用期間(年)
新興国	VWO／バンガード	バンガード・エマージング・マーケット ETF／FTSE エマージング指数	50.01	4,294	0.1	8.8	16.6

出典：https://myindex.jp/ranking_fund.php、https://investor.vanguard.com/、https://www.blackrock.com/、https://www.ssga.com/、https://www.wisdomtree.com/

3 中国・インドの優良企業が並ぶ

国・地域別組み入れ比率1位は躍進を続ける中国

国・地域別の構成比率（次ページ上の円グラフ）を見ると、近年は特にＩＴ分野で大企業を生み出し、他の新興国の追随を許さない**中国が40・9％**と大きな割合を占めています。

そして台湾17・7％、インド12・1％、ブラジル5・2％、南アフリカ4・4％と続きます。

現時点では中国に偏っている印象を受けますが、今後、たとえばインドなど他国が成長した場合は、自動的にその割合が大きくなります。

上位は世界でも有数の優良企業

組み入れ比率上位10社を次ページの表に示しました。世界的にも有名な優良企業が並んでいます。1位、2位は中国の大手ＩＴ企業**テンセント**、**アリババ**です。

テンセントは前節の全世界株式ＥＴＦ（90ページ）で既出ですが、アリババはインターネット通販であるｅコマースを主軸として、オンラインサービスを拡大し続けている企業です。アジアの時価総額ではテンセントに続いて2位、グローバルでは9位と、こちらももはや新興企業とはいえないレベルの世界的大企業なので、覚えておきましょう。

● VWO の組み入れ銘柄国・地域別構成比率

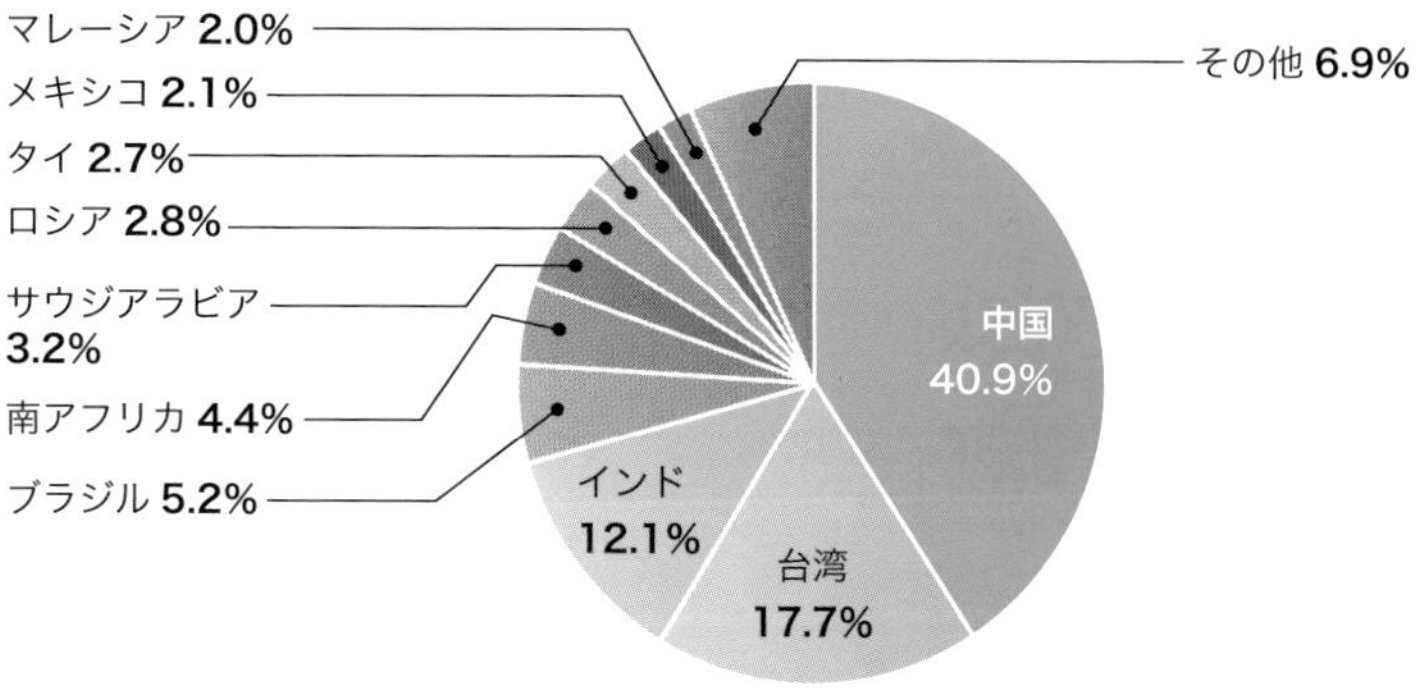

出典：https://investor.vanguard.com/

● VWO の組み入れ上位 10 社

順位	企業	比率
1	テンセント	5.60%
2	アリババ	4.91%
3	TSMC	4.50%
4	TSMC ADR	1.89%
5	美団	1.73%
6	ナスパーズ	1.24%
7	リライアンス・インダストリーズ	1.06%
8	中国建設銀行	0.95%
9	JD.com	0.89%
10	中国平安保険	0.88%

出典：https://investor.vanguard.com/

● VWO のセクター別組み入れ比率（%）

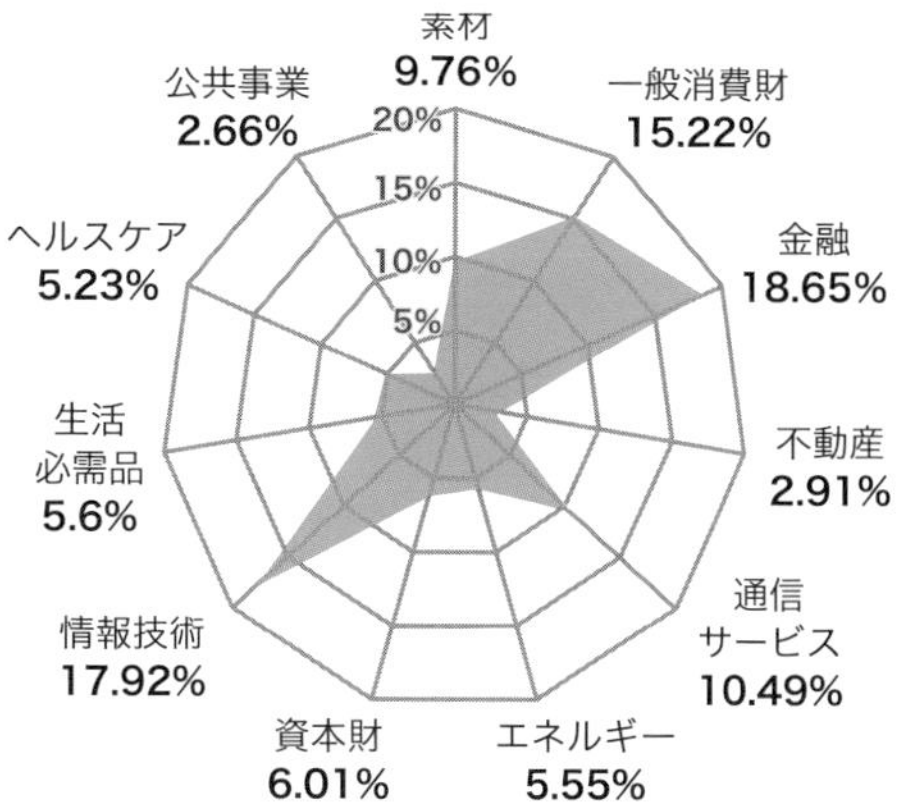

出典：https://portfolios.morningstar.com

3位は半導体大手の**TSMC**です。日本ではあまり耳にしない企業ですが、半導体デバイス（半導体チップ）の受託製造で世界シェア50％を超え、時価総額も世界TOP10入りしています。

上位3社とも急速な成長により時価総額は全世界で上位に入っています。そのため、VWOの組み入れ比率も**3社合計で約15％**と大きな割合を占めています。

金融・情報技術・一般消費財セクターで半分

前ページでセクター比率を見ると、金融セクターが1位で18・65％、情報技術セクターが2位で17・92％、一般消費財セクターが3位で15・22％で、この3つのセクターが約半分を構成しています。その他のセクターはほとんどが10％以下ですが、万遍なく分散されています。

4 直近10数年はS&P500に劣後

2008年から2021年の期間のリターンはS&P500と比べると、**VWOのリターンは劣後**しています。2008年1月に投資した100ドルは2021年6月末に、S&P500では384ドルまで成長したのに対し、VWOが148ドルと半分以下です（次ページ上表）。

年率リターンもS&P500が10・49％に対し、VWOが2・94％と差は歴然です。次ページ中央の表で直近5年や10年の結果を見てもほぼ同様です。

しかし資産推移（次ページ下のグラフ）を見ると、2000年代は新興国株のリターンが米国

VWO・S&P500の各種データ（2008年1月〜2021年6月末）

銘柄	初期投資額（ドル）	最終資産額（ドル）	年率リターン	リスク（標準偏差）
VWO	100	148	2.94%	21.98%
S&P500	100	384	10.49%	15.71%

銘柄	最も良かった年の上昇率	最も悪かった年の下落率	最大下落率	シャープ・レシオ	米国株市場との相関係数
VWO	76.28%	-52.49%	-57.75%	0.22	0.80
S&P500	32.31%	-36.81%	-48.23%	0.68	1.00

VWO・S&P500の運用実績年率リターン（2021年6月末時点）

銘柄	1年	3年	5年	10年
VWO	40.22%	11.75%	11.93%	3.89%
S&P500	40.90%	18.56%	17.54%	14.72%

VWO・S&P500の資産推移

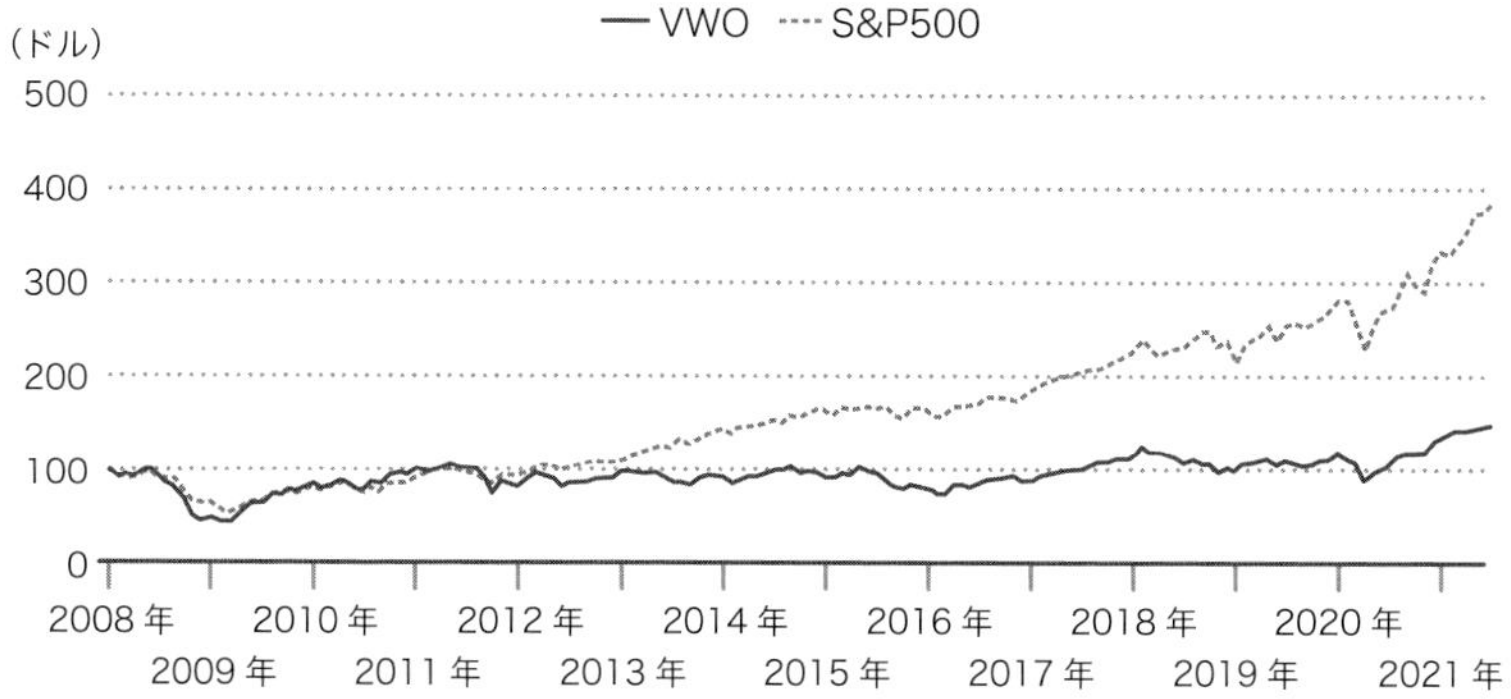

※2008月1月に$100を投資し、分配金はすべて再投資した場合の2021年6月末までの推移。税金は考慮しない。

出典：https://www.portfoliovisualizer.com/

株や先進国株を上回った時期もありました。

今後、新興国株のリターンが大きくなる可能性も十分にあります。新興国の成長を取り込むために、ＶＷＯへの分散投資も検討してみてもいいでしょう。

米国株と比較すると高リスク

リスクを確認すると（前ページ上表）、ＶＷＯが21・98％、Ｓ＆Ｐ５００は15・71％と、ＶＷＯのリスクが大きいことがわかります。

シャープ・レシオを確認してもＳ＆Ｐ５００の方が高いので、**Ｓ＆Ｐ５００に対しＶＷＯのリスクが高く、リターンが小さかった**ことがわかります。

激しい価格の振れ幅

新興国株はカントリーリスク、為替リスクが先進国株よりも高く、**ＶＷＯは時期によって激しく価格が変動する**ことが特徴です。

最大下落率（前ページ上表）は、２００７年から２００９年のリーマンショックの時期には50％を超えています。一方、もっとも上昇した年は76・28％と、Ｓ＆Ｐ５００を圧倒しています。

分配利回りは安定せず

分配金・分配利回りは変動が激しく安定していません（次ページ参照）。リーマンショックやコロナショックなど大きな株価下落が発生した際には大きく減配しています。

新興国株への投資は、直近10数年ではリスクも高く、パフォーマンスが振るわない結果となりました。しかし、新興国は大きな成長が見込まれます。新興国の成長を享受したい人や、先進国に偏ったポートフォリオを調整したい人にはおすすめの銘柄といえるでしょう。

● VWO1口あたりの分配金推移（年次）

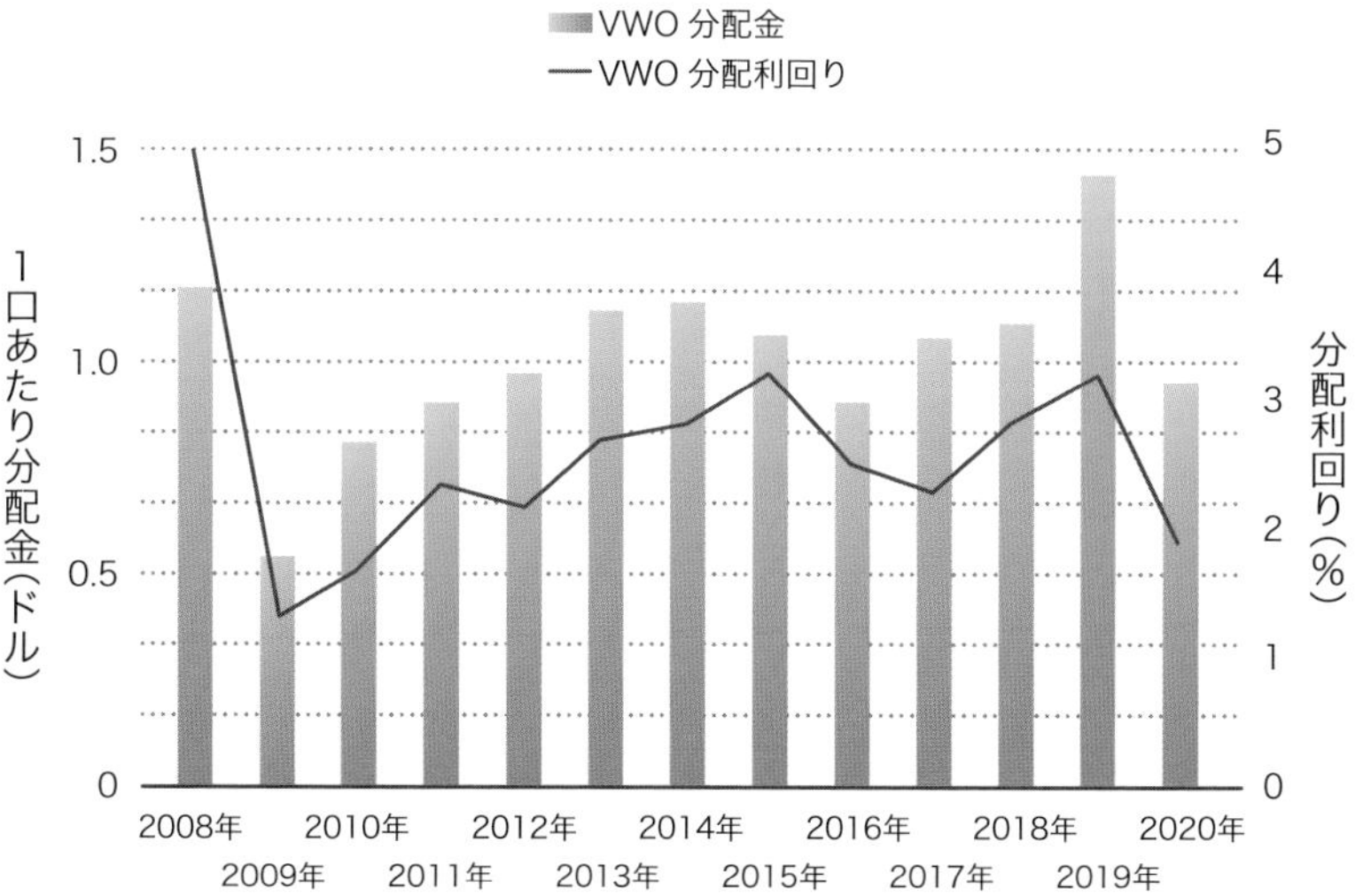

出典：https://marketchameleon.com/、https://haitoukabu.com/

● その他の新興国株式ETFの基本情報（2021年9月末時点）

区分	ティッカー	運用会社	銘柄	連動指数	価格（ドル/1口）	保有銘柄数	運用管理費用（%）	純資産総額（兆円）	運用期間（年）
新興国	IEMG	ブラックロック	iシェアーズ・コア MSCI エマージング・マーケット ETF	MSCI エマージング IMI インデックス	61.76	2,575	0.14	8.7	9
新興国	EEM	ブラックロック	iシェアーズ MSCI エマージング・マーケット ETF	MSCI エマージング・マーケット・インデックス	50.38	1,240	0.68	3.3	18.5
新興国	XSOE	ウィズダムツリー	ウィズダムツリー 新興国株ニューエコノミーファンド	ウィズダムツリー・エマージングマーケッツ・エックスステートオウンド・エンタープライズ・インデックス	37.32	514	0.32	0.460	6.8
フロンティア	FM	ブラックロック	iシェアーズ MSCI フロンティア 100 インデックス・ファンド	MSCI フロンティア 100 インデックス	33.91	161	0.79	0.057	9.1

出典：https://myindex.jp/ranking_fund.php、https://investor.vanguard.com/、https://www.blackrock.com/、https://www.ssga.com/、https://www.wisdomtree.com/

ここがポイント

- 新興国は今後大きな成長が見込めるが、不安定で変動が激しいため個別株では難易度高
- VWOをはじめとした新興国ETFを利用することでリスクを分散、新興国の成長を享受できる
- 「新興国の成長を取り込みたい」「先進国に偏ったポートフォリオを調整したい」人におすすめ

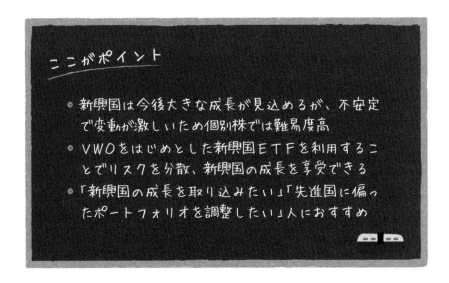

05 地域ごとに投資できるETF（VGK・VPL・AFK）

1 エリアを絞って投資できる地域別株式ETF

特定の地域の株価上昇を期待していたり、保有株の地域の偏りを解消したい場合は、**地域別株式ＥＴＦ**という選択肢があります。ヨーロッパやアジア・パシフィック、ラテンアメリカ、アフリカなど、それぞれの地域に絞って投資できます。

ポートフォリオが米国に偏っている場合は新興国ＥＴＦと同様、このような地域別のＥＴＦを組み合わせて保有することでリスクの分散を見込めます。

本書では**ＶＧＫ**（ヨーロッパ）、**ＶＰＬ**（アジア・パシフィック）、**ＡＦＫ**（アフリカ）の３つのＥＴＦを取り上げて詳細を見ていきます。

ポートフォリオに特定の地域の偏りが見られる場合は、地域別株式ETFを活用しましょう！

2 AFKはアフリカ諸国のGDP比に応じて組み入れ

VGK（バンガード・ヨーロピアン ETF）はヨーロッパ、**VPL**（バンガード・パシフィック ETF）はアジア・パシフィックの大型・中型株にそれぞれ幅広く投資できます。この2つのETFは各銘柄の時価総額に応じて組み入れ比率が決まる**時価総額加重平均型**（46ページ）です。

AFK（マーケット・ベクトル アフリカ・インデックスETF）はアフリカ企業で構成されたETFです。AFKは前の2つと異なり、**アフリカ諸国のGDP（国内総生産）の大きさ**で組み入れ比率が決められています。

● VGK・VPL・AFKの基本情報（2021年9月末時点）

地域	ティッカー／運用会社	銘柄／連動指数	価格（ドル/1口）	保有銘柄数	運用管理費用（%）	純資産総額	運用期間（年）
ヨーロッパ	**VGK** バンガード	**バンガード・ヨーロピアン ETF** FTSE Developed ヨーロッパ	65.61	1,331	0.08	2.3兆円	16.6
アジア・パシフィック	**VPL** バンガード	**バンガード・パシフィック ETF** FTSE Developed アジア・パシフィック	81.04	2,431	0.08	6060億円	16.6
アフリカ	**AFK** ヴァンエック	**マーケット・ベクトル アフリカ・インデックスETF** ダウ・ジョーンズ・アフリカ・チタン50インデックス	20.77	76	0.78	71億円	13.3

出典：https://myindex.jp/ranking_fund.php、https://investor.vanguard.com/、https://www.blackrock.com/、https://www.ssga.com/、https://www.wisdomtree.com/

3 VGKは欧州各国、VPLは日本株が半分以上

次ページに3つのETFの構成国を円グラフで示しました。

VGKはイギリス24・4%、フランス15・7%、ドイツ14・5%と偏りが少ない構成です。

VPLは日本が57・3%と半分以上を占めます。2位オーストラリア16・8%、3位韓国14・5%と続きます。半分以上が日本なので日本株を保有している場合、分散目的では注意が必要です。中国やタイ、マレーシア、フィリピン、インドネシアなどのアジア各国は含まれていません。

AFKは南アフリカ、モロッコ、ナイジェリアと、アフリカのGDP上位国が中心です。

VGK・VPLには優良企業が並ぶ

123ページに各ETFの組み入れ上位10社を示しました。VGK・VPLの組み入れ比率上位には世界的にも有名な優良企業が並んでいます。
VGKの1位は先進国株式ETF（103ページ）でもご紹介したネスレです。2位のASMLはオランダの半導体製造装置メーカーで、2020年の売上高は同部門で世界2位でした。3位のロシュは2017年から4年連続で売上高世界一を記録するスイスの製薬・ヘルスケア企業です。
VPLの1位は韓国の総合家電・電子部品メーカーのサムスン電子で、2位は日本を代表する

トヨタ自動車です。3位は香港のＡＩＡグループで、金融サービスや生命保険を展開する大手企業です。その他ソフトバンクグループやソニー、キーエンスなど日本有数の企業が並びます。

ＡＦＫの組み入れ銘柄は、日本では聞きなじみのない企業が並びます。各個別銘柄について投資する難しさを認識できるでしょう。

　ＡＦＫに投資すればアフリカを代表する企業に投資できるメリットがあります。うまくいけば最後のフロンティア市場といわれるアフリカの成長を享受できます。

● VGK・VPL・AFKの組み入れ銘柄国別構成比率

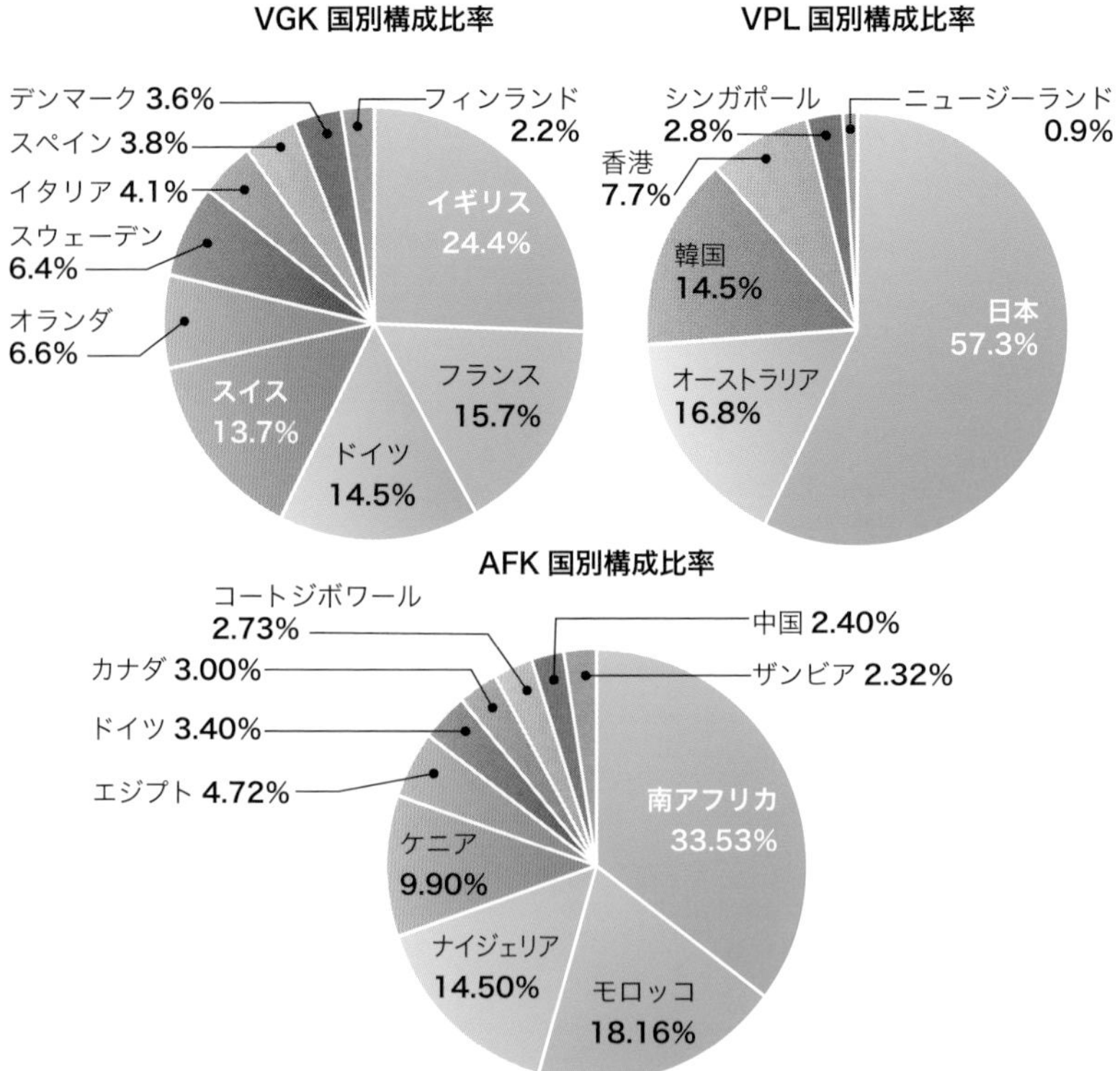
VGK 国別構成比率
デンマーク 3.6%
スペイン 3.8%
イタリア 4.1%
スウェーデン 6.4%
オランダ 6.6%
フィンランド 2.2%
イギリス 24.4%
フランス 15.7%
ドイツ 14.5%
スイス 13.7%
VPL 国別構成比率
シンガポール 2.8%
ニュージーランド 0.9%
香港 7.7%
韓国 14.5%
日本 57.3%
オーストラリア 16.8%
AFK 国別構成比率
コートジボワール 2.73%
中国 2.40%
カナダ 3.00%
ザンビア 2.32%
ドイツ 3.40%
エジプト 4.72%
南アフリカ 33.53%
ケニア 9.90%
ナイジェリア 14.50%
モロッコ 18.16%

出典：https://investor.vanguard.com/

セクター別の組み入れ比率は、VGK・VPLがすべて20%以下で分散されています。AFKは金融・通信サービス・素材の上位3セクターで80%以上を占め、大きく偏っています（左図にVGKを代表して掲載）。

● VGK のセクター別組み入れ比率

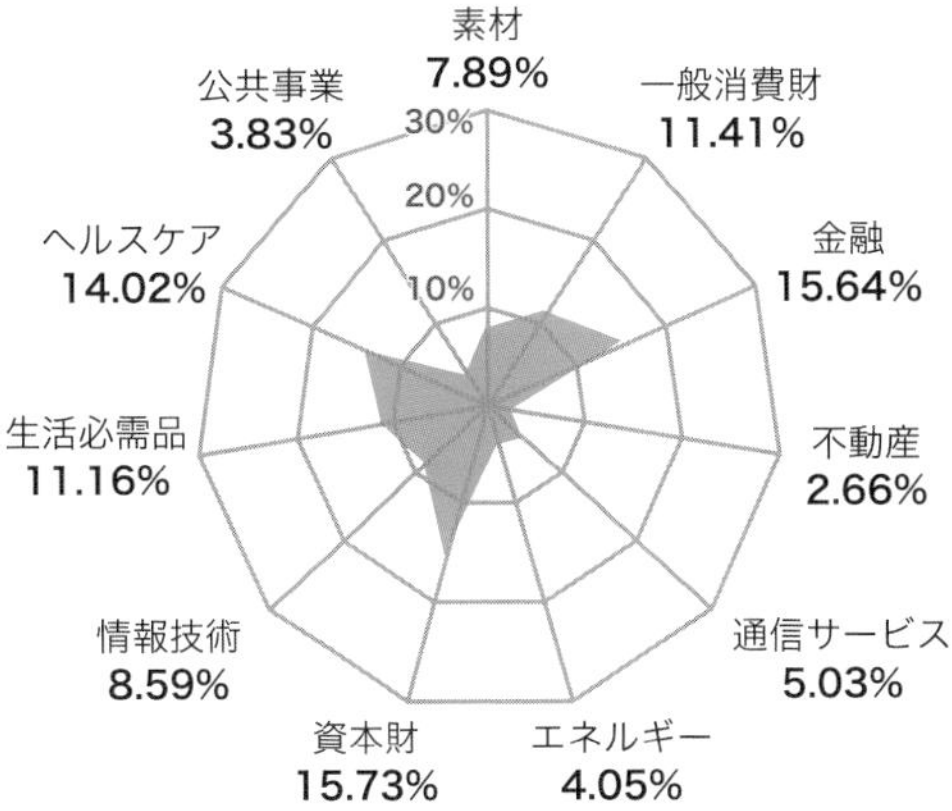
素材
7.89%
一般消費財
11.41%
金融
15.64%
不動産
2.66%
通信サービス
5.03%
エネルギー
4.05%
資本財
15.73%
情報技術
8.59%
生活必需品
11.16%
ヘルスケア
14.02%
公共事業
3.83%
30%
20%
10%

出典：https://portfolios.morningstar.com

● VGK の組み入れ上位 10 社

順位	VGK企業	比率
1	ネスレ	2.74%
2	ASML	2.13%
3	ロシュ	1.91%
4	LVMH	1.55%
5	ノバルティス	1.49%
6	SAP	1.29%
7	ユニリーバ	1.23%
8	アストラゼネカ	1.15%
9	HSBC	1.05%
10	シーメンス	1.03%

● VPL の組み入れ上位 10 社

順位	VPL企業	比率
1	サムスン電子	3.98%
2	トヨタ自動車	2.15%
3	AIAグループ	1.79%
4	ソフトバンクG	1.47%
5	ソニー	1.44%
6	オーストラリア・コモンウェルス銀行	1.41%
7	BHPグループ	1.25%
8	シー・エス・エル	1.11%
9	キーエンス	1.01%
10	香港取引所	0.90%

● AFK の組み入れ上位 10 社

順位	AFK企業	比率
1	ナスパーズ	7.09%
2	Safcom	6.99%
3	ATW	5.85%
4	アングロ・アメリカン	4.86%
5	IAM	4.74%
6	ギャランティー・トラスト・バンク	4.18%
7	MTNナイジェリア	3.85%
8	コマーシャル・インターナショナル銀行エジプト	3.64%
9	BCP	3.58%
10	ゼニス銀行	3.16%

出典：https://investor.vanguard.com/、https://www.vaneck.com/

4 VGKとVPLのリターンは米国株の半分、AFKはマイナスも

各ETFとS&P500のリターンを比較すると、S&P500に大きく劣っています。

2009年1月に投資した100ドルは、2021年6月末にそれぞれS&P500が608ドル、VGKが274ドル、VPLが266ドル、AFK144ドルになっています（次ページ中央表）。3つの中で一番リターンが高いVGKでもS&P500の半分以下のリターンです。

年率リターンはS&P500が15・54%に対し、VGKが8・40%、VPLが8・13%、AFKが2・95%と大きく劣後しています。

直近の5年・10年も同様です（次ページ下表参照）。特に、AFKは10年間の年率リターンがマイナスでした。タイミング次第では資産が減少する結果になっています。

アフリカ市場は将来的な成長ポテンシャルがある投資先ですが、どのタイミングでリターンを得られるかどうかは不透明で、改めて**難易度の高い投資先**であることがわかります。

AFKのリスクは高く為替変動も大きく投資は慎重に

3つのETFのリスクを確認しましょう。次ページ中央の表でリスクを確認すると、VGKが19・11%、VPLが15・59%、AFKが21・83%、S&P500が14・60%です。

● VGK・VPL・AFK・S&P500 の資産推移

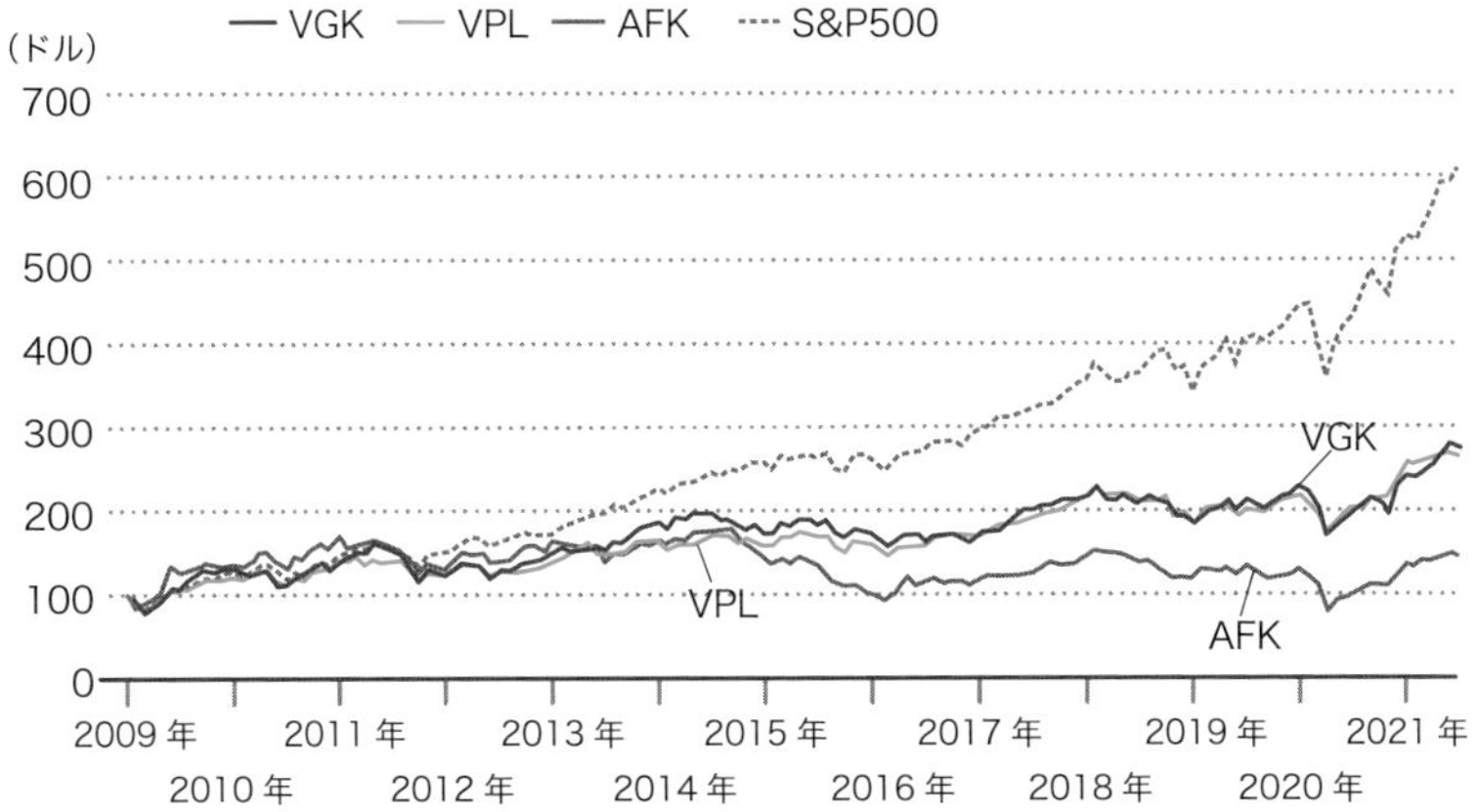

※2009年1月に100ドルを投資し、分配金はすべて再投資した場合の2021年6月末までの各月末時点の月次推移。税金は未考慮。

● VGK・VPL・AFK・S&P500 の各種データ（2009 年 1 月～ 2021 年 6 月末）

銘柄	初期投資額（ドル）	最終資産額（ドル）	年率リターン	リスク（標準偏差）
VGK	100	274	8.40%	19.11%
VPL	100	266	8.13%	15.59%
AFK	100	144	2.95%	21.83%
S&P500	100	608	15.54%	14.60%

銘柄	最も良かった年の上昇率	最も悪かった年の下落率	最大下落率	シャープ・レシオ	米国株市場との相関係数
VGK	31.33%	-14.91%	-27.74%	0.49	0.87
VPL	28.86%	-14.40%	-23.43%	0.55	0.84
AFK	35.00%	-29.91%	-55.15%	0.22	0.71
S&P500	32.31%	-4.56%	-19.43%	1.03	1.00

● VGK・VPL・AFK・S&P500 の運用実績年率リターン（2021 年 6 月末時点）

銘柄	1年	3年	5年	10年
VGK	38.18%	9.55%	10.99%	6.08%
VPL	32.44%	8.29%	10.94%	6.78%
AFK	38.45%	1.55%	5.14%	-0.75%
S&P500	40.90%	18.56%	17.54%	14.72%

出典：https://www.portfoliovisualizer.com/

ＶＧＫ・ＶＰＬ・ＡＦＫすべてＳ＆Ｐ５００よりもハイリスクです。特にアフリカに投資するＡＦＫはもっとも高リスクです。フロンティア市場の各国は法律や株式市場が整備されていないこと、政情が不安定なことなどが要因で為替変動も大きいためです。

シャープ・レシオは、ＶＧＫが０・49、ＶＰＬが０・55、ＡＦＫが０・22です。いずれもＳ＆Ｐ５００の１・03を大きく下回っています。

ＡＦＫの下落の大きさが目立つ

２００９年以降の最大下落率は、Ｓ＆Ｐ５００は－19・43％、ＶＧＫは－27・74％、ＶＰＬは－23・43％、**ＡＦＫは－55・15％**です。

なお、ＡＦＫの設定日は２００８年7月14日のため、データは２００９年初めからとなっており、リーマンショックの時期は含まれていません。リーマンショックが起きた２００７年から２００９年にかけては、ＶＧＫが－60％、ＶＰＬも－50％近く下落しています。

米国株市場（Ｓ＆Ｐ５００）とはどれも高い相関関係にあります。相関係数はＶＧＫが０・87、ＶＰＬが０・84、ＡＦＫが０・71です。地域に限らず株価が似た動きをする背景としては他のＥＴＦでも記載したとおり、近年のグローバル化の影響が大きいと考えられます。

安定しない分配金・分配利回り

分配金と利回り（次ページグラフ）は、ＶＧＫ・ＶＰＬ・ＡＦＫいずれも不安定に推移しています。分配利回りは、ＶＧＫはリーマンショックによる２００８年の急騰を除いて２％後半から４％台、ＶＰＬが１％台後半から３％後半です。ＡＦＫは０〜６％台まで振れ幅が大きいです。

ここでご紹介した地域別株式ＥＴＦは、米国株式と比べてリスクやリターンが劣るため、投資先としてはなかなか候補にあがらないかもしれません。

しかし今後、特定の地域の成長や株価の上昇が期待できると考える場合や、保有株式の地域を分散したい場合には有用なＥＴＦとなるでしょう。

● VGK・VPL・AFKの1口あたりの分配金推移（年次）

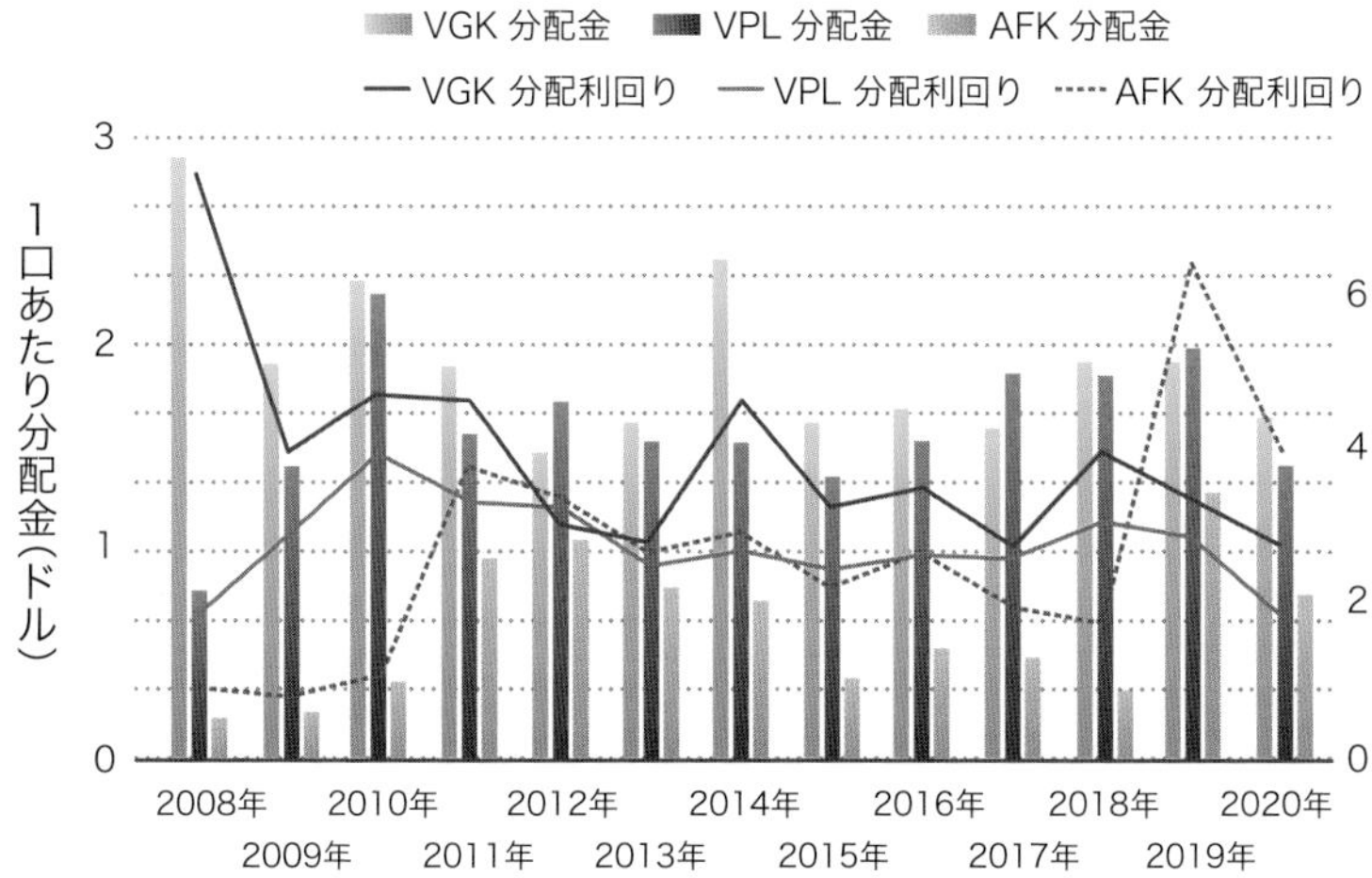

※AFKの2008年は、設定日が2008年7月14日のため1年間の分配金ではない。
出典：https://marketchameleon.com/、https://haitoukabu.com/

● その他の地域別株式 ETF の基本情報（2021 年 9 月末時点）

地域	ティッカー 運用会社	銘柄 連動指数	価格（ドル/1口）	保有銘柄数	運用管理費用（%）	純資産総額（兆円）	運用期間（年）
ヨーロッパ	**FEZ**	**SPDR ユーロ・ストックス50 ETF**	45.29	52	0.29	0.291	19
	ステートストリート	ダウ・ジョーンズ ユーロ STOXX50 インデックス					
	HEDJ	**ウィズダムツリー ヨーロッパ・ヘッジド・エクイティ・ファンド**	76.06	105	0.58	0.227	11.8
	ウィズダム	ウィズダムツリー ヨーロッパ・ヘッジド・エクイティ・インデックス					
	IEV	**iシェアーズ ヨーロッパ ETF**	52.12	368	0.59	0.231	21.2
	ブラックロック	S&P Europe 350					
アジア・パシフィック	**EPP**	**iシェアーズ MSCI パシフィック (除く日本)ETF**	48.79	130	0.48	0.264	20
	ブラックロック	MSCI パシフィック 除く日本					
ラテンアメリカ	**ILF**	**iシェアーズ ラテンアメリカ 40 ETF**	26.54	44	0.48	0.143	20
	ブラックロック	S&Pラテンアメリカ40					

出典：https://myindex.jp/ranking_fund.php、https://investor.vanguard.com/、https://www.blackrock.com/、https://www.ssga.com/、https://www.wisdomtree.com/

ここがポイント

- 特定の地域へ投資したい場合、地域別株式ETFがおすすめ
- 近年絶好調のS&P500のリターンには及ばず
- 保有銘柄の地域を分散させたい場合は組み合わせ次第で分散効果あり

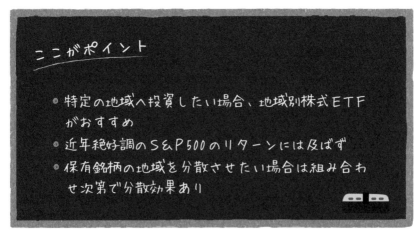

06 国ごとに投資できるETF（EWY・EWT・EWZ）

1 経済成長を期待する「国・地域」に投資

米国以外に特定の国に絞って投資したい場合、国別に投資できるETFがあります。130・134ページの表には、国内主要なネット証券で購入できる主な**各国株式ETF**をリストアップしています。

中国経済の成長や株価上昇を期待する場合は、**FXI**や**CXSE**がおすすめです。FXIは主に中国の大型株に投資できます。CXSEは、近年急成長したアリババ、テンセントをはじめとした巨大IT企業を中心とする中国の**ニューエコノミー株**に投資可能です。

EPIは、**収益性が高いインド企業**に絞って投資できるETFです。今後インドは世界一の人口になることが予測されています。それ

各国株式ETFなら、成長著しい国や地域を絞って分散投資することができます。時期によっては米国株を上回るETFも…！

に伴い、経済成長も期待されているインド株に投資できます。

2 特定の国・地域の予測は困難

世界各国を投資対象としたETFでも、純資産総額が大きい**EWY**（iシェアーズ MSCI 韓国ETF）、**EWT**（iシェアーズ MSCI 台湾ETF）、**EWZ**（iシェアーズ MSCI ブラジルETF）を取り上げ、それぞれのパフォーマンスの詳細を見ていきます。そして、特定の国・地域のリターンを予想するのが難しいという点についても併せて確認したいと思います。

2007年から2021年の資産推移（次ページ）を見ると、3つのいずれのリターンはどれもS&P500と比べ劣後しています。

2007年1月に投資した100ドルは、2021年6月末にS&P500（米国）が404ドル、EWY（韓国）が229ドル、EWT（台湾）が329ドル、EWZ（ブラジル）が132ドルという結果でした。

年率リターンはEWY（韓国）が5・87%、EWT（台湾）が

● EWY・EWT・EWZの基本情報（2021年9月末時点）

国	ティッカー	銘柄	運用管理費用（信託報酬）（%）	純資産総額（億円）	運用期間（年）
韓国	EWY	iシェアーズ MSCI 韓国ETF	0.59	6090	21.4
台湾	EWT	iシェアーズ MSCI 台湾ETF	0.59	7700	21.3
ブラジル	EWZ	iシェアーズ MSCI ブラジル ETF	0.59	5470	21.3

出典：https://myindex.jp/ranking_fund.php、https://investor.vanguard.com/、https://www.blackrock.com/、https://www.ssga.com/、https://www.wisdomtree.com/

● EWY・EWT・EWZ・S&P500の資産推移

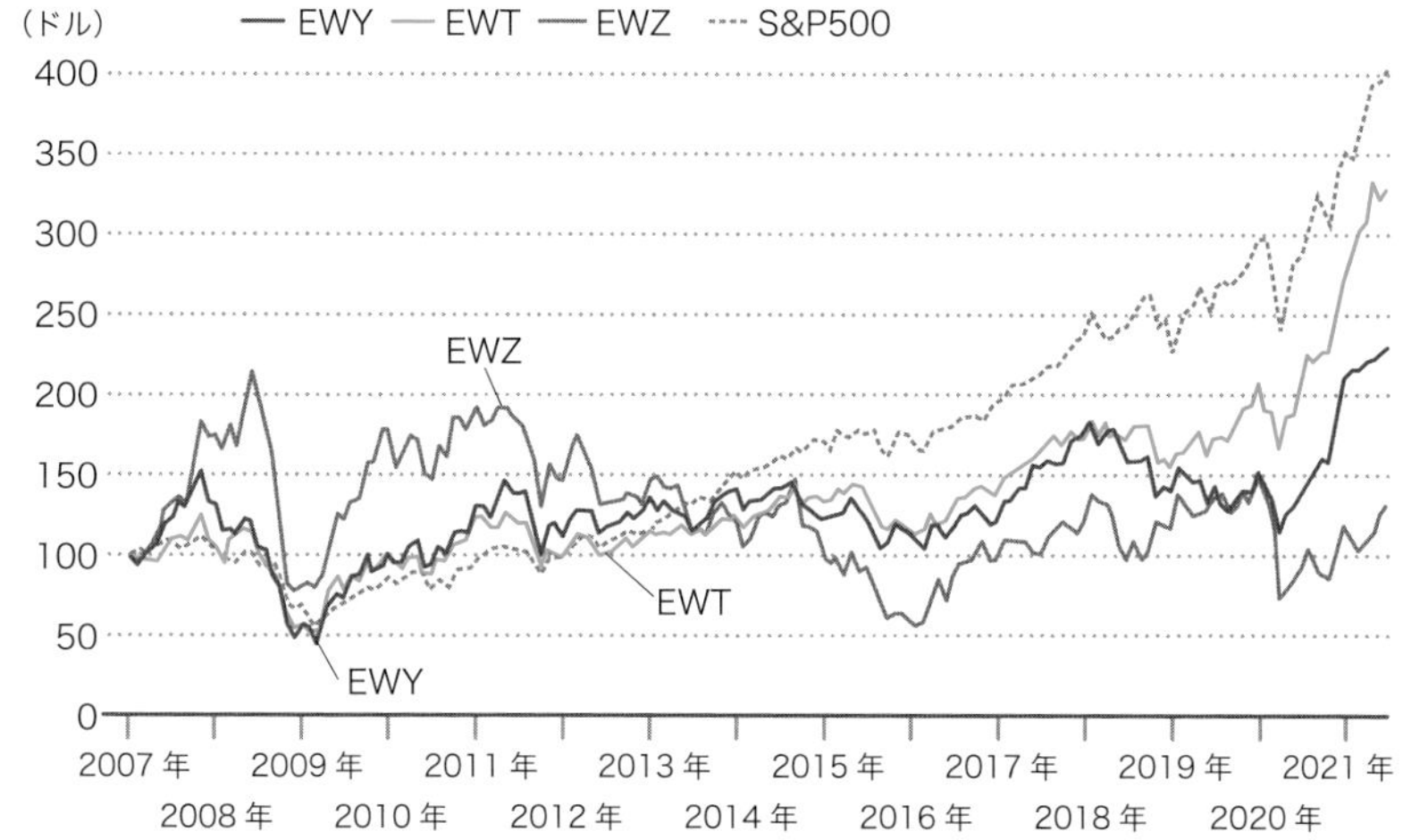

※2007年1月に100ドルを投資し、分配金はすべて再投資した場合の2021年6月末までの各月末時点の月次推移。税金は未考慮。

● EWY・EWT・EWZ・S&P500の各種データ（2007年1月～2021年6月末）

銘柄	初期投資額（ドル）	最終資産額（ドル）	年率リターン	リスク（標準偏差）
EWY	100	229	5.87%	26.98%
EWT	100	329	8.55%	22.34%
EWZ	100	132	1.94%	34.72%
S&P500	100	404	10.11%	15.35%

銘柄	最も良かった年の上昇率	最も悪かった年の下落率	最大下落率	シャープ・レシオ	米国株市場との相関係数
EWY	71.76%	-55.97%	-70.13%	0.32	0.76
EWT	73.75%	-45.23%	-58.22%	0.44	0.74
EWZ	121.86%	-54.30%	-73.67%	0.21	0.62
S&P500	32.31%	-36.81%	-50.80%	0.65	1.00

出典：https://www.portfoliovisualizer.com/

8・55%、EWZ（ブラジル）が1・94%、S&P500（米国）が10・11%です。

半導体・電子機器メーカーが牽引する台湾株

EWT（台湾）には半導体製造のTSMCをはじめ、スマートフォンなどの電子機器の製造で世界屈指の企業となった鴻海（ホンハイ）が含まれています。

直近5年のリターン（下表）を見ると、EWT（台湾）が年率20・90%、S&P500（米国）が年率17・54%で、EWT（台湾）はS&P500よりもリターンが上回る結果となりました。

リスクは、EWY（韓国）が26・98%、EWT（台湾）が22・34%、EWZ（ブラジル）が34・72%、S&P500が15・35%です。**どれもS&P500よりもリスクも高い**ことがわかります。

シャープ・レシオは、S&P500が0・65、EWY（韓国）が0・32、EWT（台湾）が0・44、EWZ（ブラジル）が0・21です。米国株には劣るものの、EWT（台湾）がもっとも高い値となりました。

● EWY・EWT・EWZ・S&P500の運用実績年率リターン（2021年6月末時点）

銘柄	1年	3年	5年	10年
EWY	64.36%	12.82%	14.25%	5.20%
EWT	62.02%	24.16%	20.90%	10.53%
EWZ	44.21%	10.97%	8.76%	-3.25%
S&P500	40.90%	18.56%	17.54%	14.72%

出典：https://www.portfoliovisualizer.com/

時期により米国を上回るリターン

リターンで注目するべきは、２００７年から２００８年にかけてＳ＆Ｐ５００（米国）含め他国が横ばいとなっているなか、**ＥＷＺ（ブラジル）は2倍以上に資産が増えている**点です。２００９年から２０１２年にかけてもＳ＆Ｐ５００（米国）のリターンを上回っています。

ＥＷＹ（韓国）とＥＷＴ（台湾）も２００９年から２０１２年にかけてはＳ＆Ｐ５００（米国）を上回っています。

現在の米国株のリターンは高いですが、切り取る時期によっては逆の結果になる可能性も十分にあり得ます。

どの期間でどの国に投資するとリターンが得られるのかを予測するのは、プロの投資家でも非常に困難です。

しかし、たとえば前述した中国やインドなど、特定の国の成長や株価リターンに確信が持てる場合などには有用なＥＴＦとなるでしょう。

ここがポイント

- 特定の国に投資したい場合は各国株式ETF
- 直近10数年でS&P500と比べると、各国株式ETFのリターンは小さい
- 特定の期間・国を絞ってリターンを予測することは最高難易度であることを認識したうえで投資の検討を

● その他の各国株式ETFの基本情報（2021年9月末時点）

国	ティッカー	銘柄	運用管理費用（信託報酬）（%）	純資産総額（億円）	運用期間（年）
中国	FXI	iシェアーズ 中国大型株 ETF	0.74	5,390	17
中国	CXSE	ウィズダムツリー 中国株 ニューエコノミーファンド	0.32	1,040	9.1
ドイツ	EWG	iシェアーズ MSCI ドイツ ETF	0.49	3,080	25.6
メキシコ	EWW	iシェアーズ MSCI メキシコ ETF	0.49	1,090	25.6
インド	EPI	ウィズダムツリー インド株収益ファンド	0.85	1,080	13.7
シンガポール	EWS	iシェアーズ MSCI シンガポール ETF	0.50	710	25.6
ベトナム	VNM	ヴァンエック・ベクトル・ベトナムETF	0.68	620	12.2
ロシア	ERUS	iシェアーズ MSCI ロシア ETF	0.59	720	10.9
タイ	THD	iシェアーズ MSCI タイETF	0.59	460	13.6
南アフリカ	EZA	iシェアーズ MSCI 南アフリカ ETF	0.59	300	18.7
インドネシア	EIDO	iシェアーズ MSCI インドネシア ETF	0.59	420	11.5
マレーシア	EWM	iシェアーズ MSCI マレーシア ETF	0.49	270	25.6
トルコ	TUR	iシェアーズ MSCI トルコ ETF	0.59	280	13.6
ポーランド	EPOL	iシェアーズ MSCI ポーランドETF	0.59	290	11.4
フィリピン	EPHE	iシェアーズ MSCI フィリピン ETF	0.59	120	11.1

出典：https://myindex.jp/ranking_fund.php、https://investor.vanguard.com/、https://www.blackrock.com/、https://www.ssga.com/、https://www.wisdomtree.com/

4時限目
セクター・テーマ別株式ETF

特定の業種・分野に投資したいなら、セクター別もしくはテーマ別株式ETFを活用しましょう！

01 業種を狙い撃ち！セクターETF

1 セクターETFで米国や世界の特定業種に投資

上場している企業は、業種ごとにグループ化できます。それぞれのグループを**セクター**と呼びます。その各セクターに投資するＥＴＦが**セクターETF**です。

成長が期待できる特定の業種がある場合、また安定性が高い特定セクターに集中投資したい場合などに活用できます。

11種類に分類される米国株セクター

セクターは**GICS**（Global Industry Classification Standard＝世界産業分類基準）という産業分類で11種類に分類されており、米国株

特定の業種に投資したい場合はセクターETFを活用しましょう！

● 米国セクターの主要ETFと主要企業

セクター	セクターの企業・事業	主な米国セクターETF	主要企業
生活必需品	日用品・飲料・食品・スーパーマーケット・タバコなど	VDC・XLP	P&G コカコーラ ペプシコ
ヘルスケア	医薬品・ヘルスケア機器・バイオテクノロジーなど	VHT・XLV	ジョンソン&ジョンソン ユナイテッドヘルス アボット・ラボラトリーズ
公共事業	電力・水道・ガス・公共事業など	VPU・XLU	ネクステラ・エナジー デューク・エナジー サザン・カンパニー
情報技術	ソフトウェア・PC・クラウド・通信機器・半導体・電子機器など	VGT・XLK	アップル マイクロソフト ビザ
資本財	機械・航空・鉄道・運輸・建設・電気設備事業など	VIS・XLI	ハネウェル ユニオン・パシフィック ボーイング
エネルギー	石油・ガスなどの精製・貯蔵・輸送・販売など	VDE・XLE	エクソン・モービル シェブロン EOGリソーシズ
通信サービス	SNS・通信・放送・映像配信・ケーブルテレビなど	VOX・XLC	フェイスブック アルファベット T-モバイル US
一般消費財	自動車・ホテル・レストラン・レジャー・贅沢品・アパレル・インターネット通販など	VCR・XLY	アマゾン テスラ ホーム・デポ
金融	銀行・保険・証券会社・資産運用会社など	VFH・XLF	バークシャー・ハサウェイ JPモルガン・チェース バンク・オブ・アメリカ
素材	化学・金属・鉱業・肥料・農薬・鉄鋼など	VAW・XLB	リンデ シャーウィン・ウィリアムズ エアー・プロダクツ・アンド・ケミカルズ
不動産	インフラREIT・物流施設REIT・オフィスREIT・住宅系REITなど	XLRE	アメリカン・タワー プロロジス クラウンキャッスル

もその11種類のセクター（生活必需品、ヘルスケア、公共事業、情報技術、資本財、エネルギー、通信サービス、一般消費財、金融、素材、不動産）に分類されます。

前ページの表に、各セクターの主なETFと、セクターを構成する主要企業をまとめました。米国株の各セクターを構成する主要企業は、米国内だけでなくグローバルに展開する企業が多く、P&G、ジョンソン&ジョンソン、アップル、フェイスブック、アマゾンなど、日本でもなじみのある企業も多くみられます。

● グローバルセクターの主要ETFと主要企業

セクター	主なセクターETF	主要企業
生活必需品	KXI	ネスレ P&G コカコーラ
ヘルスケア	IXJ	ジョンソン&ジョンソン ユナイテッド・ヘルス ロシュ
公共事業	JXI	ネクステラ・エナジー イベルドローラ エネル
情報技術	IXN	アップル マイクロソフト TSMC
資本財	EXI	ハネウェル ユナイテッド・パーセル・サービス ユニオン・パシフィック
エネルギー	IXC	エクソン・モービル シェブロン トタル
通信サービス	IXP	フェイスブック アルファベット テンセント
一般消費財	RXI	アマゾン テスラ ホーム・デポ
金融	IXG	バークシャー・ハサウェイ JPモルガン・チェース バンク・オブ・アメリカ
素材	MXI	リンデ BHPグループ リオ・ティント
不動産	-	-

各セクターのＥＴＦに投資することで、対象セクターの世界的企業にまとめて投資できます。特定の業種に投資したい場合、範囲を米国だけでなく世界全体にしたい場合には、世界のセクターを対象とする**グローバルセクターＥＴＦ**（前ページ表）もあります。

グローバルセクターＥＴＦの主要企業にはやはり米国企業が多いですが、**ネスレ**（スイス）・**ロシュ**（スイス）・**ＴＳＭＣ**（台湾）・**テンセント**（中国）など、米国外の各セクターを代表する企業も含まれています。

その他にも、前ページの情報技術セクターの表にもある**ＩＸＮ**（ｉシェアーズ グローバル・テクノロジーＥＴＦ）は、**アップル**、**マイクロソフト**などの米国ＩＴ企業のほか、韓国の**サムスン電子**などが構成企業になっています。

ヘルスケアセクターの**ＩＸＪ**（ｉシェアーズ グローバル・ヘルスケアＥＴＦ）では**ジョンソン＆ジョンソン**、**ファイザー**など米国企業のほか、スイスの**ノバルティス**なども含まれています。

世界中の特定セクターの企業に投資する場合は、グローバルセクターＥＴＦを選択しましょう。

2 景気のサイクルに合わせて投資するセクターローテーション

景気は、基本的に次のようにアップダウンを繰り返します。

不況期⬇回復期⬇拡張期⬇後退期

これを**景気サイクル（景気循環）**といいます。

回復期・拡張期が「**好景気**」で、後退期・不況期が「**不景気（不況）**」です。

景気サイクルには、各時期ごとにパフォーマンスの良いセクターが存在し、これを利用した投資戦略を**セクターローテーション**といいます。景気のサイクルに合わせて、好調なセクターを投資対象にしていくものです。

セクターETFを用いれば、各銘柄を分析・選定して投資する必要がなく、個別株投資よりも手軽にセクターローテーションを実現できます。

ただし、**現在の景気局面を正確に把握し、次の局面に移る時期を先読みする**必要があります。

各セクターがパフォーマンスを発揮するのはいつ？

セクターローテーションを使わない場合も、各セクターがどのような局面でパフォーマンスを発揮するのか把握しておくことは、どのような投資をするうえでも役立ちます。

また、保有銘柄が特定の業種に偏っているとリスクが高くなります。セクターの偏りによる思わぬリスクを負わないためにも、セクターの分散も意識して保有する銘柄を決めましょう。

景気サイクルと金利の動きで好調・不調セクターがわかる

景気サイクルに大きく影響される**金利**について、ここで触れておきましょう。

好景気のときは消費活動が活発になります。モノやサービスが売れるので、提供する企業もさらなるモノやサービスを提供するため、設備投資を積極的に行います。

設備投資の資金の多くは借金でまかなわれるため、好景気では借り手が増えます。つまりお金に対する需要が増えることで金利が上昇し、**高金利**になっていきます。

一般的に、好景気になって金利が上昇していくと物価上昇（**インフレーション：インフレ**）が起きます。

逆に、不景気（不況）のときは消費が減り、企業の設備投資も抑えられるため、お金に対する需要が減り金利が低下し、**低金利**になっていきます。

一般的に、景気が後退し金利が低下すると、物価の下落（**デフレーション：デフレ**）が起きます。

なお、景気後退しながら物価上昇が起きるスタグフレーションという現象もありますが、景気循環の例外的現象なのでここでは割愛します。

● 景気サイクルと金利の関係

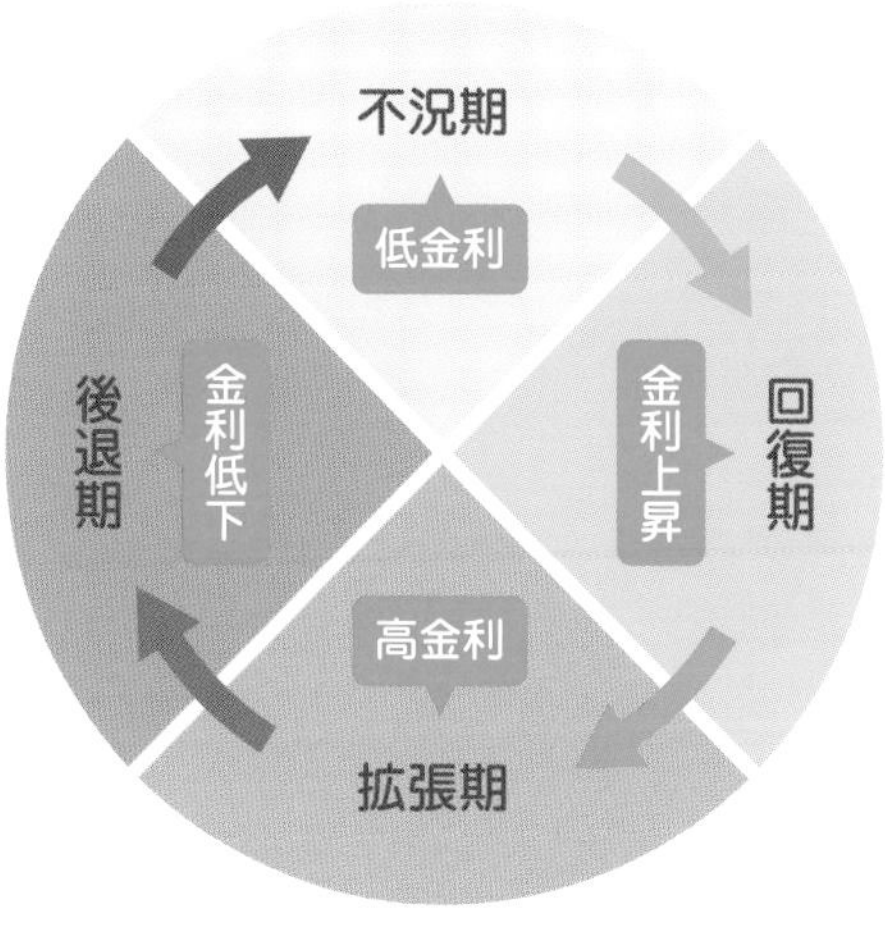

つまり、景気サイクルにおいて金利は次のように変化します。

不況期（低金利）⬇回復期（金利上昇）
⬇拡張期（高金利）⬇後退期（金利低下）

景気と金利を軸として、それぞれの時期にパフォーマンスを発揮するセクターを144ページに示しました。縦軸が景気、横軸が金利です。

金利も各セクターのパフォーマンスに影響を与えることから、セクターローテーションを考える際に重要な要素です。

不況に強いディフェンシブ・セクター

各セクターがどの景気でパフォーマンスが良くなるのかを下表に示しました。

不況期にパフォーマンスが良いセクターは、生活必需品・ヘルスケア・通信サービスです。

不況でも生活必需品や医薬品は需要がありま す。通信費も固定費として需要が減りにくいで す。

● セクターと景気サイクル

セクター	パフォーマンスが良いとされる景気サイクル
生活必需品	不況期・後退期
ヘルスケア	
公共事業	
通信サービス	
金融	回復期
不動産	
情報技術	
資本財	拡張期
素材	
一般消費財	
エネルギー	後退期

また、**不況期には景気対策のため公共事業が増加**する傾向があり、公共事業セクターもパフォーマンスが良くなります。

これらを**ディフェンシブ・セクター**と呼びます。不況により他セクターの株価が低迷する中で、相対的にパフォーマンスが良くなる「守り」のセクターです。

回復期は金融・不動産・情報技術

回復期にパフォーマンスが良好なのが金融セクターです。

景気回復期には、設備投資など資金需要が高まるため金利が上昇していきます。**景気回復で貸し出し自体も増え、銀行の収益源である貸付金利も上昇する**ことで、金融セクターの企業のパフォーマンスは良くなります。

また連動して**不動産投資やITへの投資も活発になっていく**ことから、不動産・情報技術セクターも回復期にパフォーマンスが良いセクターといわれています。

拡張期は一般消費財・資本財・素材

拡張期にパフォーマンス良好といわれているのが、一般消費財セクターです。これは**自動車やレジャーなどの需要が高まる**ためです。

これらの需要に連動して、**航空や鉄道、建設に関わる資材、製造に必要な素材も需要が高くなる**ことから、資本財・素材セクターもパフォーマンスが良くなります。

後退期に強いエネルギーセクター

後退期に相対的に強いといわれているのがエネルギーセクターです。**エネルギーは景気によらず必要**となることから、後退期にも一定の需要があります。

そのため、インフレが続く（金利が高い）局面では、エネルギーセクターは相対的に他セクターよりもパフォーマンスが良くなります。

また不況期と同様の理由で、**生活必需品・ヘルスケア・通信サービスは景気後退期でも相対的に他セクターよりもパフォーマンスが良くなる**ことが多いです。

時代の変遷でセクター特性に変化も

なお、各セクターの企業が他セクターに分類される事業を行っている場合もあるため、一概にこの分類に当てはまらないケースもあります。

また、情報技術は現代では欠かせないインフ

● 景気サイクル・金利と各セクターの関係

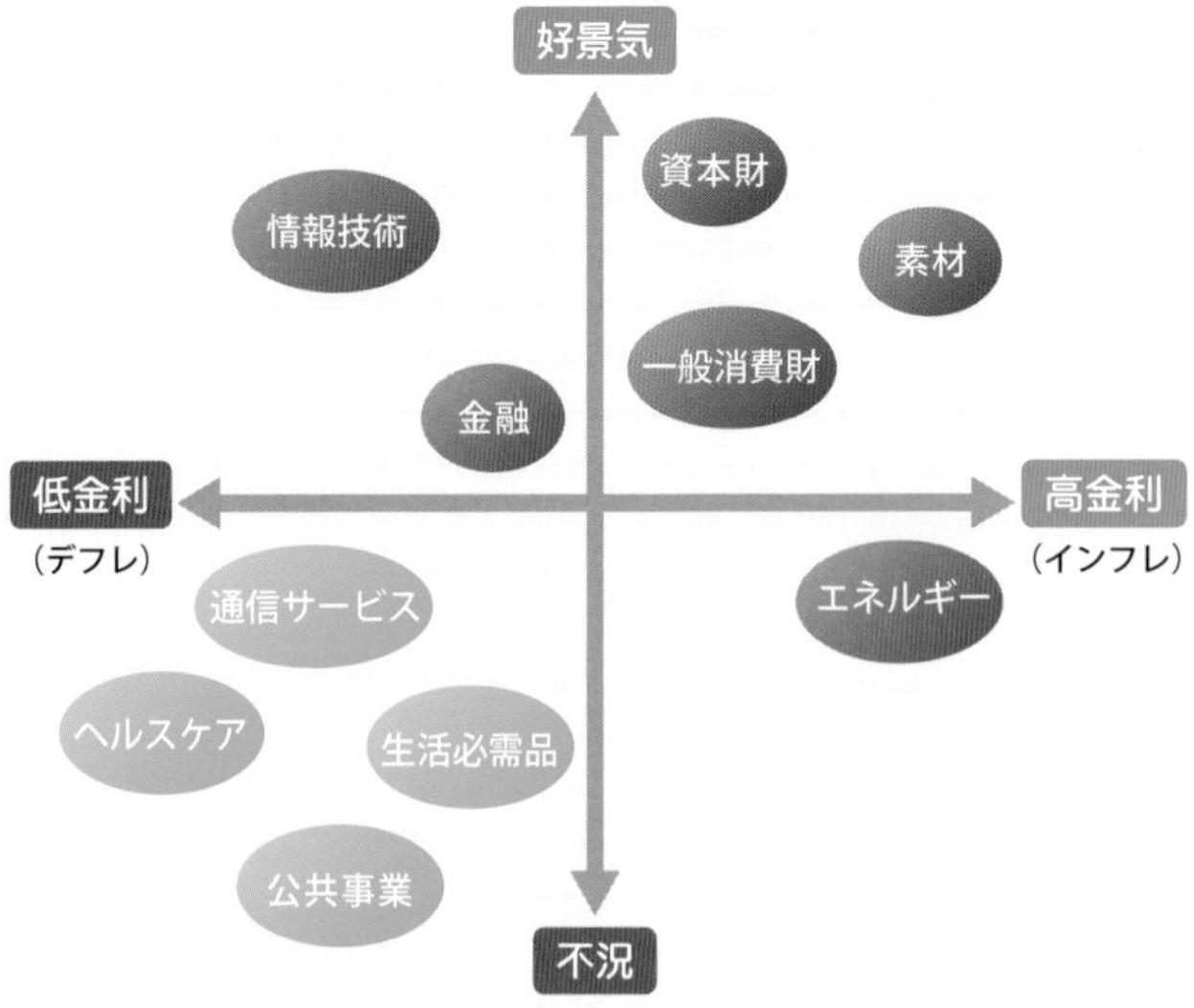

ラとなってきたことで、不況期でもパフォーマンスが良いセクターになりつつあります。

時代の流れや技術の進歩を経てセクターの特性に変化も出てきています。

本書では、純資産総額が大きい米国セクターETFの中から、次のETFについて解説していきます。

- **生活必需品セクター　VDC・XLP**
- **ヘルスケアセクター　VHT・XLV**
- **情報技術　VGT・XLK**
- **通信サービス　VOX・XLC**
- **一般消費財　VCR・XLY**

ここがポイント

- 株式上場している企業は業種ごとにグループ化されている。このグループをセクターと呼ぶ
- それぞれのセクター（米国株は11種類）に投資するETFがセクターETF
- 各セクターの特徴を押さえておこう

02 不況にも強い！生活必需品セクターETF（VDC・XLP）

1 手堅く成長も見込める生活必需品セクター

生活必需品セクターは、生活に欠かせない食品や飲料・日用品などの販売を主な事業とする企業で構成されるセクターです。

景気に左右されない（ディフェンシブな）銘柄が多い

食品や飲料・日用品などの生活必需品は、不況時でも生活のために継続して購入されます。

そのため、**生活必需品セクターの企業の売上・利益は他業種に比べ景気に左右されづらい**特徴があります（逆に、好景気でも急激に売上が伸びにくいという特徴もあります）。

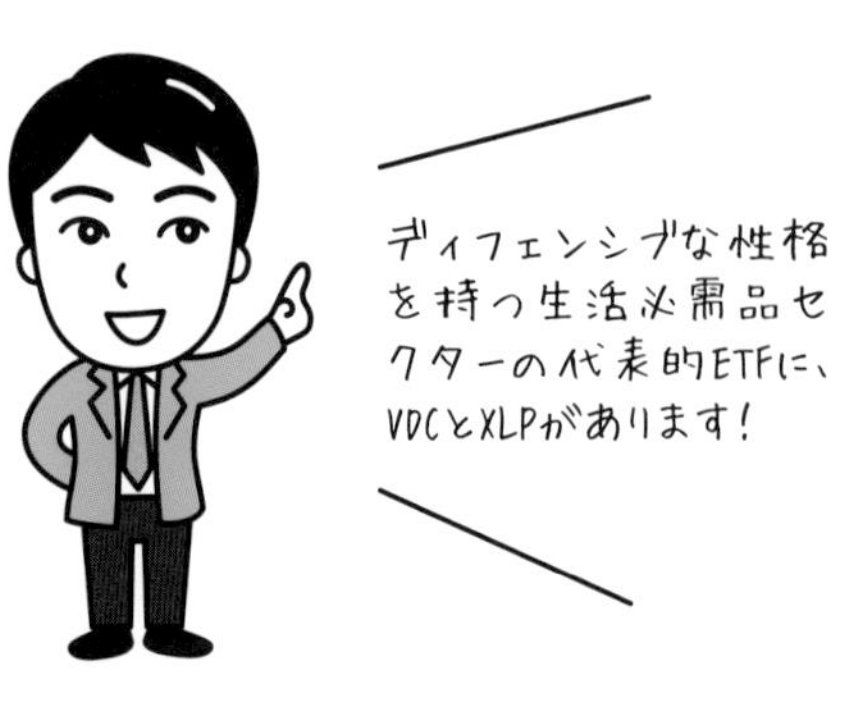
ディフェンシブな性格を持つ生活必需品セクターの代表的ETFに、VDCとXLPがあります！

売上や利益が急減しないということは、株価も同様に下落幅が小さくなり、**ディフェンシブなセクター**といえます。

安定した配当も魅力

人口が増加すると、食品や飲料・日用品の消費も比例して増加して好業績となるのが、このセクターの特徴です。グローバルに展開している企業も多いため、世界の人口が増加するに伴い、継続して売上・利益を伸ばしています。

その利益成長に合わせて増配している企業も多いことから、**連続増配や安定して配当を出す企業が多い**ことも生活必需品セクターの魅力です。

2 生活必需品セクターの代表的ETF、VDC・XLP

VDC（バンガード・米国生活必需品セクターETF）と**XLP**（生活必需品セレクト・セクターSPDRファンド）は、生活必需品セクターの中で純資産総額が大きく代表的なETFで、基本情報を次ページの表にまとめました。どちらも時価総額加重平均（46ページ）を採用した指数に連動します。

3

P&G、コカ・コーラなど世界的大企業を組み入れ

VDCとXLPは連動指数や組み入れ銘柄数が違いますが、上位10社はほぼ同じです（次ページ表参照）。

組み入れ1位は洗剤や化粧品などを製造販売し、世界180カ国以上で事業展開する**P&G**です。日本でも、「アリエール」や「SK-Ⅱ」などのブランドが有名です。

2位は**コカ・コーラ**、3位は**ペプシコ**で両社とも清涼飲料などを製造販売するグローバル企業です。4位は世界最大のスーパーマーケットチェーンの**ウォルマート**、5位は会員制倉庫型小売チェーンの**コストコ**です。

そのほか、**フィリップモリス**や**アルトリア**などのタバコを製造販売する企業も上位に含まれています。

幅広い業種を組み込む

VDC・XLPの業種別組み入れ比率を次ページの図に

● VDC・XLPの基本情報（2021年9月末時点）

ティッカー 運用会社	銘柄 連動指数	価格（ドル/1口）	保有銘柄数	運用管理費用（%）	純資産総額	運用期間（年）
VDC バンガード	**バンガード・米国生活必需品セクターETF** MSCI USインベスタブル・マーケット生活必需品セクター	179.22	99	0.10	6510億円	17.7
XLP ステートストリート	**生活必需品セレクト・セクターSPDRファンド** S&P生活必需品セレクト・セクター指数	68.84	33	0.12	1.3兆円	22.8

出典：https://myindex.jp/ranking_fund.php、https://investor.vanguard.com/、https://www.ssga.com/

● VDCの組み入れ上位10社

順位	組み入れ企業	比率
1	P&G	14.09%
2	コカ・コーラ	8.83%
3	ペプシコ	7.97%
4	ウォルマート	7.90%
5	コストコ	5.62%
6	フィリップモリス	4.48%
7	アルトリア	3.96%
8	モンデリーズ・インターナショナル	3.78%
9	エスティローダー Class A	2.92%
10	コルゲート・パーモリーブ	2.91%

● XLPの組み入れ上位10社

順位	組み入れ企業	比率
1	P&G	15.82%
2	コカ・コーラ	9.94%
3	ペプシコ	9.52%
4	ウォルマート	9.19%
5	コストコ	4.77%
6	フィリップモリス	4.53%
7	モンデリーズ・インターナショナル	4.50%
8	アルトリア	4.15%
9	エスティローダー Class A	3.81%
10	コルゲート・パーモリーブ	3.68%

出典：https://investor.vanguard.com/、https://www.ssga.com/

● VDCの業種別組み入れ比率

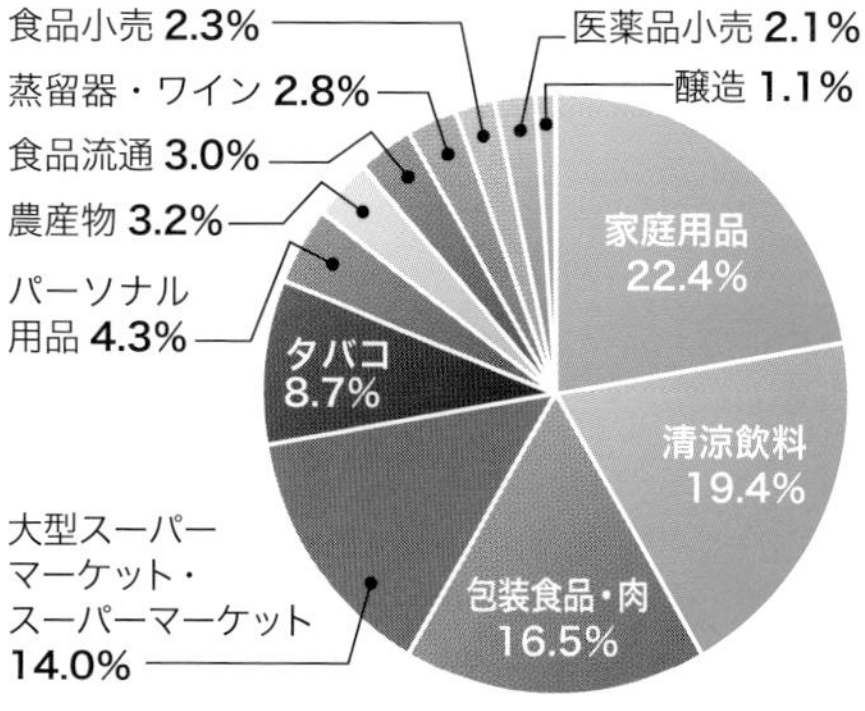
食品小売 2.3%
医薬品小売 2.1%
蒸留器・ワイン 2.8%
醸造 1.1%
食品流通 3.0%
農産物 3.2%
パーソナル用品 4.3%
家庭用品 22.4%
タバコ 8.7%
清涼飲料 19.4%
大型スーパーマーケット・スーパーマーケット 14.0%
包装食品・肉 16.5%

出典：https://investor.vanguard.com/

● XLPの業種別組み入れ比率

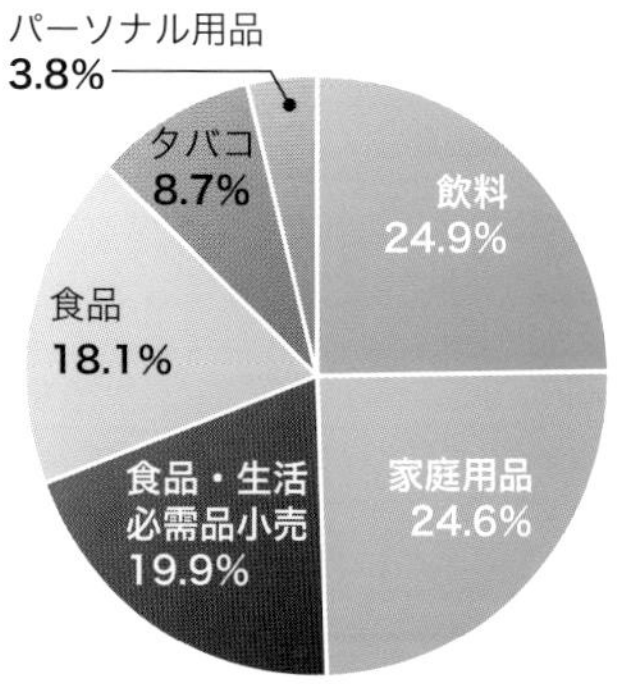
パーソナル用品 3.8%
タバコ 8.7%
飲料 24.9%
食品 18.1%
食品・生活必需品小売 19.9%
家庭用品 24.6%

出典：https://www.ssga.com/

示しました。

幅広い業種が組み込まれていた上位10銘柄の事業と同様に、家庭用品、飲料食品、タバコなどの幅広い業種が組み入れられています。

先述のとおり生活必需品分野は人口増加とともに需要が拡大する特徴があるため、全世界に展開するグローバル企業が多く含まれています。

4 低リスクでありながら、長期運用ではS&P500と同等のリターン

VDC・XLPとS&P500の資産推移を次ページ上のグラフにしました。

長期での運用では、VDCとXLPのリターンはS&P500とほぼ同じです。

2007年1月に100ドル投資した場合、2021年6月末時点でVDCが404ドル、XLPが395ドルです。年率リターンは、VDCが10・12%、XLPが9・93%です（次ページ中央表参照）。

直近のリターンではS&P500の方が優位

直近5年や10年で見た場合は、少し違った結果になります。

直近10年では、年率リターンがVDCは11・45%、XLPは11・38%、S&P500は14・72

VDC・XLP・S&P500の資産推移

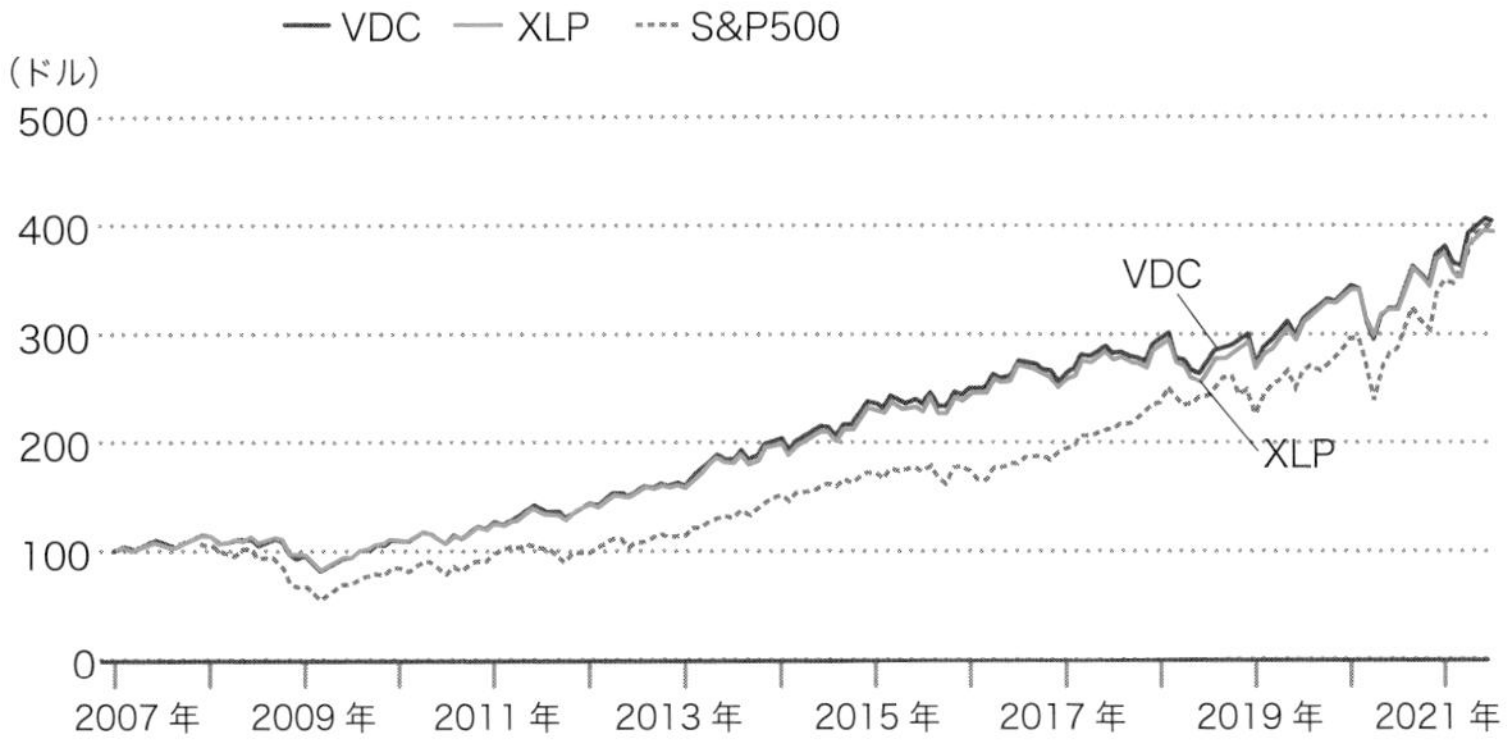

※2007年1月1日に100ドルを投資し、分配金はすべて再投資した場合の2021年6月末までの各月末時点の月次推移。税金は未考慮。

VDC・XLP・S&P500の各種データ(2007年1月〜2021年6月末)

銘柄	初期投資額(ドル)	最終資産額(ドル)	年率リターン	リスク(標準偏差)
VDC	100	404	10.12%	11.92%
XLP	100	395	9.93%	12.04%
S&P500	100	404	10.11%	15.35%

銘柄	最も良かった年の上昇率	最も悪かった年の下落率	最大下落率	シャープ・レシオ	米国株市場との相関係数
VDC	28.02%	-16.57%	-29.37%	0.80	0.79
XLP	27.43%	-15.02%	-28.12%	0.78	0.75
S&P500	32.31%	-36.81%	-50.80%	0.65	1.00

VDC・XLP・S&P500の運用実績年率リターン(2021年6月末時点)

銘柄	1年	3年	5年	10年
VDC	25.15%	13.65%	8.02%	11.45%
XLP	22.48%	13.85%	7.78%	11.38%
S&P500	40.90%	18.56%	17.54%	14.72%

出典：https://www.portfoliovisualizer.com/

%と、ＶＤＣ・ＸＬＰをＳ＆Ｐ５００が上回っています（前ページ下表参照）。

これは、直近10年の米国株高を牽引した情報技術セクターがＳ＆Ｐ５００に含まれ、生活必需品セクターを上回る大きな上昇をしたことが理由です。

Ｓ＆Ｐ５００よりも低リスク

２００７年から２０２１年までの期間、リスクはＳ＆Ｐ５００が15・35％であるのに対し、ＶＤＣが11・92％、ＸＬＰが12・04％となっています。

リターンはほとんど同じでしたが、リスクはＶＤＣ・ＸＬＰの方が小さい結果となりました。

そのためシャープ・レシオは、ＶＤＣが０・80、ＸＬＰが０・78、Ｓ＆Ｐ５００が０・65と、ＶＤＣ・ＸＬＰの方が高く効率的な投資であったことがわかります。

暴落時の下落幅も小さい

２００７年から２００９年のリーマンショックの時期の最大下落率が、Ｓ＆Ｐ５００は半減しているのに比べ、ＶＤＣ・ＸＬＰでは約３割と小さな下落幅でした（前ページ中央表参照）。

また、コロナショックの際の下落率もＶＤＣ・ＸＬＰが－13～14％程度であったのに対し、Ｓ＆Ｐ５００が－19・63％とＶＤＣ・ＸＬＰの方が小さな下落率でした。もっとも下落した年でも、Ｓ＆Ｐ５００が－36・81％であるのに対し、ＶＤＣが－16・57％、ＸＬＰが－15・02％と半分以下となっていました。

これは特徴でも解説したとおり、**不況時でも生活必需品の需要が落ち込みにくい**ことを反映しています。経済ショックが起きた場合も、このセクターの企業は売上・利益が大幅な減少をせず、株価も下落しづらい結果になりました。

下落耐性の高さは、生活必需品セクターの大きな特徴でありメリットです。**暴落時も安心して保有**することができるＥＴＦといえるでしょう。

分配利回り、分配金ともに安定

次ページのグラフはＶＤＣ・ＸＬＰの１口あたりの分配金推移です。

分配利回りは**２％台を中心に安定して推移**しています。分配金も減配している年はあるものの、**右肩上がりに増えている**ことがわかります。

Ｐ＆Ｇやウォルマートなど**連続増配企業**（２３５ページ）も組み込まれており、今後も安定した分配利回りと、分配金の継続的な増加が期待できると考えられます。

生活必需品セクターは、暴落時の下落幅が小さく安心して保有できます。また、グローバル企業が多く、今後の世界の人口増や成長も含めてポートフォリオに取り込むことができます。**手堅くディフェンシブな特徴がありながら、成長も期待できる**、初心者でも投資しやすいＥＴＦだといえるでしょう。

● VDC・XLPの1口あたりの分配金推移（年次）

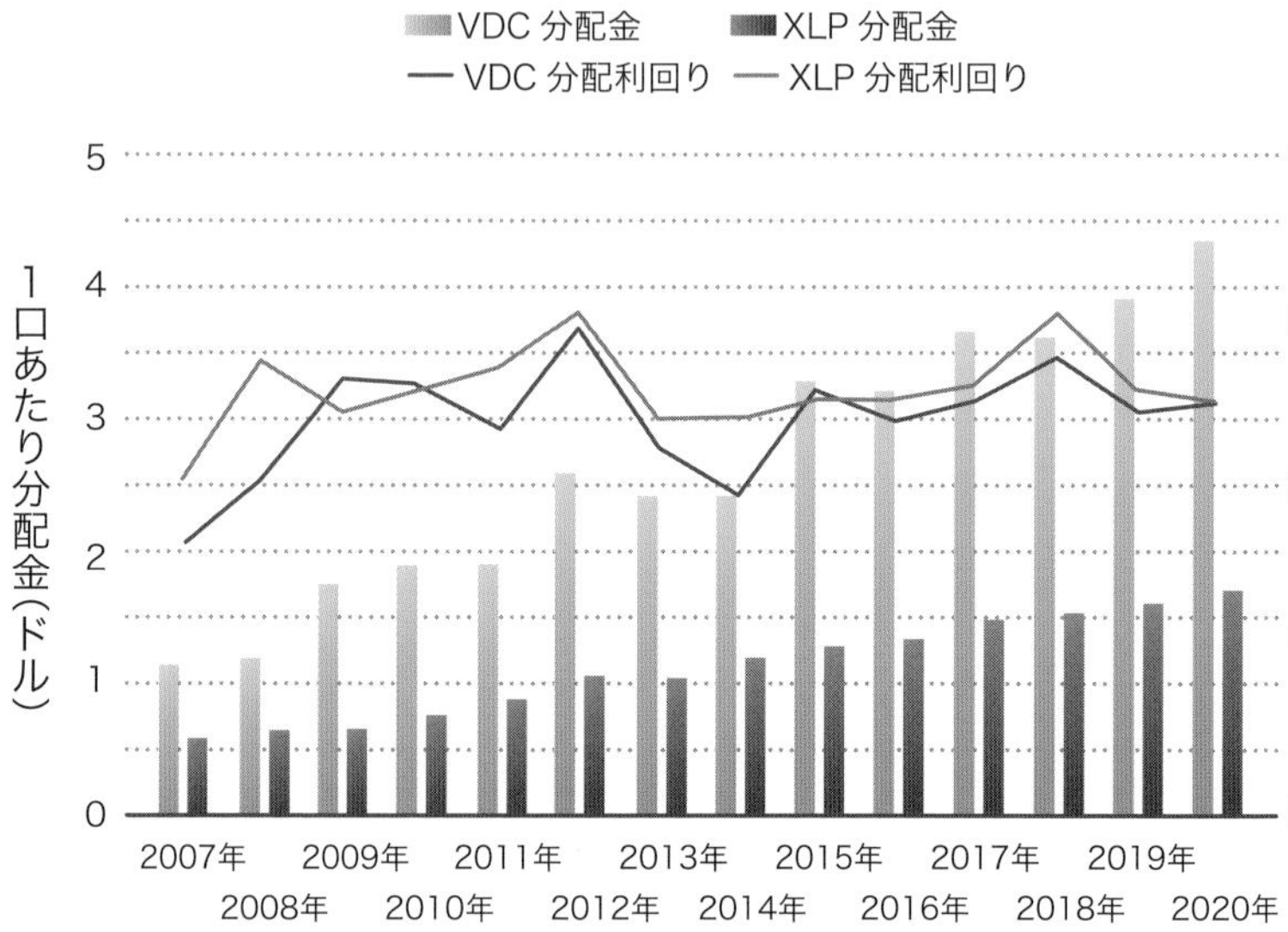

出典：https://marketchameleon.com/、https://haitoukabu.com/

ここがポイント

- 生活に欠かせない食品や日用品を主な事業とする企業で構成される生活必需品セクター
- 景気に左右されない銘柄が多いためディフェンシブ
- 世界人口増加を受けて継続した成長が見込めるため、安定した配当を出す銘柄が多い
- 上位銘柄にはP&Gやコカ・コーラなど日本でもなじみのある優良企業が並ぶ
- ハイテクを含まないため直近では負けるが、長期ではS&P500と同等のリターン

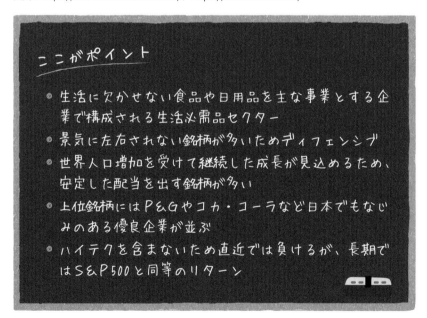

03 安定した需要が魅力 ヘルスケアセクターETF（VHT・XLV）

1 ディフェンシブかつ成長も見込める

ヘルスケアセクターは、**医薬品やヘルスケア機器・用品、バイオテクノロジーなどを主な事業とする企業で構成**されるセクターです。

ケガや病気は景気と関係ありません。不景気でも怪我や病気で病院に行ったり、医薬品を購入したりします。不況時でもヘルスケアセクターの企業の売上や利益は、他業種に比べ影響を受けにくいです。

つまりヘルスケアセクターは生活必需品セクターと同様に、**景気に左右されない銘柄が多く、今後も安定した需要があり、人口増加に応じて継続した成長も見込めるディフェンシブな特徴**を持ちます。

先進国は**高齢社会**を迎える国も多く、今後も**医療や薬の需要の拡大**

ヘルスケアセクターも生活必需品セクター同様ディフェンシブな性格を持ちます。VHTとXLVは一兆円を超える規模を誇ります！

が見込まれ、関連する製品を開発するヘルスケアセクターの売上や利益も増加が予想できます。

個別株投資のリスクを分散させるセクター投資

ヘルスケアセクターに含まれる製薬会社は、治療薬、ワクチンなどの新薬開発に莫大な費用をかけています。しかし、**開発の成功率は非常に低く、特定の企業への投資が難しい**業種です。

また、人命に関わる製品のため**訴訟リスク**もあります。訴訟費用や莫大な賠償費用の支払いが株価急落を招くこともあります。

新薬開発が成功すれば大きな利益が出て株価が急騰することもありますが、新薬開発の成否や訴訟の行方を予想することはほぼ不可能です。

このように製薬会社への個別投資は難易度が高いですが、ヘルスケアセクターETFを利用すれば**個別企業のリスクを分散しつつ、セクター全体の成長を享受**できる可能性が高まります。

2 代表的なETFのVHTとXLV

生活必需品セクターで純資産総額が大きなETFである**VHT**（バンガード米国ヘルスケア・セクターETF）と**XLV**（ヘルスケア・セレクト・セクター SPDRファンド）の基本情報を示しました（次ページ下表参照）。

組み入れ上位銘柄には、世界的なヘルスケア関連の大企業が並んでいます（159ページ表参照）。VHTとXLVは組入銘柄数は違いますが、**上位10社の銘柄はほぼ同じ**です。

1位は**ジョンソン&ジョンソン**です。日本では「バンドエイド」のブランドがよく知られていますが、製薬・医療機器などヘルスケア関連製品を取り扱う1887年創業の老舗グローバル企業です。

2位の**ユナイテッド・ヘルス**は、1977年創業の米国最大の医療保険サービスを提供する企業です。

3位は**アボット・ラボラトリーズ**です。1888年創業の製薬会社で、医療製品なども取り扱っています。2020年には新型コロナウイルスの検査キットを開発したことで話題になりました。

4位は世界的な製薬会社の**ファイザー**です。新型コロナワクチンをいち早く実用化したことで、最近テレビでもよく名前を聞くと思います。ファイザーも創業は1849年と長い歴史を持ちます。

5位は**メルク・アンド・カンパニー**です。ファイザー同様、世界的な製薬会社です。

● VHT・XLVの基本情報（2021年9月末時点）

ティッカー 運用会社	銘柄 連動指数	価格（ドル/1口）	保有銘柄数	運用管理費用（%）	純資産総額（兆円）	運用期間（年）
VHT バンガード	バンガード・米国ヘルスケア・セクターETF MSCI USインベスタブル・マーケットヘルスケア・セクター	247.16	455	0.10	1.8	17.7
XLV ステートストリート	ヘルスケア・セレクト・セクター SPDR ファンド S&P ヘルスケア・セレクト・セクター指数	127.3	65	0.12	3.3	22.8

出典：https://myindex.jp/ranking_fund.php、https://investor.vanguard.com/、https://www.ssga.com/

ユナイテッド・ヘルス以外の4社は創業100年を超え、歴史ある企業が業界の中核をなしていることがわかります。

次ページに業種別組み入れ比率を示しました。上位銘柄を見れば一目瞭然ですが、**医薬品とヘルスケア機器がそれぞれ約4分の1**と多く組み入れられています。

バイオテクノロジーやヘルスケア・テクノロジー企業もあり、社会を大きく変えるイノベーションを起こす可能性がある企業に投資できることも、ヘルスケアセクターETFの魅力の1つです。

3 S&P500を上回るリターン

2007年から2021年までのリターンを161ページに示しました。

161ページ上のグラフを見ると、**VHT・XLVのリターンはS&P500を大きく上回っている**ことがわかります。

161ページの中央の表で具体的な数値を確認してみましょう。

2007年1月に投資した100ドルは、2021年6月末時点で、VHTが542ドル、XLVが486ドル、S&P500が404ドルでした。**VHT・XLVは約5倍の大きな上昇**を見せました。

161ページ下の表を見ると、直近5年以内はS&P500に対しリターンが劣後しているも

VHT の組み入れ上位 10 社

順位	組み入れ企業	比率
1	ジョンソン & ジョンソン	7.96%
2	ユナイテッド・ヘルス	6.50%
3	アボット・ラボラトリーズ	3.91%
4	ファイザー	3.71%
5	メルク・アンド・カンパニー	3.59%
6	アッヴィ	3.52%
7	サーモフィッシャーサイエンティフィック	3.33%
8	イーライリリー・アンド・カンパニー	2.96%
9	メドトロニック	2.93%
10	アムジェン	2.67%

XLV の組み入れ上位 10 社

順位	組み入れ企業	比率
1	ジョンソン & ジョンソン	9.47%
2	ユナイテッド・ヘルス	8.18%
3	アボット・ラボラトリーズ	4.77%
4	ファイザー	4.70%
5	メルク・アンド・カンパニー	4.30%
6	アッヴィ	4.24%
7	サーモフィッシャーサイエンティフィック	4.16%
8	メドトロニック	3.82%
9	ダナハー	3.50%
10	イーライリリー・アンド・カンパニー	3.25%

VHT 業種別組み入れ比率

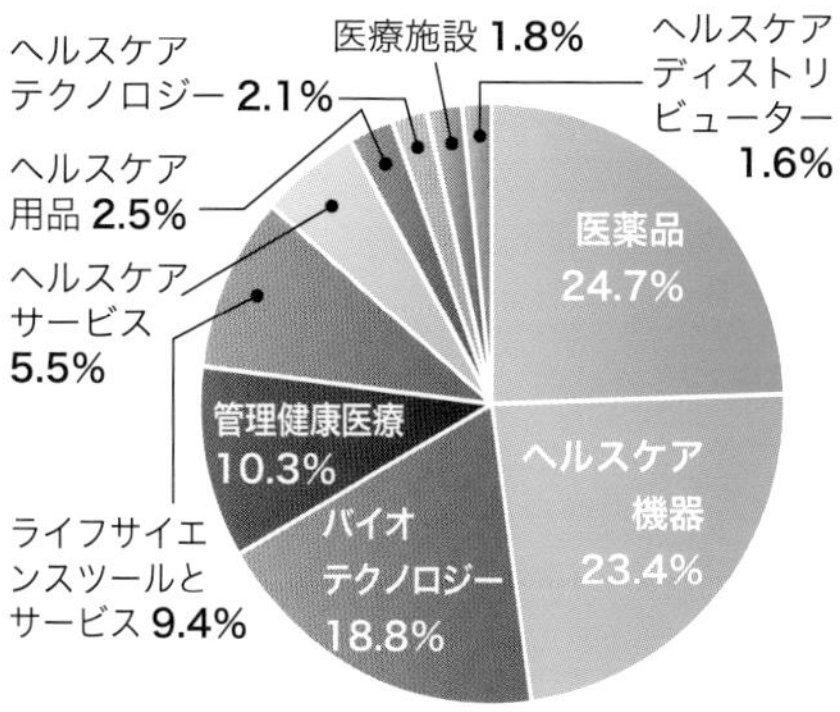

XLV 業種別組み入れ比率

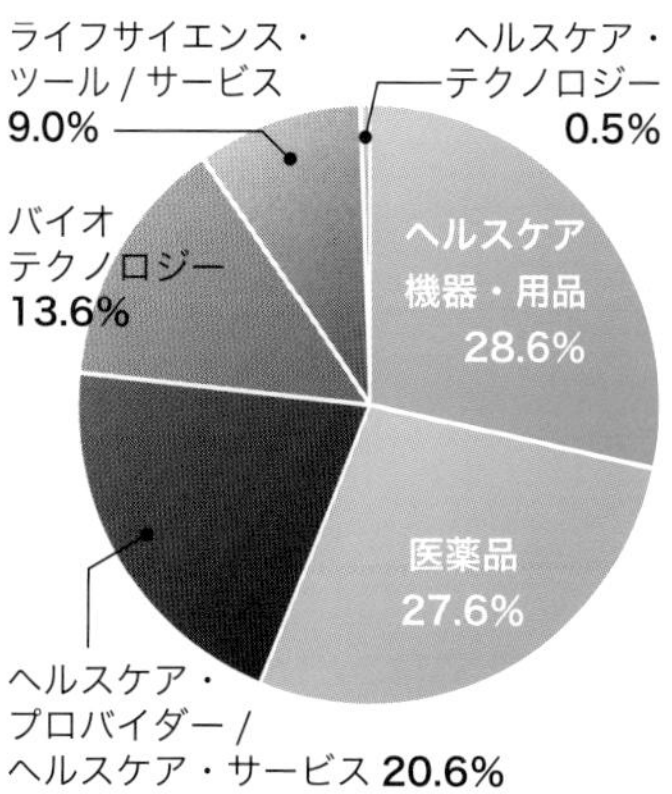

出典：https://investor.vanguard.com/、https://www.ssga.com/

のの、10年ではVHTが16・15％、XLVが15・46％と、S&P500の14・72％を上回るリターンをあげていることがわかります。

今後も先進国の高齢化や世界の人口増により、医療の需要は拡大していくことが予想されます。長期間保有を前提に、リターンを期待できるでしょう。

低リスク・高リターンの優等生

2007年から2021年までの期間で、リスクはS&P500が15・35％に対し、VHTが14・54％、XLVが14・08％です（次ページ中央表参照）。**S&P500に対して、VHT・XLVの方がリターンが大きかったにも関わらず、リスクは小さい結果**となりました。

そのためシャープ・レシオは、VHTが0・82、XLVが0・79、S&P500が0・65と、VHT・XLVの方が高い値でした。

リスクを抑えて、リターンも狙える非常に魅力的なETFであることがわかります。

下落耐性の高さも魅力

過去に株価暴落が起きた際の最大下落率を確認しましょう。2007〜2009年のリーマンショック時でVHTが−35・10％、XLVが−35・50％なのに対し、S&P500が−50・80％です。**VHT・XLVの方がかなり下落幅が小さい**ことがわかります（次ページ中央表参照）。

● VHT・XLV・S&P500の資産推移

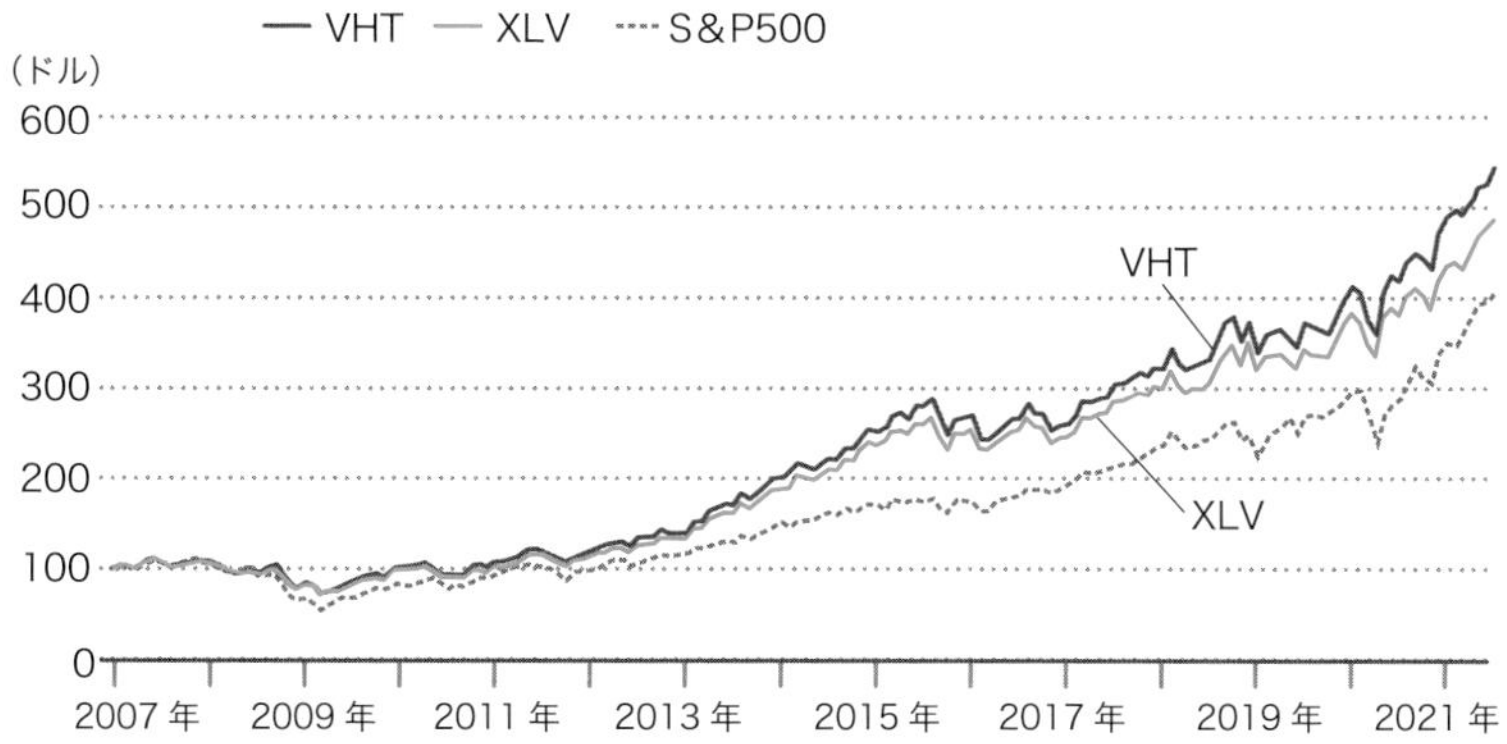

※2007年1月1日に100ドルを投資し、分配金はすべて再投資した場合の2021年6月末までの各月末時点の月次推移。税金は未考慮。

● VHT・XLV・S&P500の各種データ（2007年1月〜2021年6月末）

銘柄	初期投資額（ドル）	最終資産額（ドル）	年率リターン	リスク（標準偏差）
VHT	100	542	12.36%	14.54%
XLV	100	486	11.52%	14.08%
S&P500	100	404	10.11%	15.35%

銘柄	最も良かった年の上昇率	最も悪かった年の下落率	最大下落率	シャープ・レシオ	米国株市場との相関係数
VHT	42.67%	-23.33%	-35.10%	0.82	0.82
XLV	41.40%	-23.31%	-35.50%	0.79	0.80
S&P500	32.31%	-36.81%	-50.80%	0.65	1.00

● VHT・XLV・S&P500の運用実績年率リターン（2021年6月末時点）

銘柄	1年	3年	5年	10年
VHT	29.92%	17.61%	15.33%	16.15%
XLV	27.83%	16.86%	13.88%	15.46%
S&P500	40.90%	18.56%	17.54%	14.72%

出典：https://www.portfoliovisualizer.com/

直近のコロナショックの際の下落率も、ＶＨＴが−13・16％、ＸＬＶが−12・59％に対し、Ｓ＆Ｐ５００が−19・63％でした。このときもＶＨＴ・ＸＬＶの方が下落率が小さく、**下落耐性が高い**ことがわかります。

加えて、今回のコロナショックの発端が新型ウイルスだったことから、**ワクチン開発の期待からヘルスケアセクターへ資金が流入した**ことも下落幅が小さかった理由として挙げられます。

生活必需品同様、**下落耐性の高さはヘルスケアセクターの大きな特徴でありメリット**です。暴落時も安心して保有することができるＥＴＦでしょう。

利回りは低いが分配金の増加に期待

ＶＨＴ・ＸＬＶの分配金推移を次ページに示しました。分配利回りは1％台で推移している期間が長く、低利回りなＥＴＦといえるでしょう。

分配金は２０２０年のコロナショックにより大きく減配しているものの、おおむね右肩上がりに増えていることがわかります。利益拡大に伴い分配金の増加が期待できるでしょう。

ＶＨＴ・ＸＬＶは暴落時の下落幅が小さく、近年パフォーマンスが良好なＳ＆Ｐ５００を上回る結果を出している優秀なＥＴＦです。

ヘルスケアセクターの展望も先進国の高齢化に伴い医療や薬の需要は拡大していくことが見込まれ、今後も魅力的な投資先となるでしょう。

VHT・XLV1口あたりの分配金推移（年次）

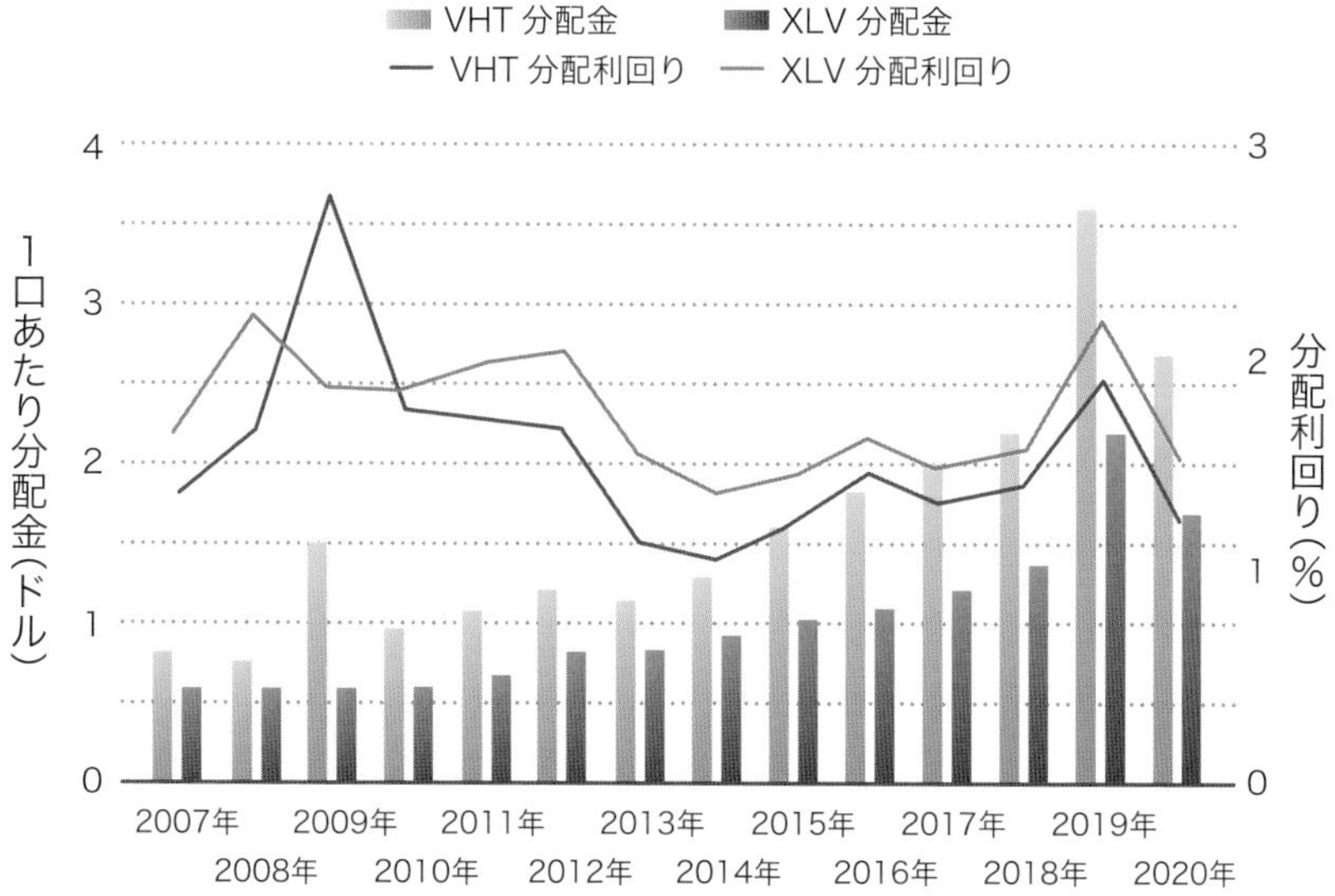

出典：https://marketchameleon.com/、https://haitoukabu.com/

ここがポイント

- 先進国の高齢化と世界の人口増加で今後も成長が見込まれるヘルスケアセクター
- 景気に左右されない銘柄が多く、ディフェンシブ
- 2007年から2021年までの期間で、VHT・XLVはリターン・リスクともにS&P500を上回るパフォーマンスを記録

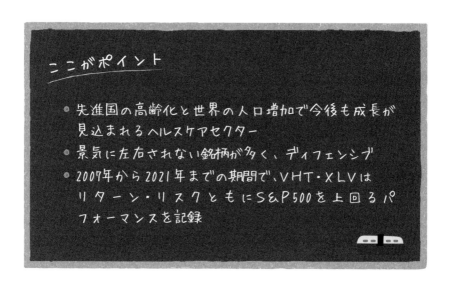

04 時代の追い風で急成長 情報技術セクターETF（VGT・XLK）

1 急成長する情報技術セクター

情報技術セクターとは、コンピュータやソフトウェア、半導体、電子機器などを主な事業とする企業が含まれるセクターです。

世界のデジタルシフトで大きく成長

近年、高速インターネット通信やスマートフォンの普及により、**社会は急速にデジタルシフト**が進みました。すでにスマートフォンなしの生活は考えられない人も多いのではないかと思います。

さらに新型コロナ禍でリモートワークをはじめ**遠隔でのコミュニケーションの需要が加速**したことで、情報技術セクターはさらに急

他セクターと比較しても圧倒的なパフォーマンスを誇る情報技術セクターの代表的なETFとして、VGTとXLKがあります！

成長しました。それに伴いセクター内の各銘柄の株価も大きく上昇しました。

前提知識として、情報技術セクターに含まれるソフトウェア事業は工場建設などの**大規模な設備投資が不要**です。そのため、事業拡大にコストや時間がかからず、需要の増加に伴い売上・利益が急拡大する企業が多くあります。

事業投資に資金を回すため低配当の銘柄が多い

業界の拡大に伴って**事業投資に資金を回す**成長企業が多いため、低配当の銘柄が多いことも特徴です。これはグロース株全般にいえます。

低配当ですが、拡大中のセクターなので今後も株価の上昇が期待できます。今後もデジタルシフトの動きは加速が予測され、情報技術セクターに一括投資できるETFは魅力的な投資先です。

2 組み入れ銘柄と業種別組み入れ比率

情報技術セクターで4兆円超の純資産総額を誇るETF、**VGT**（バンガード米国情報技術セクターETF）と**XLK**（テクノロジー・セレクト・セクター SPDR ファンド）を取り上げて詳しく見ていきましょう。次ページに基本情報を示しました。

また167ページ上の表にはVGTとXLKの組み入れ上位10社を示しました。連動指数や組み入れ銘柄数が違いますが、VGT・XLKの上位10社は**ほぼ同じ銘柄**です。

1位は、日本でもいわずと知れた**アップル**です。かつては「iPhone」や「Ｍａｃ」などハードウェアを中心に成長していましたが、現在は「App Store」や「Apple Music」、「Apple Pay」などサービス事業が拡大を続けています。

2位の**マイクロソフト**は、「Windows」や「XBox」でおなじみの会社です。クラウド事業の「Azure」が伸びており、売上・利益を伸ばしています。

3位はクレジットカードの国際ブランド、**ビザ**です。決済額の世界シェアで半分以上を占める業界トップ企業です。

4位は82ページのＱＱＱでも紹介した半導体メーカー**エヌヴィディア**です。ＧＰＵと呼ばれる半導体チップを開発する企業ですが、ＧＰＵがディープラーニング向け演算に適していることから急成長し、人工知能・自動運転分野で圧倒的な地位を占めるようになりました。

5位は**マスターカード**で、3位のビザに続きクレジットカードのシェアの約3割程度を占める国際ブランドです。

業種別組み入れ比率を次ページ下のグラフに示しました。

上位10銘柄を見てもわかるとおり、コンピュータやソフ

● VGT・XLKの基本情報（2021年9月末時点）

ティッカー 運用会社	銘柄 連動指数	価格 (ドル/1口)	保有銘柄数	運用管理費用(%)	純資産総額(兆円)	運用期間(年)
VGT バンガード	**バンガード・米国情報技術セクターETF** MSCI USインベスタブル・マーケット情報技術セクター	401.29	344	0.10	5.5	17.7
XLK ステートストリート	**テクノロジー・セレクト・セクターSPDRファンド** S&Pテクノロジー・セレクト・セクター指数	149.32	77	0.12	4.9	22.8

出典：https://myindex.jp/ranking_fund.php、https://investor.vanguard.com/
https://www.ssga.com/

● VGTの組み入れ上位10社

順位	VGT組み入れ企業	比率
1	アップル	19.68%
2	マイクロソフト	16.04%
3	ビザ Class A	3.17%
4	エヌヴィディア	3.13%
5	マスターカード Class A	3.00%
6	ペイパル	2.56%
7	インテル	2.48%
8	アドビ	2.16%
9	シスコ・システムズ	2.07%
10	セールスフォース	1.83%

● XLKの組み入れ上位10社

順位	XLK組み入れ企業	比率
1	アップル	21.89%
2	マイクロソフト	20.39%
3	ビザ Class A	4.06%
4	エヌヴィディア	3.87%
5	マスターカード Class A	3.53%
6	ペイパル	3.23%
7	インテル	2.67%
8	アドビ	2.56%
9	シスコ・システムズ	2.29%
10	セールスフォース	2.23%

● VGTの業種別組み入れ比率

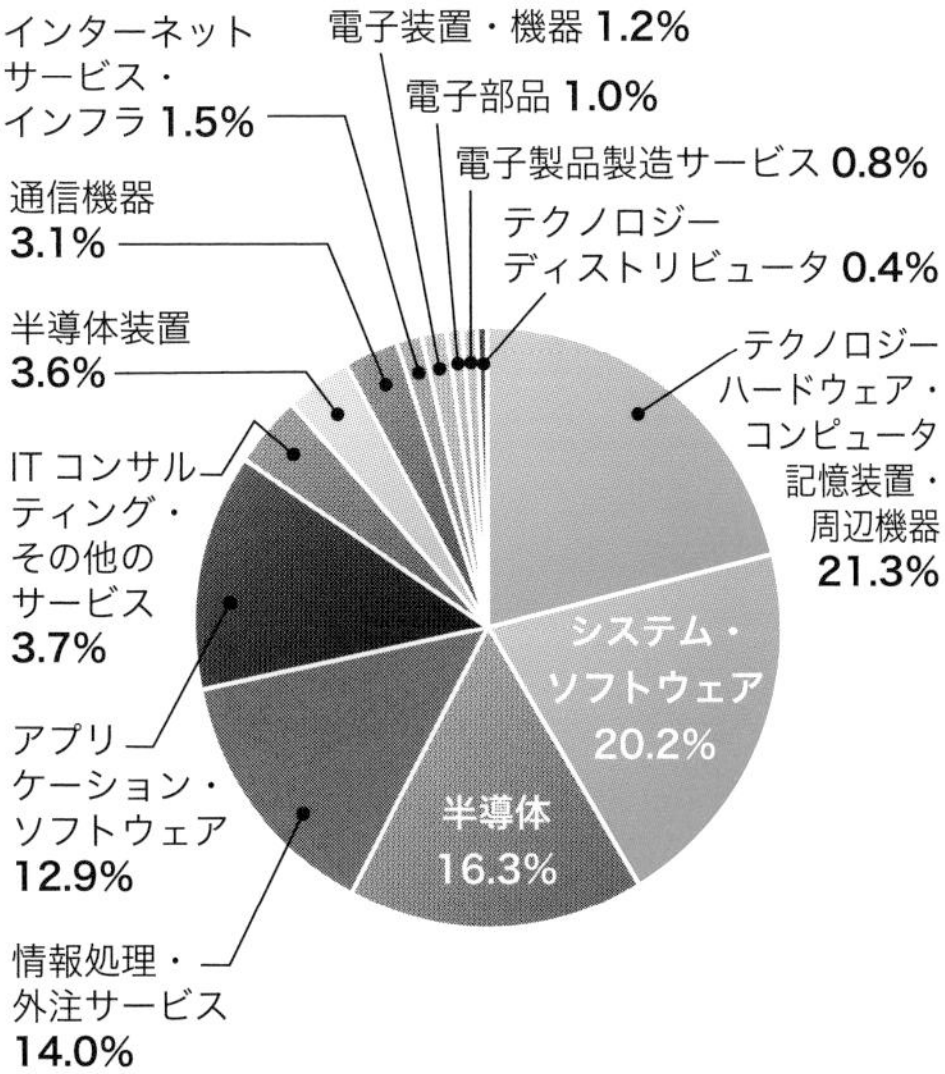

● XLKの業種別組み入れ比率

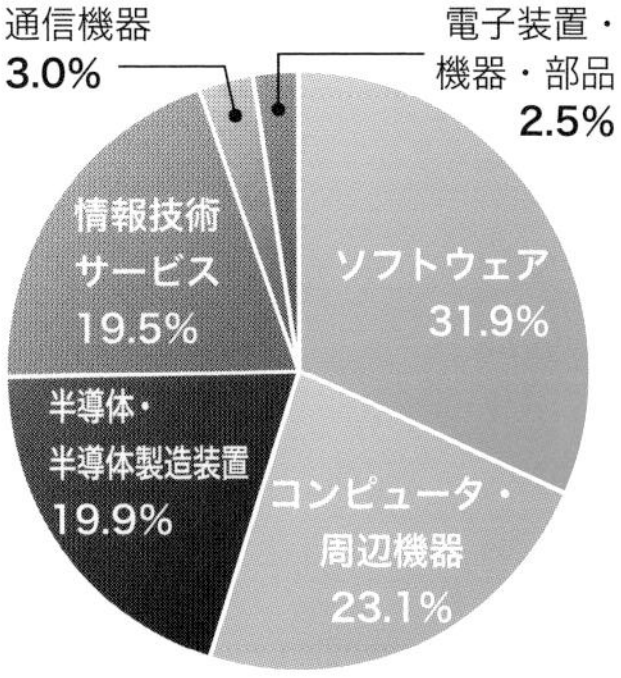

出典：https://investor.vanguard.com/、https://www.ssga.com/

トウェア、半導体、情報技術サービスが多くを占めます。

GAFAMに投資するならQQQを

なお、VGT・XLVにはアルファベット（グーグル）やフェイスブック、アマゾンは組み入れられていません。グーグルとフェイスブックは通信サービスセクター、アマゾンは一般消費財セクターにそれぞれ組み入れられているためです。

GAFAMにまとめて投資したい場合は、81ページで紹介したQQQをおすすめします。

3 S&P500を圧倒するリターン

2007年から2021年までのVGT・XLKのリターンは**S&P500を圧倒**しています（次ページグラフ参照）。2007年1月に投資した100ドルは2021年3月末時点でS&P500が404ドルになったのに対し、VGTが874ドル、XLKが788ドルと、**VGT・XLKは約7〜8倍以上と大きく上昇**し好調なパフォーマンスを記録しています。

年率リターンではVGTが16・13%、XLKが15・30%、S&P500が10・11%でした。

次ページ下の表を参照すると、**直近10年の年率リターンは約21%**となっています。

これはS&P500だけでなく、ほかの成長セクターと比較しても高いリターンです。

● VGT・XLK・S&P500の資産推移

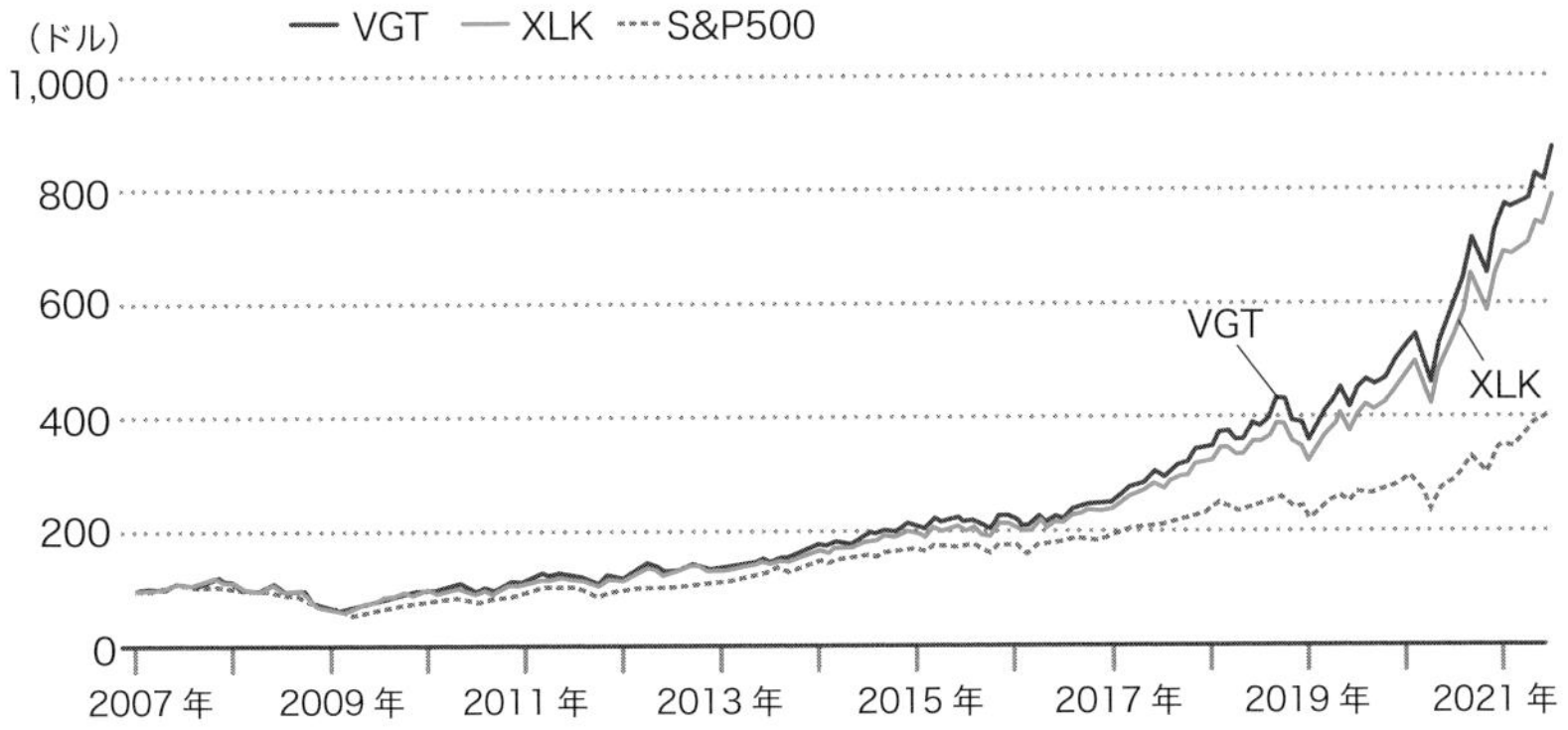

※2007年1月1日に100ドルを投資し、分配金はすべて再投資した場合の2021年6月末までの各月末時点の月次推移。税金は未考慮。

● VGT・XLK・S&P500の各種データ（2007年1月～2021年6月末）

銘柄	初期投資額（ドル）	最終資産額（ドル）	年率リターン	リスク（標準偏差）
VGT	100	874	16.13%	18.84%
XLK	100	788	15.30%	17.60%
S&P500	100	404	10.11%	15.35%

銘柄	最も良かった年の上昇率	最も悪かった年の下落率	最大下落率	シャープ・レシオ	米国株市場との相関係数
VGT	61.89%	-42.81%	-50.58%	0.85	0.91
XLK	51.32%	-41.51%	-49.46%	0.85	0.90
S&P500	32.31%	-36.81%	-50.80%	0.65	1.00

● VGT・XLK・S&P500の運用実績年率リターン（2021年6月末時点）

銘柄	1年	3年	5年	10年
VGT	44.16%	31.46%	31.53%	21.62%
XLK	42.60%	30.21%	29.52%	21.01%
S&P500	40.90%	18.56%	17.54%	14.72%

出典：https://www.portfoliovisualizer.com/

リスクは若干高いが圧倒的なリターン

リスクを確認すると（前ページ中央の表）、ＶＧＴが18・84％、ＸＬＫが17・60％に対し、Ｓ＆Ｐ５００が15・35％と、ＶＧＴ・ＸＬＫが高くなっています。

一方、シャープ・レシオはＶＧＴ・ＸＬＫが０・85、Ｓ＆Ｐ５００が０・65と、リスクは多少高かったものの圧倒的なリターンにより、ＶＧＴ・ＸＬＫの方が高くなっています。

情報技術の加速で下落幅は減少

最大下落率は２００８〜２００９年のリーマンショックの時期でＶＧＴが−50・58％、ＸＬＫが−49・46％、Ｓ＆Ｐ５００が−50・80％と同程度です。

一方、直近のコロナショックでの下落率はＶＧＴが−16・33％、ＸＬＫが−15・25％に対し、Ｓ＆Ｐ５００が−19・63％でした。

外出規制などによるデジタルシフトにより、情報技術企業に追い風が吹いたことから、ＶＧＴ・ＸＬＫの方が下落が小さい結果になりました。

社会背景として**情報技術自体が社会インフラ**となってきたこと、また**サブスクリプションの定額サービス**が定着したことで売上が安定してきたことも、下落幅が小さかった背景として挙げられるでしょう。

分配利回りは低いが継続的に分配金増加

分配利回りは、0・5％程度から1％台と低い水準で推移しています。先述のとおり、配当を出さず投資に回すことで成長するグロース企業も多いことが理由です。その結果として株価が上昇し、**分配金は右肩上がりで増加**していることがわかります。

今後も、資金を配当ではなく事業成長に回す企業も多いため、分配利回りは低く推移すると思われますが、継続的な分配金の増加が期待できます。

世界が確実にデジタルシフトしていく中で、情報技術セクターの各企業は大きな利益を上げることが期待できます。

時代の流れを味方に急成長する企業に一

● VGT・XLK1口あたりの分配金推移（年次）

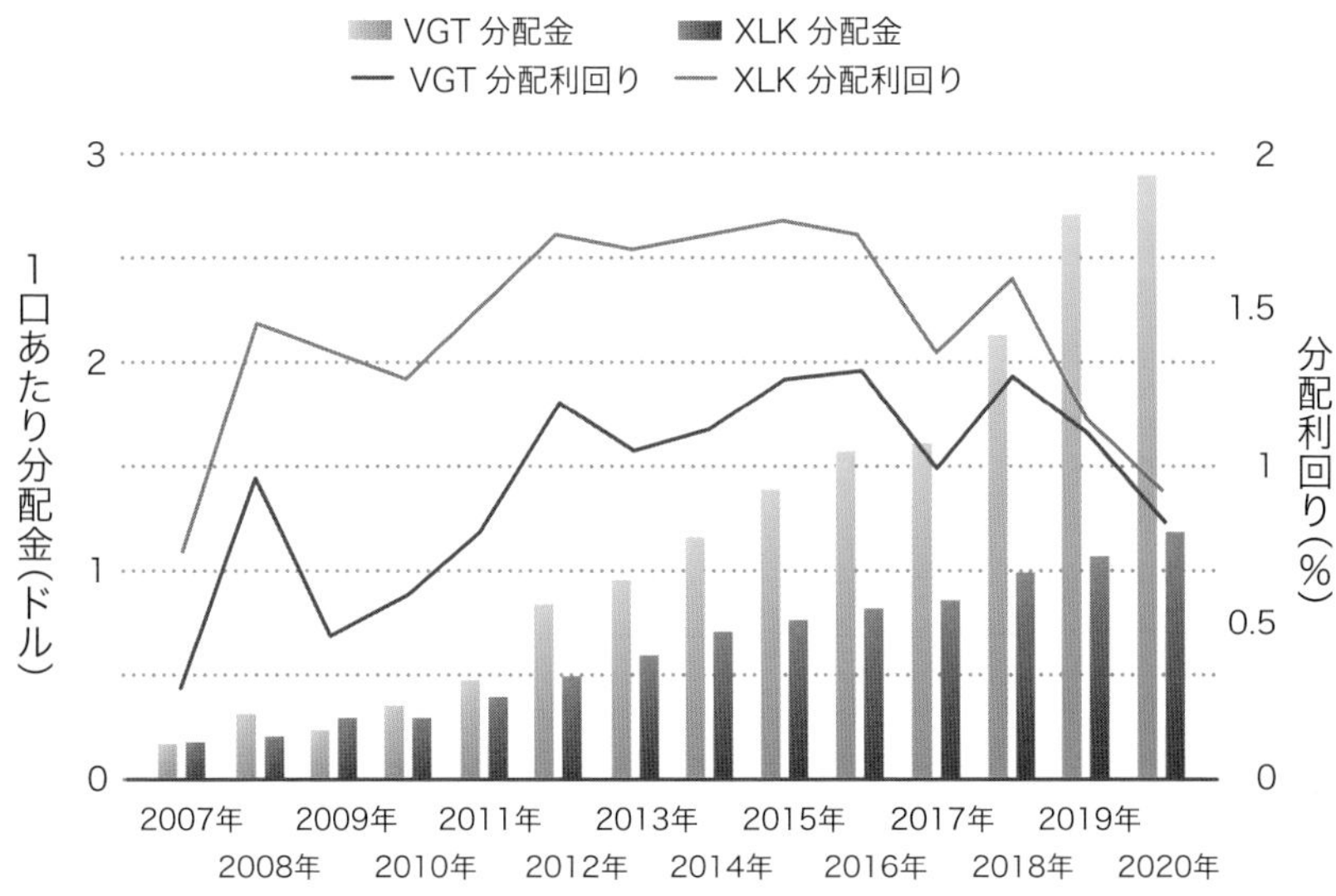

出典：https://marketchameleon.com/、https://haitoukabu.com/

括投資できる情報技術セクターETFは、今後も有力な選択肢となるでしょう。

デジタルシフトが加速する中、情報技術セクターは有望な投資先です。成長重視ならぜひ検討してみてください。

ここがポイント

- コンピュータやソフトウェア、半導体などを主な事業とする企業で構成される情報技術セクター
- 世界のデジタルシフトによりセクター自体が大きく拡大中
- 売上・利益の急速な成長に伴い、株価も大きく上昇する銘柄も多い
- 配当を出さず事業投資に回すため、低配当の傾向。ただし株価の上昇で分配金は右肩上がり
- 2007〜2021年はS&P500を大きく上回る有数のリターンを記録

05 安定も成長も見込める通信サービスセクターETF（VOX・XLC）

1 「安定」と「成長」が混在する希有なセクター

通信サービスセクターは、ＳＮＳ・携帯通信・固定通信・テレビ・映画・広告などを主な事業とする企業で構成されるセクターです。

２０１８年９月にセクター分類の変更があり、ＡＴ＆Ｔやベライゾンなど高配当企業が中心の**電気通信サービスセクターに代わり**、アルファベット（グーグル）やフェイスブックなどのＳＮＳや広告事業を中心とするＩＴ企業が加わり**通信サービスセクター**になりました。

長年安定の経営を続ける企業と近年急成長する新興企業がセクターの中で混在し、パフォーマンスも大きく変わりました。

一般に、不況時には広告を抑える企業が増え、広告収入を主な収益

通信サービスセクターは、2018年のセクター分類の変更により、大手新興IT企業が流入、勢いが増しています！

源とする企業は影響を受けます。

しかし、広告事業を主軸とするアルファベット（グーグル）やフェイスブックは、景気後退の影響は受けるものの、他事業を含めそれ以上に成長している状況です。

盤石な経営基盤を持つ大手通信事業社と、新しい需要を生み出し加速を続けるＩＴ企業がミックスされ、**安定と成長の相反する特長を併せ持つ希有なセクター**といえます。そんな通信サービスセクターに一括投資できるＥＴＦを紹介します。

2 VOX・XLCの組入銘柄と業種

通信サービスセクターの規模の大きなＥＴＦである**VOX**（バンガード・米国電気通信サービス・セクターＥＴＦ）と**XLC**（コミュニケーション・サービス・セレクト・セクターＳＰＤＲファンド）の詳細を見ていきましょう。下表が基本情報です。

どちらも米国企業が対象で時価総額加重平均型（46ペ

● VOX・XLCの基本情報（2021年9月末時点）

ティッカー / 運用会社	銘柄 / 連動指数	価格（ドル/1口）	保有銘柄数	運用管理費用（%）	純資産総額	運用期間（年）
VOX / バンガード	**バンガード・米国電気通信サービス・セクター ETF** / MSCI USインベスタブル・マーケット電気通信サービス・セクター	140.77	117	0.10	5160億円	17.1
XLC / ステートストリート	**コミュニケーション・サービス・セレクト・セクター SPDR ファンド** / S&P コミュニケーション・セクター指数	80.11	28	0.12	1.8兆円	3.3

出典：https://myindex.jp/ranking_fund.php、https://investor.vanguard.com/、https://www.ssga.com/

ージ）です。

２つのETFを構成する上位銘柄を下に示しました。

VOX・XLCの上位10社は、順位は多少違うもののほぼ**同じ銘柄**が並んでいます。VOXの方が銘柄数が多いことから、上位10社の組み入れ比率はVOXの方が小さくなっています。

１位は**フェイスブック**です。フェイスブックやインスタグラムをはじめとしたSNS、メッセージアプリのWhatsAppなどを運営しており、利用する人も多いでしょう。

２位と３位は**アルファベット**です。ウェブ検索サービスのGoogleや動画サービスのYouTube、クラウド事業GCPなどを運営するグーグルを傘下に収めます。議決権の有無により銘柄のClassが分かれ

● VOX組み入れ上位10社

順位	組み入れ企業	比率
1	フェイスブック Class A	16.49%
2	アルファベット Class A	11.20%
3	アルファベット Class C	11.07%
4	ウォルト・ディズニー	7.40%
5	ベライゾン・コミュニケーションズ	4.90%
6	AT&T	4.77%
7	コムキャスト Class A	4.67%
8	ネットフリックス	4.27%
9	チャーター・コミュニケーションズ Class A	2.36%
10	アクティビジョン・ブリザード	1.98%

● XLC組み入れ上位10社

順位	組み入れ企業	比率
1	フェイスブック Class A	21.67%
2	アルファベット Class A	12.47%
3	アルファベット Class C	12.03%
4	T-Mobile US	4.60%
5	チャーター・コミュニケーションズ Class A	4.52%
6	AT&T	4.44%
7	アクティビジョン・ブリザード	4.40%
8	ネットフリックス	4.31%
9	コムキャスト Class A	4.30%
10	ウォルト・ディズニー	4.28%

出典：https://investor.vanguard.com/、https://www.ssga.com/

ていますが、**合計すると組み入れ率は1位**です。

フェイスブックとアルファベットの2社は、2018年のセクター分類変更前はVOX・XLCには入っていなかった銘柄です。

その他**AT&T**、**ベライゾン・コミュニケーションズ**、**T-Mobile US**、**チャーター・コミュニケーションズ**など、携帯電話やケーブルテレビを展開する電気通信事業者が目立ちます。

テーマパーク経営・映画製作・動画サービスの「Disney+」を運営する**ウォルト・ディズニー**、動画サービスを運営する**ネットフリックス**などが組み入れられています。

下の業種別組み入れ比率の円グラフを見ると、インタラクティブメディア・サービス、双方向型メディアが約半分を占めます。

その他、娯楽・メディアなどが3～4割程度、電気通信サービス・無線サービスが1～2割程度の比率となっています。

● VOXの業種別組み入れ比率

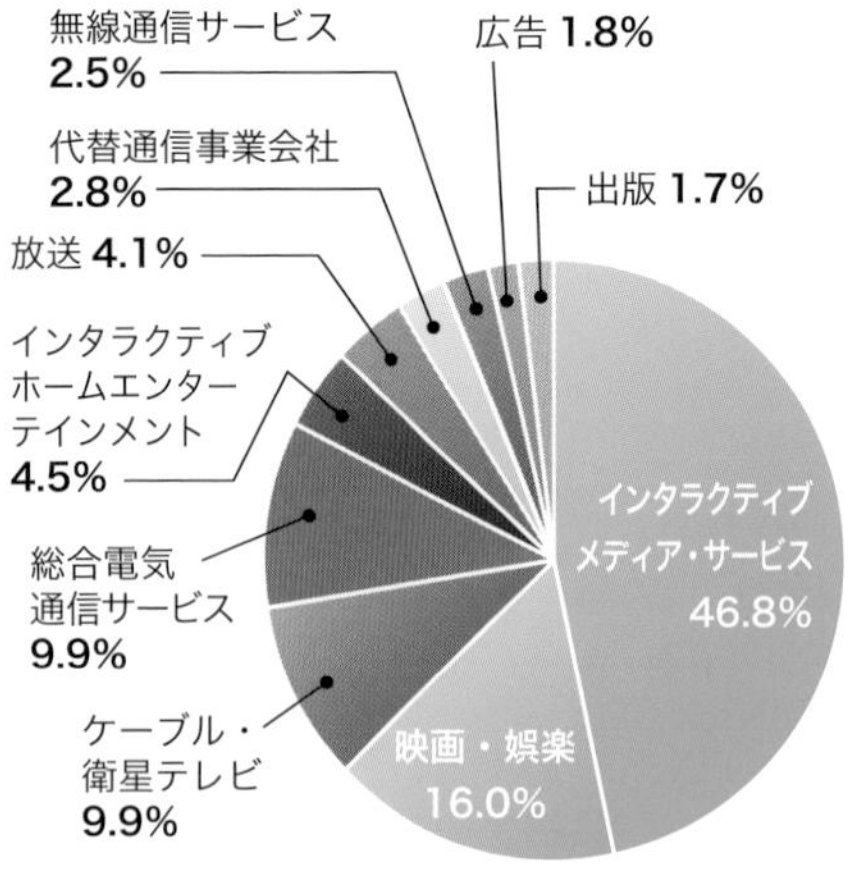

無線通信サービス 2.5%
広告 1.8%
代替通信事業会社 2.8%
出版 1.7%
放送 4.1%
インタラクティブホームエンターテインメント 4.5%
総合電気通信サービス 9.9%
ケーブル・衛星テレビ 9.9%
インタラクティブメディア・サービス 46.8%
映画・娯楽 16.0%

● XLCの業種別組み入れ比率

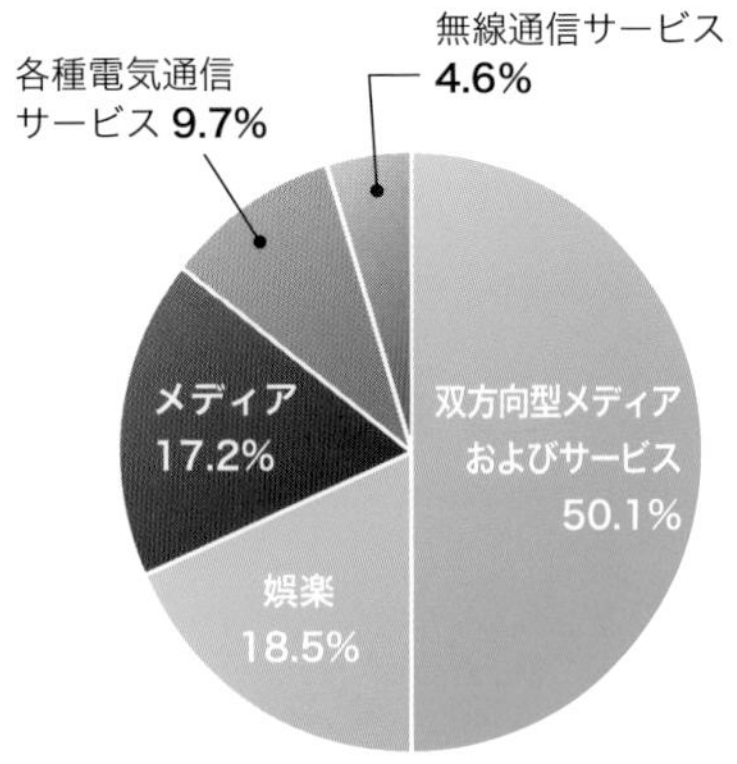

無線通信サービス 4.6%
各種電気通信サービス 9.7%
メディア 17.2%
双方向型メディアおよびサービス 50.1%
娯楽 18.5%

出典：https://investor.vanguard.com/、https://www.ssga.com/

3 直近はS&P500を上回るリターン

VOXとS&P500と比較してリターンを見ていきましょう。XLCは運用期間が短いため割愛していますが、ほぼVOXと同様のリターンです。

2007年から2021年6月末までの**リターン**を見ると、VOXのリターンはS&P500を大幅に下回っています。年率リターンは、VOXが7・61%、S&P500が10・11%です（下表参照）。

2018年9月にアルファベット（グーグル）やフェイスブックが加わった**直近3年の年率リターン**は、VOXが20・31%、S&P500が18・56%で、S&P500を上回っていることがわかります（次ページ表参照）。

リスクもVOXの方が高い

リスクはVOXが16・62%、S&P500が15・35%です（下表参照）。2007年から2021年までの期間で見ると、リター

● VOX・S&P500の各種データ（2007年1月〜2021年6月末）

銘柄	初期投資額（ドル）	最終資産額（ドル）	年率リターン	リスク（標準偏差）
VOX	100	290	7.61%	16.62%
S&P500	100	404	10.11%	15.35%

銘柄	最も良かった年の上昇率	最も悪かった年の下落率	最大下落率	シャープ・レシオ	米国株市場との相関係数
VOX	29.45%	-38.55%	-48.81%	0.47	0.81
S&P500	32.31%	-36.81%	-50.80%	0.65	1.00

出典：https://www.portfoliovisualizer.com/

ンはVOXの方が低いにも関わらず、リスクはVOXの方が高いという結果でした。

その結果、シャープ・レシオは、VOXが0・47、S&P500が0・65です。

銘柄入れ替え前の期間も含めた対象期間においては、VOXへの投資の方が高リスク・低リターンであったことがわかります。

暴落時の下落幅はS&P500とほぼ同じ

最大下落率を記録したのは、いずれもリーマンショックの時期です。VOXが−48・81%、S&P500が−50・80です。直近のコロナショックでも下落率に大きな差は

● VOX・XLC・S&P500の運用実績年率リターン（2021年6月末時点）

銘柄	1年	3年	5年	10年
VOX	55.75%	20.31%	10.06%	10.32%
XLC	50.93%	18.86%	-	-
S&P500	40.90%	18.56%	17.54%	14.72%

出典：https://www.portfoliovisualizer.com/

● VOX・S&P500の資産推移

※2007年1月1日に100ドルを投資し、分配金はすべて再投資した場合の2021年6月末までの各月末時点の月次推移。税金は未考慮。

出典：https://www.portfoliovisualizer.com/

なく、VOXが−19・22％、S＆P500が−19・63％でした。

VOXが2007年から14年間でマイナスとなった年は4回のみです。S＆P500の2回よりは多いですが、多くの年はプラスのリターンです。

銘柄が変わり分配金・分配利回りともに急減

次ページに分配金推移を示しました。2017年まで（セクター分類変更前）は、高配当企業が多かったため、分配利回りは2％台後半から3％台後半と高く、分配金自体も増加傾向でした。

しかし、組み入れ銘柄入れ替え後は無配当のアルファベットやフェイスブックが多く組み入れられたことで、分配金・分配利回りともに急減しています。

今後も、利益を事業成長に回す成長企業が組み入れ銘柄の中心となるため、**分配利回りは低く推移**すると思われます。


通信サービスセクターは2018年のセクター分類変更により銘柄組み換えが行われたことで、特徴が大きく変わりました。

通信事業を中心とする安定した売上・利益をあげ続ける企業に加え、アルファベット（グーグル）、フェイスブックなどの新興企業も数多く組み入れられたことで成長が期待できるセクターになり、今後も魅力的な投資先となるでしょう。

● VOX・XLC1口あたりの分配金推移（年次）

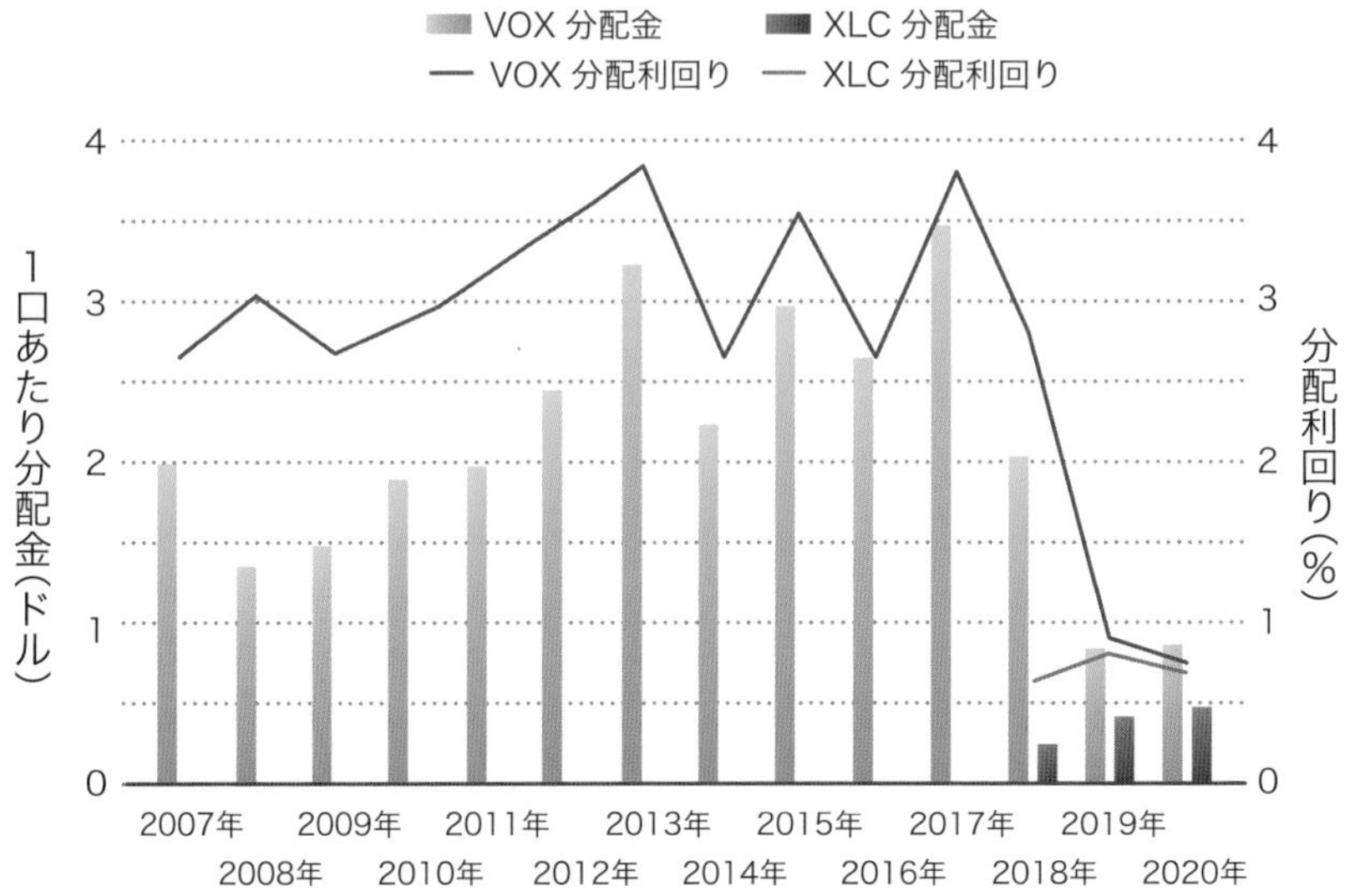

出典：https://marketchameleon.com/、https://haitoukabu.com/

ここがポイント

- 広告・通信・メディアなどを主な事業とする企業で構成される新旧混合の通信サービスセクター
- 2018年の組み入れ銘柄変更後、勢いのある新興IT企業が組み入れ上位となり、VOXのリターンはS&Pを上回る
- 利益事業投資に回す低配当企業の割合が大きくなり、配当は減少

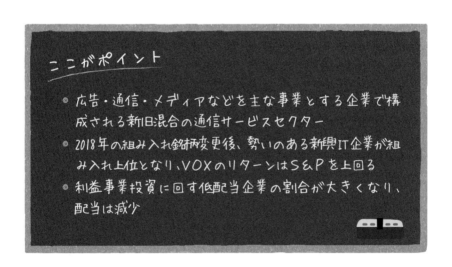

06 小売事業全般に投資するなら一般消費財セクターETF（VCR・XLY）

1 景気に左右されやすいが大きな成長が期待できる一般消費財セクター

一般消費財セクターとは、インターネット通販、自動車、ホテル、レジャー、小売などを主な事業とする企業が含まれるセクターです。

一般消費財は生活必需品と違い、なくても生活ができないというものではないため、**景気に左右されやすい**特徴があります。

たとえばホテル、旅行などのレジャー活動や自動車の購入などは、不況時には消費者が控える傾向があり業績が低迷します。

一方、アマゾンをはじめとしたインターネット通販も一般消費財セクターに含まれているため、不況時にすべての銘柄が弱いかという

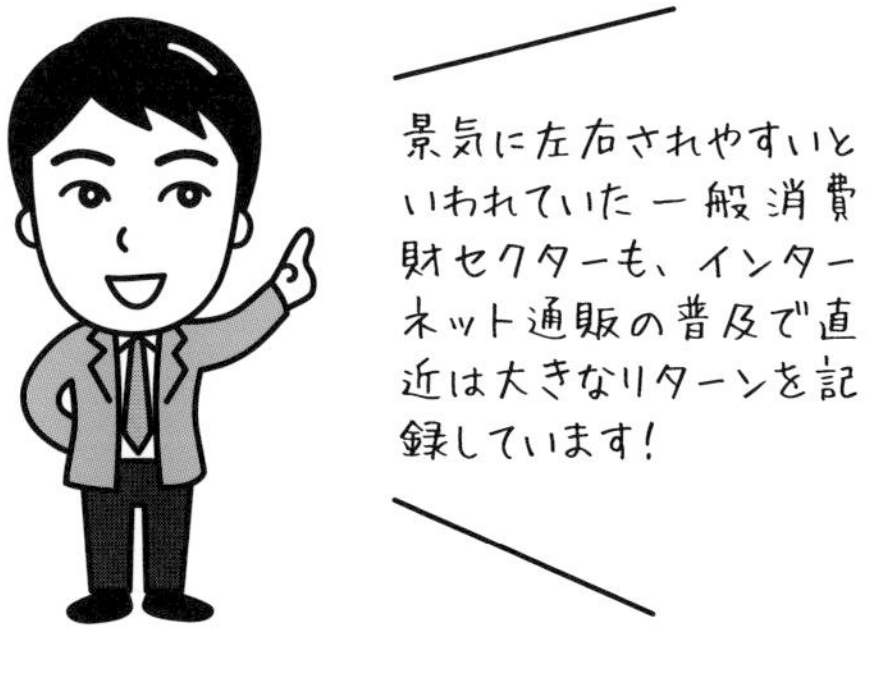
景気に左右されやすいといわれていた一般消費財セクターも、インターネット通販の普及で直近は大きなリターンを記録しています！

と、そうでもなくなってきています。

コロナショック後、ホテル・レジャーなどは壊滅状態で関連銘柄は大きく下落しましたが、インターネット通販は外出規制の影響もあり大きく売上を伸ばしました。

自動車も一般消費財セクターです。テスラをはじめとした電気自動車など新しい産業が含まれており、インターネット通販同様に成長著しい分野にも投資できることも特徴です。

成長企業は配当を出さずに事業への投資に回すことで成長する企業も多いことから、**セクター全体としては低配当**となっています。

純資産総額が大きく手数料も安いVCR・XLY

一般消費財セクターに投資したい場合は、**VCR**（バンガード米国一般消費財・サービス・セクターETF）と**XLY**（一般消費財セレクト・セクターSPDRファンド）がおすすめです。

VCR・XLYの基本情報（2021年9月末時点）

ティッカー / 運用会社	銘柄 / 連動指数	価格（ドル/1口）	保有銘柄数	運用管理費用（%）	純資産総額	運用期間（年）
VCR / バンガード	**バンガード・米国一般消費財・サービス・セクターETF** / MSCI USインベスタブル・マーケット一般消費財・サービス・セクター	309.97	297	0.10	7,310億円	17.7
XLY / ステートストリート	**一般消費財セレクト・セクターSPDRファンド** / S&P一般消費財セレクト・セクター指数	179.45	64	0.12	2.2兆円	22.8

出典：https://myindex.jp/ranking_fund.php、https://investor.vanguard.com/、https://www.ssga.com/

VCRは「MSCI US インベスタブル・マーケット 一般消費財・サービス・セクター」、XLYは「S&P 一般消費財セレクト・セクター指数」に連動したパフォーマンスを目指すETFです。どちらも時価総額加重平均型（46ページ）です。

2 上位はアマゾンやテスラなど優良企業が大きな割合

上位銘柄には、日本でもおなじみの大企業が並んでいます（次ページ上表参照）。それぞれ連動指数や組み入れ銘柄数が異なりますが、VCR・XLYの上位10社はすべて**同じ銘柄が同じ順位で並んでいます**。なおVCRの方が銘柄数が多いため、上位10社の組み入れ比率はVCRの方が小さくなっています。

組み入れ上位の企業を見ていきましょう。

1位はEC（eコマース）やクラウド事業「AWS」を手掛ける**アマゾン**です。VCR・XLYともに20％超の組み入れ比率となっています。

2位はここ数年で大躍進した電気自動車の**テスラ**です。電気自動車で世界一位のシェアの企業となっています。数年前は倒産も囁かれていましたが、黒字化に成功し、今後の電気自動車の市場拡大も期待され株価が大幅に上昇しました。

3位は住宅リフォーム・建築資材などの小売チェーンの**ホーム・デポ**です。世界最大のホーム

● VCRの組み入れ上位10社

順位	VCR組み入れ企業	比率
1	アマゾン	21.28%
2	テスラ	9.27%
3	ホーム・デポ	6.39%
4	マクドナルド	3.26%
5	ナイキ	3.22%
6	ロウズ	2.75%
7	スターバックス	2.51%
8	ターゲット・コーポレーション	1.96%
9	ブッキング・ホールディングス	1.88%
10	TJX	1.57%

● XLYの組み入れ上位10社

順位	XLY組み入れ企業	比率
1	アマゾン	23.31%
2	テスラ	14.21%
3	ホーム・デポ	8.90%
4	マクドナルド	4.50%
5	ナイキ	3.92%
6	ロウズ	3.81%
7	スターバックス	3.53%
8	ターゲット・コーポレーション	2.67%
9	ブッキング・ホールディングス	2.49%
10	TJX	2.15%

出典：https://investor.vanguard.com/、https://www.ssga.com/

● VCRの業種別組み入れ比率

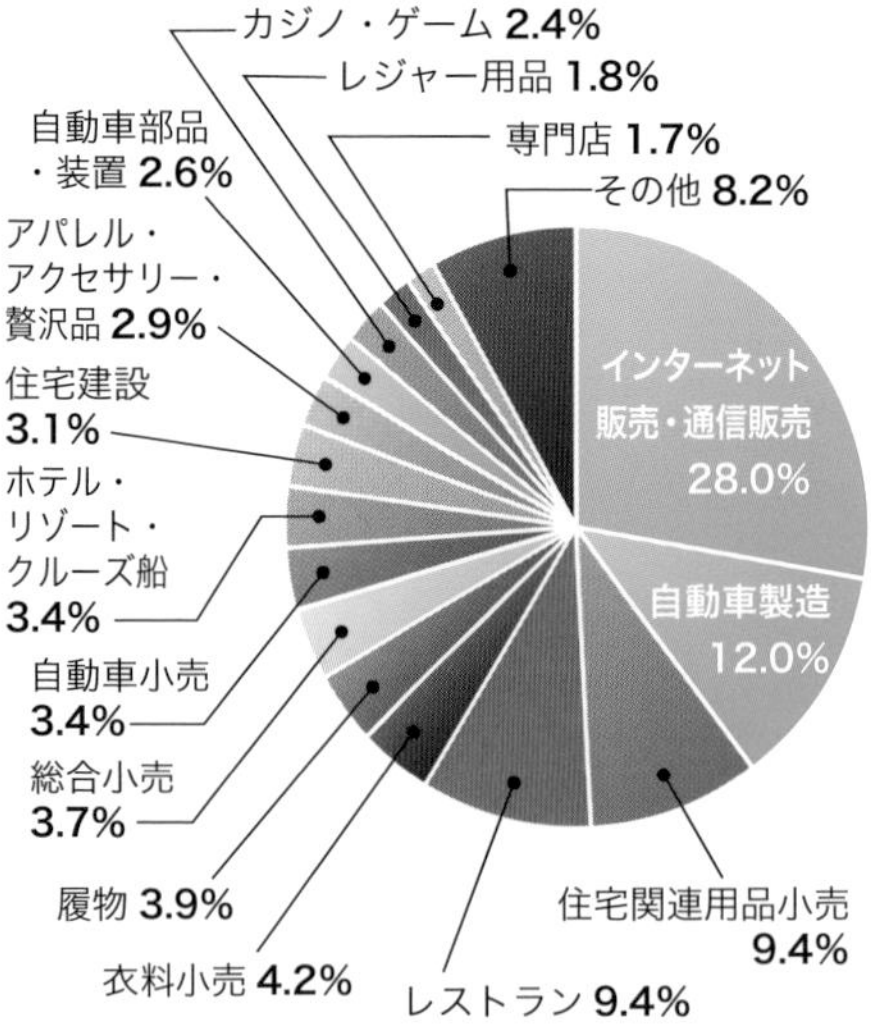

カジノ・ゲーム 2.4%
レジャー用品 1.8%
専門店 1.7%
その他 8.2%
自動車部品・装置 2.6%
アパレル・アクセサリー・贅沢品 2.9%
住宅建設 3.1%
ホテル・リゾート・クルーズ船 3.4%
自動車小売 3.4%
総合小売 3.7%
履物 3.9%
衣料小売 4.2%
レストラン 9.4%
住宅関連用品小売 9.4%
インターネット販売・通信販売 28.0%
自動車製造 12.0%

● XLYの業種別組み入れ比率

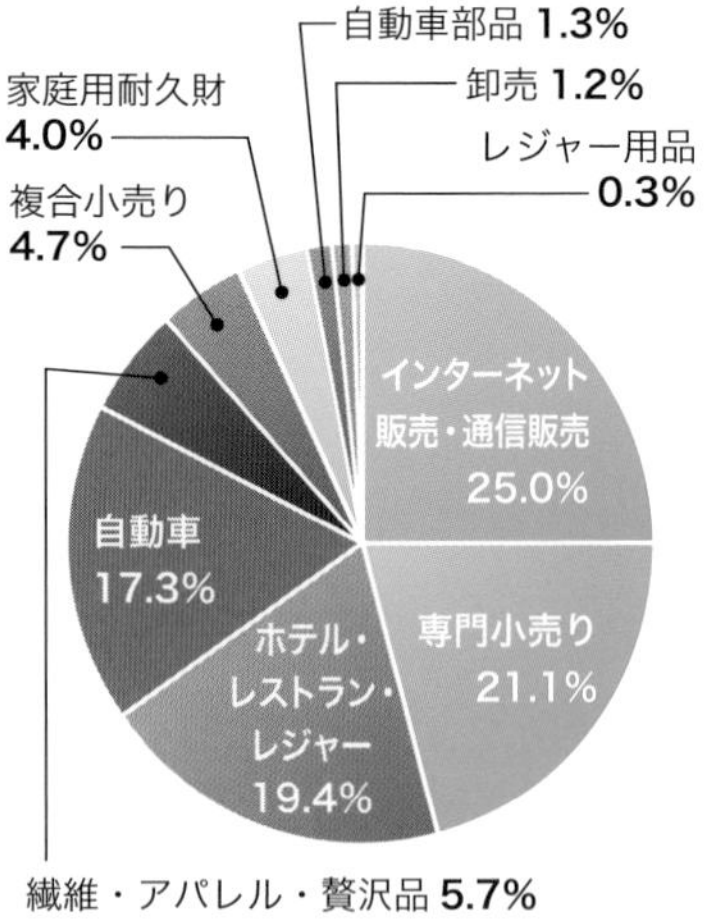

自動車部品 1.3%
卸売 1.2%
レジャー用品 0.3%
家庭用耐久財 4.0%
複合小売り 4.7%
インターネット販売・通信販売 25.0%
自動車 17.3%
専門小売り 21.1%
ホテル・レストラン・レジャー 19.4%
繊維・アパレル・贅沢品 5.7%

出典：https://investor.vanguard.com/、https://www.ssga.com/

センターとして知られています。

続く4位はハンバーガーチェーン**マクドナルド**、5位は世界最大のスポーツ用品メーカーの**ナイキ**です。

上位10銘柄でVCRは約54％、XLYが約70％と大きな比率となっていて、銘柄に偏りがあります。上位銘柄は多種多様な業種で、世界的に有名なグローバル企業が組み入れられていることがわかります。

業種別組み入れ比率は、**インターネット通販が約4分の1**と多くを占めています。ほかに自動車や小売、ホテル・レストラン・レジャーなどが組み入れられています。

組み入れ銘柄の割合はアマゾン、テスラなどが大きく、今後も大きな成長が期待できます。

3 ネット通販や電気自動車が牽引

リターンを見てみましょう。2007年から2021年の期間で、VCR・XLYのリターンはS&P500を上回っています。

187ページの表を見ると、2007年1月に投資した100ドルは、2021年6月末時点でS&P500が404ドルになっています。それに対し、VCRが626ドル、XLYが572ドルと、約5～6倍以上と非常に大きく上昇しました。

年率リターンはVCRが13・49％、XLYが12・78％、S&P500が10・11％です。

直近5年と10年も同様に、**VCR・XLYがS&P500を上回る結果**となっています（188ページ参照）。

コロナショック後は1年間で2倍以上の上昇で、ほかのETFを上回る大きなリターンとなりました。これは、コロナによる外出規制でインターネット通販が伸びたことや、コロナ禍で大きな打撃を受け暴落したホテル・レストラン・レジャーがワクチン開発による回復期待で大きな値上がりしたことが背景にあります。

さらに、テスラなど急激に上昇した銘柄を含んでいることも値上がりの要因になりました。

VCR・XLYのリターンが、今後もS&P500を大幅に上回るかどうかはわかりません。下回る危険性ももちろんあります。

しかし、インターネット通販や電気自動車など、大きく成長が見込まれる企業を含む一般消費財セクターは、魅力的な投資先であると考えられます。

● VCR・XLY・S&P500の資産推移

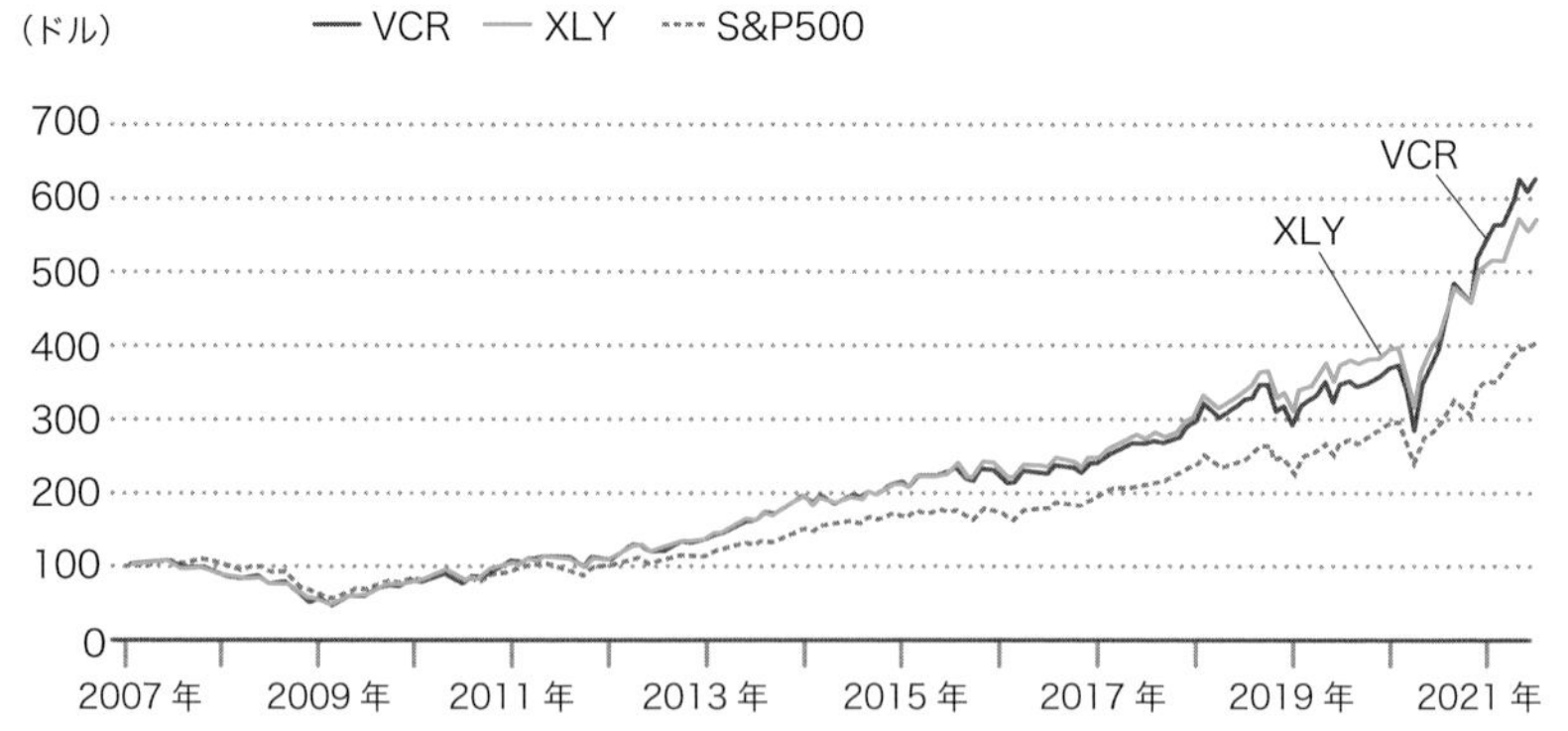

※2007年1月1日に100ドルを投資し、分配金はすべて再投資した場合の2021年6月末までの各月末時点の月次推移。税金は未考慮。
出典：https://www.portfoliovisualizer.com/

景気に左右されやすくリスクは比較的高め

リスクはS&P500が15・35%に対し、VCRが19・92%、XLYが18・49%と、VCR・XLYの方が高いです。セクターの特徴で説明したように、一般消費財セクターは景気に左右されやすい銘柄が含まれるため、**価格変動が大きくなる傾向**があります。

シャープ・レシオはS&P500が0・65に対し、VCRが0・69、XLYが0・70と、VCR・XLYの方が高い結果となりました。

VCR・XLYの方が多少リスクが高かったものの、リターンが大きかったことから、取り上げた期間においては、VCR・XLYの方が良い投資であったことがわかります。

暴落時の下落率も大きい

最大下落率を見てみましょう。2008〜2009年のリーマンショックのタイミングで、VCRが−57・11%、XLYが−55・09%、S&P500が−50・80%です。またコ

● VCR・XLY・S&P500の各種データ（2007年1月〜2021年6月末）

銘柄	初期投資額（ドル）	最終資産額（ドル）	年率リターン	リスク（標準偏差）
VCR	100	626	13.49%	19.92%
XLY	100	572	12.78%	18.49%
S&P500	100	404	10.11%	15.35%

銘柄	最も良かった年の上昇率	最も悪かった年の下落率	最大下落率	シャープ・レシオ	米国株市場との相関係数
VCR	48.34%	-37.84%	-57.11%	0.69	0.94
XLY	42.73%	-32.97%	-55.09%	0.70	0.93
S&P500	32.31%	-36.81%	-50.80%	0.65	1.00

出典：https://www.portfoliovisualizer.com/

ロナショック時の下落率もＶＣＲが－24・04％、ＸＬＹが－21・42％、Ｓ＆Ｐ５００が－19・63％と、ＶＣＲ・ＸＬＹの方が大きな下落率となりました。景気の影響を受けやすい一般消費財セクターの特徴が出ています。

ただし２００７年から14年間でマイナスとなった年はＶＣＲが３回、ＸＬＹが２回のみと、多くの年はプラスのリターンで終えています。

分配利回りは低い。分配金は不安定だが増加傾向

分配利回りは多くの期間で１％台と低く推移しています。これは、組み入れ比率１位のアマゾンや２位のテスラなどが無配当だからです。

無配当の企業が上位を占めており、今後も分配利回りは低く推移することが予想されます。

そして、景気に左右されやすい銘柄が多いことから、分配金もあまり安定していません。ただし、不安定ですが増加傾向ではあります。

一般消費財セクターは、景気に影響されやすく価格変動が大きいですが、直近10数年は大きなリターンをもたらしました。アマゾンやテスラを中心とした成長著しい企業も含まれ、今後も魅力的な投資先となるでしょう。

● VCR・XLY・S&P500の運用実績年率リターン（2021年6月末時点）

銘柄	1年	3年	5年	10年
VCR	59.85%	24.51%	22.51%	18.63%
XLY	40.80%	19.14%	19.49%	17.69%
S&P500	40.90%	18.56%	17.54%	14.72%

出典：https://www.portfoliovisualizer.com/

● VCR・XLY1口あたりの分配金推移（年次）

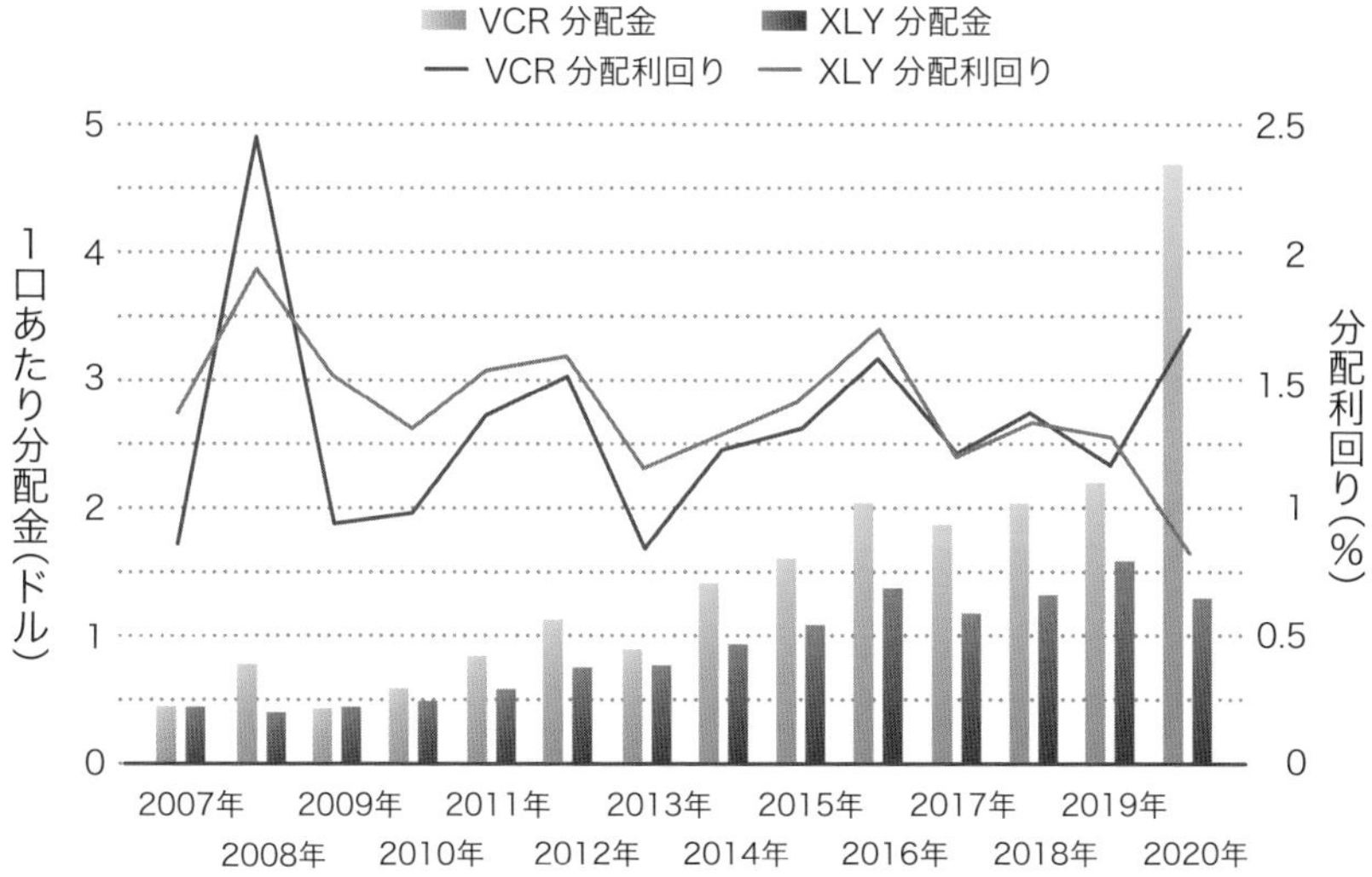

出典：https://marketchameleon.com/、https://haitoukabu.com/

ここがポイント

- インターネット通販・自動車・レジャー・小売などを主な事業とする企業が含まれる一般消費財セクター
- 景気に左右されやすい銘柄が多く、好景気に強い
- 配当を出さず事業投資に回す成長企業も多く、低配当
- 2007年から2021年でVCR・XLYはS&P500を大きく上回る高いリターンを記録

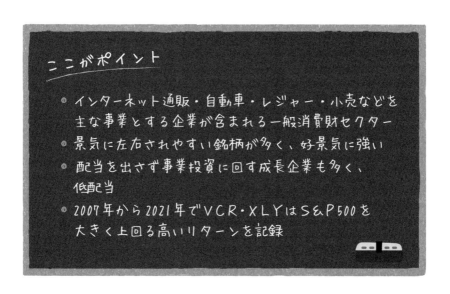

07 セクターをより絞って投資したいなら テーマ型ＥＴＦ（ＩＢＢ・ＦＤＮ・ＩＣＬＮ）

1 注目のテーマ・分野に絞って投資できるテーマ型ＥＴＦ

セクターより細かく分類されたバイオテクノロジー、クリーンエネルギー、フィンテック、ＥＳＧ、ｅスポーツといった特定のテーマ・分野に投資できるＥＴＦもあります。

１９２、１９６〜１９８ページに、日本のネット証券で購入可能な主なテーマ型ＥＴＦを一覧にしました。純資産総額が１兆円を超えている大規模ＥＴＦや、運用期間も10年超や20年超のＥＴＦも複数あります。今後期待するテーマのＥＴＦを探し、投資を検討してみてもいいでしょう。

バイオテクノロジーのIBB、
インターネットのFDNは、
純資産総額一兆円を
超える大規模なテーマ
型ETFです！

コストは高め、話題性だけで投資するのはNG

各テーマ型ETFの運用管理費用（信託報酬）は、S&P500など主要指数に連動するETFと比べると少し高く、**年率0・2〜0・95%**となっています。特定のテーマ・分野の企業調査や個別投資の手間を考えると、そこまで高い手数料ではありません。ただし、手数料は確実にリターンに影響することを念頭に投資するようにしましょう（50ページ参照）。

テーマ型ETFは、話題性だけで投資すると想定したほどリターンが得られなかったり、大きな損失が出ることがあります。話題性が高く一時的に盛り上がったテーマ株は実態が伴わず、期待されたほどの利益があがりません。**最終的には適正な株価に収束**していきます。

同じように考えた投資家がすでに投資済みで**割高になっている恐れ**もあります。未来の成長性や期待がすでに株価に反映されていると、それを上回る成長がなければ株価は上昇せず、期待するようなリターンは得られません。

それらの点を理解し、さらに成長余地があると判断できれば、投資を検討してもいいでしょう。

2 バイオテクノロジー、インターネット、クリーンエネルギーの各テーマ型ETF

本書では数あるテーマ型ETFから、純資産総額の大きな次のETFを取り上げます。テーマ型ETFの投資の難しさを併せて見ていきましょう。

- **IBB（iシェアーズ NASDAQ バイオテクノロジーETF）**
- **FDN（ファースト・トラスト・ダウ・ジョーンズ・インターネット・インデックス・ファンド）**
- **ICLN（iシェアーズ グローバル・クリーンエネルギーETF）**

IBBは、新たな治療法や新薬などを開発するバイオテクロノジー企業・医薬品企業を中心に構成されています。新型コロナウイルスのワクチン開発で注目される**モデルナ**も含まれています。

FDNは、活発に取引されており、売上の50％以上がインターネット事業である上位40銘柄で構成されます。アマゾン、フェイスブック、グーグルなど、成長著しいIT企業が上位を占めます。

ICLNは、太陽光発電・風力発電・バイオ燃料など世

● IBB・FDN・ICLNの基本情報（2021年9月末時点）

テーマ・セクター	ティッカー／運用会社	銘柄／連動指数	運用管理費用（%）	純資産総額	運用期間（年）
バイオテクノロジー	IBB	iシェアーズ NASDAQ バイオテクノロジー ETF	0.45	1.1兆円	20.7
	ブラックロック	NASDAQバイオテクロノジー株価指数			
インターネット	FDN	ファースト・トラスト・ダウ・ジョーンズ・インターネット・インデックス・ファンド	0.51	1.2兆円	15.3
	ファーストトラスト	ダウジョーンズ・インターネット指数			
クリーンエネルギー	ICLN	iシェアーズ グローバル・クリーンエネルギー ETF	0.42	6,400億円	13.3
	ブラックロック	S&Pグローバル・クリーンエネルギー株指数			

出典：https://myindex.jp/ranking_fund.php

界のクリーンエネルギー業界を代表するグローバル企業で構成されています。

FDNが圧倒的なリターン

　下のグラフで資産推移を確認すると、2009年から2021年の期間で、**FDNはS&P500の約3倍近い圧倒的なリターン**でした。

　IBBのリターンもS&P500を少し上回りましたが、ICLNは逆に大幅に下回りました。

　次ページの表に具体的な数値を示しました。S&P500とIBBのリターンは約6~7倍と素晴らしい結果でした。さらにFDNは17倍以上のリターンと圧倒的です。一方で、ICLNは1・5倍程度しかリターンが得られていません。

　各テーマとも近年成長が期待されていますが、リターンは三者三様だったことがわかります。

● IBB・FDN・ICLN・S&P500の資産推移

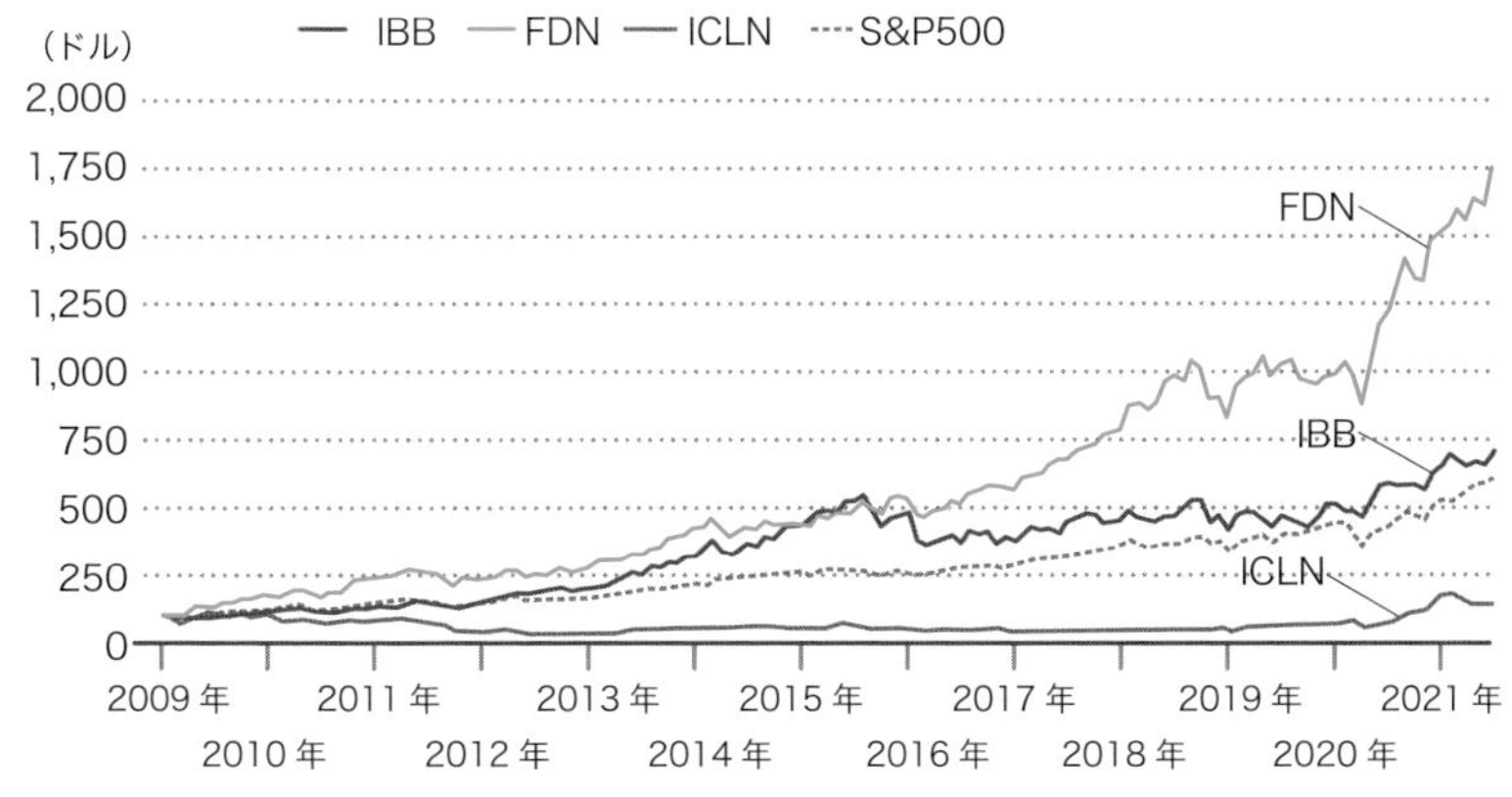

※2009年1月1日に100ドルを投資し、分配金はすべて再投資した場合の2021年6月末までの各月末時点の月次推移。税金は未考慮。
出典：https://www.portfoliovisualizer.com/

リスクはS&P500より高かった

下表を見るとすべてS&P500よりもリスクが高かったことがわかります。特にICLNはもっとも良かった年の上昇率が141・80％に対し、もっとも悪かった年の下落率が−43・96％、最大下落率も−70・79％と乱高下しており、リスクの高さがうかがえます。

シャープ・レシオはIBBが0・83、FDNが1・28、ICLNが0・24、S&P500が1・03でした。

FDNはS&P500よりもリスクが高かったものの、高いリターンでS&P500を上回りました。一方でIBBはS&P500よりリターンは上回りましたがリスクが大きかったことで、S&P500のシャープ・レシオよりも小さな値になりました。

特定のテーマの将来を予測するのは難しい

近年の結果ではFDNが圧倒的な成績でしたが、今後も同様に成長するかはわかりません。IBBは20

● IBB・FDN・ICLN・S&P500の各種データ（2009年1月〜2021年6月末）

銘柄	初期投資額（ドル）	最終資産額（ドル）	年率リターン	リスク（標準偏差）
IBB	100	709	16.96%	20.99%
FDN	100	1,748	25.72%	19.08%
ICLN	100	147	3.15%	28.90%
S&P500	100	608	15.54%	14.60%

銘柄	最も良かった年の上昇率	最も悪かった年の下落率	最大下落率（月次）	シャープ・レシオ	米国株市場との相関係数
IBB	65.54%	-21.41%	-33.57%	0.83	0.66
FDN	79.12%	-5.82%	-22.18%	1.28	0.83
ICLN	141.80%	-43.96%	-70.79%	0.24	0.68
S&P500	32.31%	-4.56%	-19.43%	1.03	1.00

出典：https://www.portfoliovisualizer.com/

15年中盤まではFDNを上回る成績をあげていました。しかしそこから低迷し、元の資産額を上回るのは2020年以降と5年以上もかかっています。

クリーンエネルギー分野の重要性や成長性は既知ですが、ICLNは現状S&P500に大幅に及びません。成長性や期待がすでに株価に織り込まれていたり、話題性で株価が上昇しても実態が伴わなかったりするケースです。

2009年からのリターンではS&P500のリターンを上回っていたIBBは、直近3年・5年では下回っています（下表参照）。

逆に、ICLNはS&P500を直近3年・5年では上回って、2009年からのリターンとは異なる結果になっています。

テーマ型ETFに投資する際は、成長が**期待されているテーマに投資すれば確実に儲けられるわけではない**という点を理解しましょう。

FDNのように長年素晴らしい成績をあげているテーマ型ETFもあります。テーマ・分野によっては、期待を上回る成長を遂げて長期的にリターンを得られる可能性もあり、発掘しがいがあるのがテーマ型ETFの魅力といえるでしょう。

● IBB・FDN・ICLN・S&P500の運用実績年率リターン（2021年6月末時点）

銘柄	1年	3年	5年	10年
IBB	19.95%	14.43%	14.04%	16.72%
FDN	43.60%	21.17%	27.69%	21.06%
ICLN	88.75%	40.83%	24.12%	6.43%
S&P500	40.90%	18.56%	17.54%	14.72%

出典：https://www.portfoliovisualizer.com/

ここがポイント

- テーマ型ETFで注目のテーマ・分野に分散投資可能
- 「インターネット」をテーマとしたETFであるFDNはS&P500を圧倒的に超えるリターンを記録
- 成長が期待されるテーマに投資しても、想定どおりのリターンが得られないことも多い

● その他テーマ型ETFの基本情報（2021年9月末時点）

テーマ・セクター	ティッカー／運用会社	銘柄	運用管理費用（%）	純資産総額（億円）	運用期間（年）
半導体	SMH／ヴァンエック	マーケット・ベクトル 半導体株ETF	0.35	6,690	9.8
リチウム&バッテリー	LIT／グローバルX	グローバルX リチウム&バッテリーテックETF	0.75	5,260	11.2
ESG	SUSA／ブラックロック	iシェアーズ MSCI 米国 ESG セレクト ETF	0.25	4,210	16.7
クリーン・エッジ・グリーン・エナジー	QCLN／ファースト トラスト	ファースト・トラスト・NASDAQ クリーン・エッジ・グリーン・エナジー・インデックス・ファンド	0.60	2,720	14.7
ロボティックス & AI	BOTZ／グローバルX	グローバル X ロボティックス&アーティフィシャル インテリジェンス ETF	0.68	2,940	5.1
サイバー・セキュリティ	HACK／ファクター・アドバイザーズ	ピュアファンズ・ISE・サイバー・セキュリティー・ETF	0.60	2,940	6.8

（次ページに続く）

テーマ・セクター	ティッカー 運用会社	銘柄	運用管理費用(%)	純資産総額(億円)	運用期間(年)
ロボティクス＆オートメーション	ROBO ロボ・グローバル	ROBO Global ロボティクス・アンド・オートメーション・インデックスETF	0.95	1,960	8
クラウド・コンピューティング	CLOU グローバルX	グローバル X クラウド コンピューティング ETF	0.68	1,530	2.5
フィンテックス	FINX グローバルX	グローバル X フィンテック ETF	0.68	1,490	5.1
アグリビジネス	MOO ヴァンエック	マーケット・ベクトル アグリビジネスETF	0.56	1,260	14.1
ビデオゲーム＆eスポーツ	HERO グローバルX	グローバル・X・ビデオゲーム・アンド・eスポーツETF	0.50	540	2
サイバーセキュリティ	BUG グローバルX	グローバル・X・サイバーセキュリティ・ETF	0.50	960	2
eドック(遠隔医療＆デジタルヘルス)	EDOC ファーストトラスト	グローバルX eドック(遠隔医療＆デジタルヘルス)ETF	0.68	640	1.2
バイオテクノロジー	BBH ヴァンエック	マーケット・ベクトル バイオテクノロジーETF	0.35	630	9.8
クリーンエネルギー	PBD インベスコ	パワーシェアーズ グローバル クリーンエネルギー ポートフォリオ	0.75	410	14.3
ESG	KRMA グローバルX	グローバル・X・ESG経営企業ETF	0.43	620	5.3
ソーシャルメディア	SOCL グローバルX	グローバル・X・ソーシャルメディア・ETF	0.65	450	9.9
森林	WOOD ブラックロック	iシェアーズ グローバル・ティンバー＆フォレストリー ETF	0.43	330	13.3
ウォーター	PIO インベスコ	パワーシェアーズ グローバル ウォーター ポートフォリオ	0.75	340	14.3
eコマース	EBIZ グローバルX	グローバル・X・eコマース・ETF	0.50	220	2.9

(次ページに続く)

テーマ・セクター	ティッカー 運用会社	銘柄	運用管理費用(%)	純資産総額(億円)	運用期間(年)
ジェンダー・ダイバーシティ	SHE ステートストリート	SPDR SSGAジェンダー・ダイバーシティ・インデックスETF	0.20	320	5.6
AI & ビッグデータ	AIQ グローバルX	グローバル・X・AI&ビッグデータ・ETF	0.68	190	3.4
ゲノミクス	GNOM グローバルX	グローバル・X・ゲノミクス・アンド・バイオテクノロジー ETF	0.50	300	2.5
製薬	PPH ヴァンエック	マーケット・ベクトル 製薬ETF	0.35	320	9.8
クリーンテック	CTEC グローバルX	グローバルX クリーンテック ETF	0.50	170	1
小売	RTH ヴァンエック	マーケット・ベクトル 小売ETF	0.35	240	9.8
ミレニアルズ	MILN グローバルX	グローバル・X・ミレニアルズ・セマティックETF	0.50	260	5.4
マルチテーマ	GXTG グローバルX	グローバル・X・マルチテーマ・グロース ETF	0.50	120	2
リモート・ワーク	WFH ディレクション・インベストメンツ	Direxion ワーク・フロム・ホーム ETF	0.45	120	1.3
ウラニウム & 原子力エネルギー	NLR ヴァンエック	マーケット・ベクトル ウラニウム+原子力エネルギー ETF	0.61	32	14.2
REIT&デジタル・インフラ	VPN グローバルX	グローバルX データセンターリート&デジタルインフラ ETF	0.50	74	1
再生可能エネルギー	RNRG グローバルX	グローバルX 再生可能エネルギー ETF	0.65	156	6.4

出典：https://myindex.jp/ranking_fund.php

5時限目

ファクターETF

割安株、成長株、高配当株など、特定のファクターに集中投資できるのがファクターETFです。

01 特定の要素に投資するファクターETF

1 特定の要素＝ファクターに投資

ファクター投資とは、「バリュー」「グロース」「配当」といった**特定の要素（ファクター）に着目して投資**することです。市場平均を上回ることを目的とした投資方法で、**スマート・ベータ**、**戦略ベータ**とも呼ばれます。

代表的なファクターを次ページの表に示しました。これらの中には、市場全体に対しプラスの収益を得られるなど、効果が実証されたものもあります。バリューの**割安株効果（バリュー株効果）**、**モメンタム効果**、**小型株効果**などが例として挙げられます。

● ファクターETF 投資のイメージ

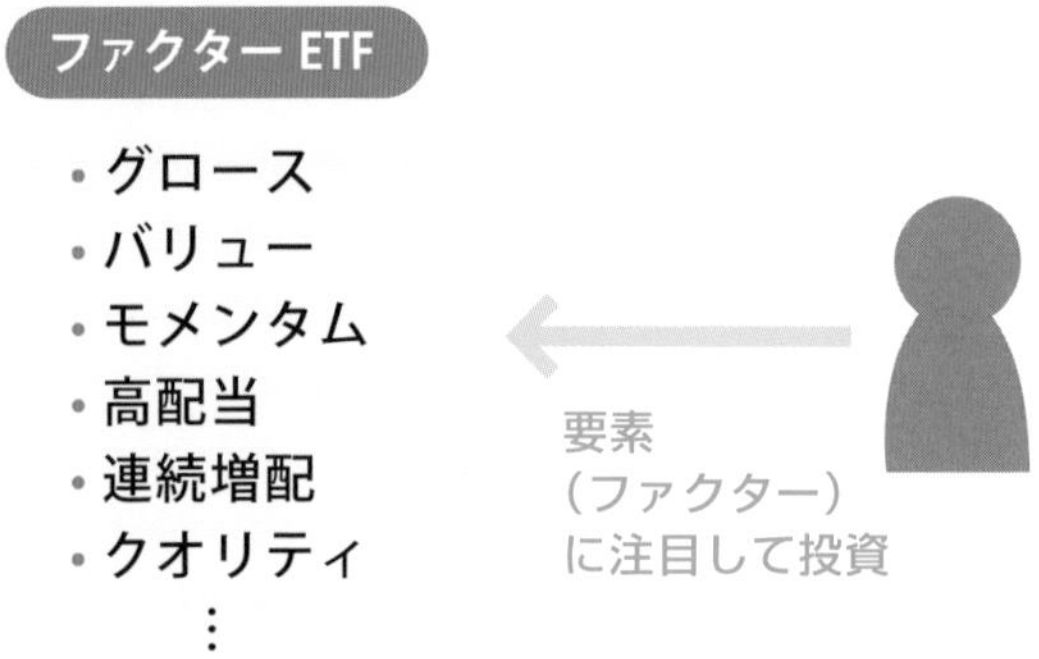

ファクターETF
・グロース
・バリュー
・モメンタム
・高配当
・連続増配
・クオリティ
⋮
要素
（ファクター）
に注目して投資

たとえば割安株効果は、PERやPBRなどの指標により割安の株式（バリュー株）を対象に投資することで、**市場平均よりも高いリターンを得られる**ことが知られています。

この理由としては、投資家が「悲観的な要因により株価が下落している割安株に対しては、より悲観的に」「楽観的な要因により株価が上昇している割高株には、より楽観的に」なるために、間違った株価となってしまっていること（ミスプライシング）などが挙げられます。つまりミスプライシングが発生している場合、最終的に適正な株価に修正されることでリターンを得られるはず、という考え方です。

10〜20年スパンでの効果には疑問

では、高いリターンを得られるファクター投資を実践すれば、実際に市場平均を上回るリターンを得られるかというと、単純にはいかないのが事実です。あ

それは長期的なデータでは効果が確認されていたとしても、今後10年間や20年間でその効果を得られるかどうかは

● 代表的な株式投資のファクター

ファクター	内容
バリュー	割安な銘柄への投資（割安株効果）
グロース	市場平均よりも収益性の高い企業への投資
モメンタム	株価が上昇基調にある企業への投資（モメンタム効果）
高配当	高配当の企業への投資
連続増配	連続して増配している企業への投資
小型	時価総額が小さい企業への投資（小型株効果）
低ボラティリティ	ボラティリティ（価格変動）が低い企業への投資
クオリティ	ROEやバランスシートなどから安定的成長や健全性が見込まれる企業への投資
自社株買い	自社株買いを積極的に行っている企業への投資

わからないためです。たとえば、5時限目02でバリュー株について詳細を見ていきますが、直近10数年では**バリュー株のリターンは市場平均を大きく下回っています**。つまりこの期間では、バリュー株効果は得られなかったことになります。

ほかの要素（ファクター）についても同様で、50年や100年単位の長期では市場全体を上回るとしても、今後10年や20年でリターンが大きく下回ってしまっては、多くの人にとって意味のない投資となってしまいます。

ファクターが有効でなくなることも

また過去に有効なファクターだったとしても、現在は有効なファクターではなくなってしまっている可能性もあります。市場平均を上回るファクターがあれば、それに大勢の人が投資します。そうすると、そのファクターから得られるリターンは消滅し、もはや有効なファクターではなくなってしまいます。

ただし割安株効果、モメンタム効果、小型株効果などは一般的に知られるようになったあともさまざまな検証によりその効果が確認されており、今後も長期的には市場平均を上回るリターンを得られる可能性が高いと考えられます。

以上を理解したうえで、市場平均を上回るパフォーマンスを目指したいと考える方は、ファクター投資を取り入れてみてもいいでしょう。

ファクター投資ならETFがおすすめ

特定のファクターに着目した指数に連動したパフォーマンスを目指すＥＴＦが**ファクターＥＴＦ**です。ファクターＥＴＦを利用すれば、銘柄入れ替えやリバランスが自動で行われるため、自分でファクター別に銘柄を選定したりメンテナンスを行う手間がかかりません。

本書では、その中でも代表格である４つのファクターをテーマとしたＥＴＦを取り上げます。割安な株に投資する**バリュー株ＥＴＦ**、成長している企業の銘柄に投資する**グロース株ＥＴＦ**、**高配当株ＥＴＦ**、**連続増配株ＥＴＦ**を取り上げ、詳細を見ていきます。

ここがポイント

- ファクター投資（スマート・ベータ、戦略ベータ）とは、特定の要素（ファクター）に着目する投資法
- ファクターにはバリュー・グロース・配当・モメンタム・低ボラリティ・クオリティなどさまざま
- 長期的には効果が確認されているファクターもあり、デメリットを理解したうえで市場平均を上回るパフォーマンスを目指したい人は検討を

02 割安なバリュー株ETF（VTV）・急成長のグロース株ETF（VUG）

1 実際の企業価値と比べ割安なバリュー株

バリュー株とは、実際の利益や保有資産から算出される企業価値と比較すると、株価が割安となっている銘柄のことです。

株価変動は小さい

バリュー株は、企業価値に対して株価が割安なため株価下落しづらい傾向があります。

逆にいえば、急成長をしている企業は成長期待から株価が割高なことが多く、バリュー株になることはあまりありません。

急成長企業が少ないことから、成長による短期間での株価急上

実際の企業価値より割安なバリュー株、急成長の持続が期待されるグロース株に連動したETFの代表的な銘柄にVTVとVUGがあります！

昇も見込めないケースも多いです。つまり、大きく下落はしないが上昇もしないバリュー株は、**株価の変動が小さい傾向**にあります。ただし中長期的には、割安な価格で放置されていたバリュー株が適正な評価をされることで大きく株価上昇する場合もあります。

しかし、将来発生しそうな危機を織り込んだ株価になっている銘柄もあります。その場合、一見割安に見えても、株価が低迷し続けるため注意が必要です。

また、株価が割安になっているということは配当利回りも上昇するため、高配当の企業が多くなります。

2 急成長が期待されるグロース株

グロース株とは、**売上・利益をはじめとした成長率が高く、今後も持続的に株価上昇が期待できる銘柄**のことです。売上や利益が急成長をしているグロース株には、GAFAMなどの米国の巨大IT企業やテスラといった高い技術力を持った世間の注目を集める銘柄が多くあります。

株価変動が大きい

将来の成長性やさらなる成長期待があらかじめ株価に織り込まれていることが多く、**割高となることが多い**のも特徴です。

今後のさらなる成長期待から一気に株価が上昇したり、逆に期待を下回った場合は失望から一気に売られたり、**株価のアップダウンが大きくなる傾向**があります。

配当利回りが低い企業が多い

もう1つのグロース株の特徴として、**低配当や無配当の企業が多い**ことも特徴として挙げられます。これは、グロース株の企業では、成長事業のさらなる成長のために、利益を株主への配当に向けず、投資に回す企業が多いためです。

3 豊富な種類と低コストが魅力

バリュー株・グロース株全体、大型・中型・小型株対象など種類が豊富です。投資戦略に合わせて使い分けられます。

また、**純資産総額が1兆円を超えるETFも複数あり、運用管理費用（信託報酬）も0・04～0・16％と低コストなのが特徴です。**

本書では純資産総額のもっとも大きいバリュー株ETFの**VTV**（バンガード・米国バリューETF）とグロース株ETFの**VUG**（バンガード・米国グロースETF）を取り上げて、詳細を見ていきます。

その他の日本の主要ネット証券で購入可能なバリュー株・グロース株に投資できる主なETFは、215～216ページの表に示したので参考にしてみてください。

4 大手企業分散型のVTV、急成長企業集中型のVUG

VTVには多業種の大手企業が目白押し

バリュー株に投資するならVTV、グロース株に投資するならVUGがおすすめです。下表に基本情報を示しました。

バリュー株・グロース株どちらのETFも上位銘柄には優良企業が並びます。当然ですが、真逆の性質を持つのでまったく違う銘柄が組み入れられています（次ページ表参照）。

まずVTVの上位銘柄を見ていきましょう。

1位はバリュー株投資で有名なウォーレン・バフェット率いる**バークシャー・ハサウェイ**、2位は米国金融大手の**JPモルガン・チェース**、3位は製薬やヘルスケア関連製品を取り扱う**ジョンソン&ジョンソン**、4位は医療システ

● VTV・VUGの基本情報（2021年9月末時点）

ファクター	区分	ティッカー／運用会社	銘柄／連動指数	価格（ドル/1口）	保有銘柄数	運用管理費用（%）	純資産総額（兆円）	運用期間（年）
バリュー	大型	VTV／バンガード	バンガード・米国バリューETF／CRSP USラージキャップ・バリュー・インデックス	135.37	354	0.04	9.5	17.7
グロース	大型	VUG／バンガード	バンガード・米国グロースETF／CRSP USラージキャップ・グロース・インデックス	290.17	287	0.04	9.2	17.7

出典：https://myindex.jp/ranking_fund.php、https://investor.vanguard.com/、https://www.ssga.com/

ムや医療保険などを提供する**ユナイテッド・ヘルス**、5位は洗剤や化粧品などを製造販売する**P&G**となっています。

その他、半導体大手の**インテル**、石油大手の**エクソン・モービル**、通信大手の**ベライゾン・コミュニケーションズ**なども上位に入っており、**さまざまな業種のバリュー銘柄が組み込まれている**ことがわかります。

トップIT企業が目立つVUG

次に、**VUGの上位銘柄**を見ていきましょう。近年の米国株の成長を牽引してきたIT企業が

● VTVの組み入れ上位10社

順位	組み入れ企業	比率
1	バークシャー・ハサウェイ Class B	2.96%
2	JPモルガン・チェース	2.93%
3	ジョンソン & ジョンソン	2.72%
4	ユナイテッド・ヘルス	2.22%
5	P&G	2.10%
6	バンク・オブ・アメリカ	1.89%
7	インテル	1.64%
8	コムキャスト Class A	1.56%
9	エクソン・モービル	1.49%
10	ベライゾン・コミュニケーションズ	1.44%

● VUGの組み入れ上位10社

順位	組み入れ企業	比率
1	アップル	9.71%
2	マイクロソフト	9.36%
3	アマゾン	6.97%
4	フェイスブック	3.73%
5	アルファベット Class A	3.26%
6	アルファベット Class C	3.03%
7	テスラ	2.70%
8	ビザ Class A	1.83%
9	ホーム・デポ	1.73%
10	マスターカード	1.66%

出典：https://investor.vanguard.com/

多く含まれており、1〜6位は巨大IT企業である**GAFAM**が独占しています。その他、電気自動車を製造・販売する成長著しい**テスラ**、クレジットカード事業トップの**ビザ**や**マスターカード**などが上位に入っています。

VTVは幅広く分散 VUGは特定セクターに偏る

次ページに構成銘柄の**セクターの割合**を示しました。

VTVは金融、ヘルスケア、資本財などにセクターが分散されています。

一方で、VUGは**情報技術セクター**に偏ったセクター構成となっていることがわかります。2位の**一般消費財セクター**も17・34%と比率が高く、1位と2位のセクターで半数を占めています。

現在のように情報技術セクターが拡大・成長を続けるうちはVUGの上昇も見込めますが、低迷したときはそれに引きずられることが予想されます。

5 GAFAMが含まれるVUGのリターンが良好

VTVとVUGのリターンを見ていきましょう。

2007年1月に投資した100ドルは、2021年6月末時点でVTVが297ドル、VUGが590ドル、S&P500が404ドルと大きく増えました（212ページ参照）。

● VTVのセクター別組み入れ比率

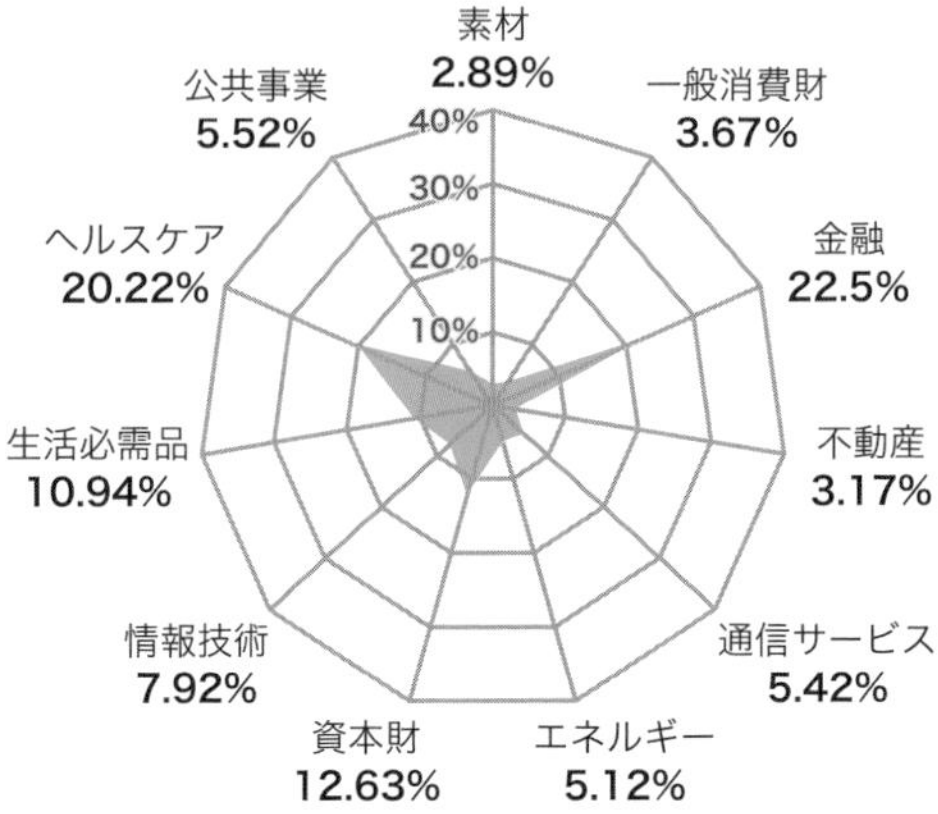
素材
2.89%
一般消費財
3.67%
金融
22.5%
不動産
3.17%
通信サービス
5.42%
エネルギー
5.12%
資本財
12.63%
情報技術
7.92%
生活必需品
10.94%
ヘルスケア
20.22%
公共事業
5.52%
40%
30%
20%
10%

● VUGのセクター別組み入れ比率

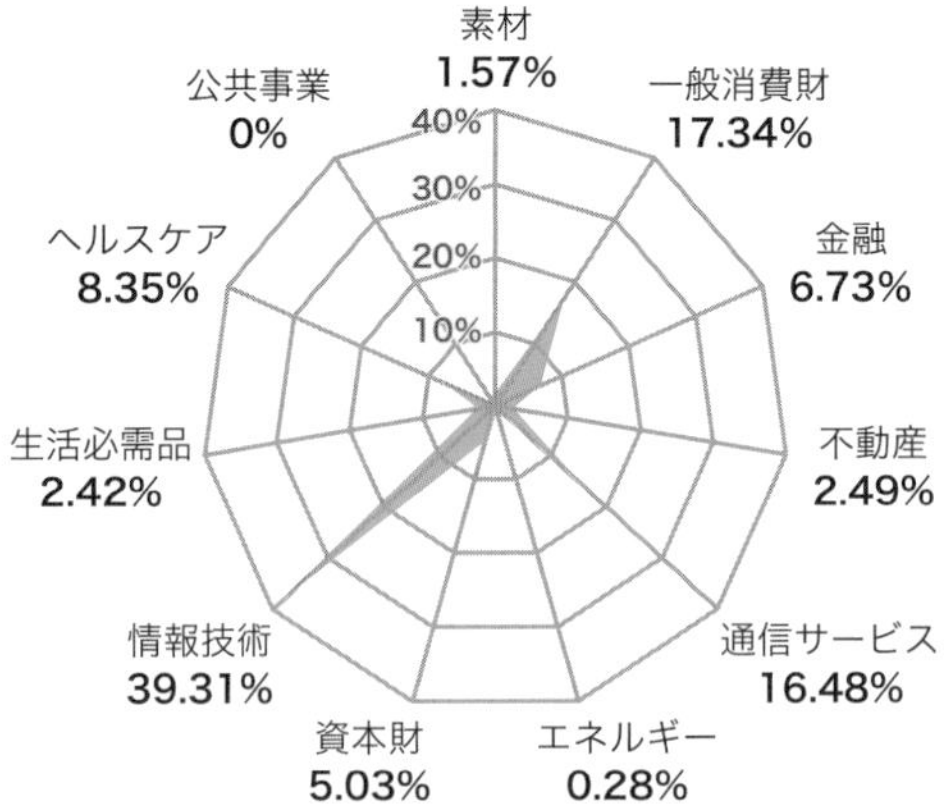
素材
1.57%
一般消費財
17.34%
金融
6.73%
不動産
2.49%
通信サービス
16.48%
エネルギー
0.28%
資本財
5.03%
情報技術
39.31%
生活必需品
2.42%
ヘルスケア
8.35%
公共事業
0%
40%
30%
20%
10%

出典：https://portfolios.morningstar.com

また年率リターンは、VTVが7・81%、VUGが13・02%、S&P500が10・11%でした。S&P500がちょうど中間のリターンとなっている理由は、バリュー株とグロース株両方が組み入れられているためです。

2021年までの10数年は**グロース株（VUG）が優位**であったことがわかります。直近5年や10年でも同様の結果でした（次ページ下表参照）。これは、GAFAMをはじめとした**グロース株が大きく成長**し、株式市場を牽引してきたことが主な理由として挙げられます。

ただし期間によってはバリュー株の方が優位なときもあり、今後のGAFAMの成長スピードによってはVTVのリターンが逆転する可能性もあります。

リスクに大きな差は見られず

VTVとVUGのリスクを見ていきます。

次ページ表のリスク（標準偏差）は、VTVが15・90%、VUGが16・26%と若干バリュー株（VTV）の方がリスクが小さい結果となっています。

一般的にバリュー株の方が

● VTV・VUG・S&P500の資産推移

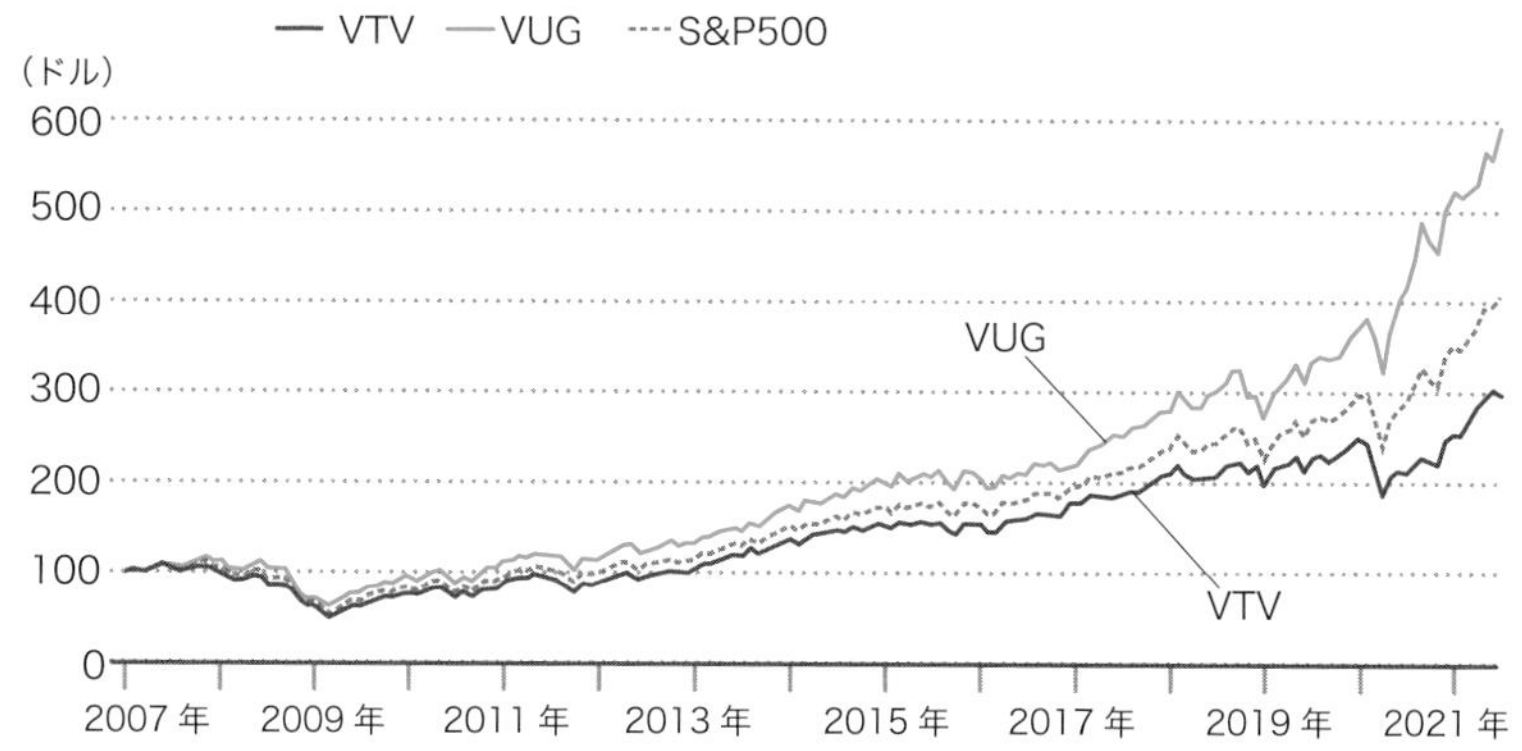

※2007年1月に100ドルを投資し、分配金はすべて再投資した場合の2021年6月末までの各月末時点の月次推移。税金は未考慮。

● VTV・VUG・S&P500の運用実績年率リターン（2021年6月末時点）

銘柄	1年	3年	5年	10年
VTV	41.44%	12.82%	13.03%	12.27%
VUG	42.85%	25.36%	23.08%	17.47%
S&P500	40.90%	18.56%	17.54%	14.72%

出典：https://www.portfoliovisualizer.com/

グロース株よりも低リスクといわれており、そのとおりの結果となっていますが、大きな差とはなっていません。

シャープ・レシオを見ると、VTVが0・50、VUGが0・78、S&P500が0・65でした。

対象期間においては**リスクに大きな差はなく、リターンはVUGが良かったことから、シャープ・レシオもVUGが高い**結果となっています。

最大下落率はVTVの方が大きい結果に

下の表を見ると、最大下落率は2007〜2009年のリーマンショック時でVTVが−54・78%、VUGが−47・18%となっています。

一般的にバリュー株の方が下落耐性がありますが、該当期間ではバリュー株（VTV）の方が最大下落率も大きかったことがわかります。バリュー株であれば暴落時も安心というわけではなく、ほかの株式と同様に50%を超える下落となる可能性があることは認識しておきましょう。

もっとも上昇した年はVTVが33・10%に対し、VUGは

● VTV・VUG・S&P500の各種データ（2007年1月〜2021年6月末）

銘柄	初期投資額（ドル）	最終資産額（ドル）	年率リターン	リスク（標準偏差）
VTV	100	297	7.81%	15.90%
VUG	100	590	13.02%	16.26%
S&P500	100	404	10.11%	15.48%

銘柄	最も良かった年の上昇率	最も悪かった年の上昇率	最大下落率	シャープ・レシオ	米国株市場との相関係数
VTV	33.10%	-35.87%	-54.78%	0.50	0.97
VUG	40.22%	-38.02%	-47.18%	0.78	0.97
S&P500	32.31%	-36.81%	-50.80%	0.65	1.00

出典：https://www.portfoliovisualizer.com/

40・22％でした。

もっとも下落した年はVTVが－35・87％、VUGが－38・02％で価格が大きく上下する年もありますが、2007年から12年間でマイナスとなった年はVTVが3回、VUGが2回のみとなっています。

VTVは2％台の安定した利回り VUGは1％程度の低利回り

VTVの利回りは高分配といえるレベルではありませんが、**2％台の分配利回りをキープ**しています。

一方のVUGは、グロース株の特徴で挙げたとおり利益を配当ではなく事業に回す企業が多いため、分配利回りは**1％程度と低く推移**しています（下グラフ参照）。

分配金はおおむね右肩上がりとなっており、今後も伸びていくことが予想されます。

● VTV・VUG1口あたりの分配金推移（年次）

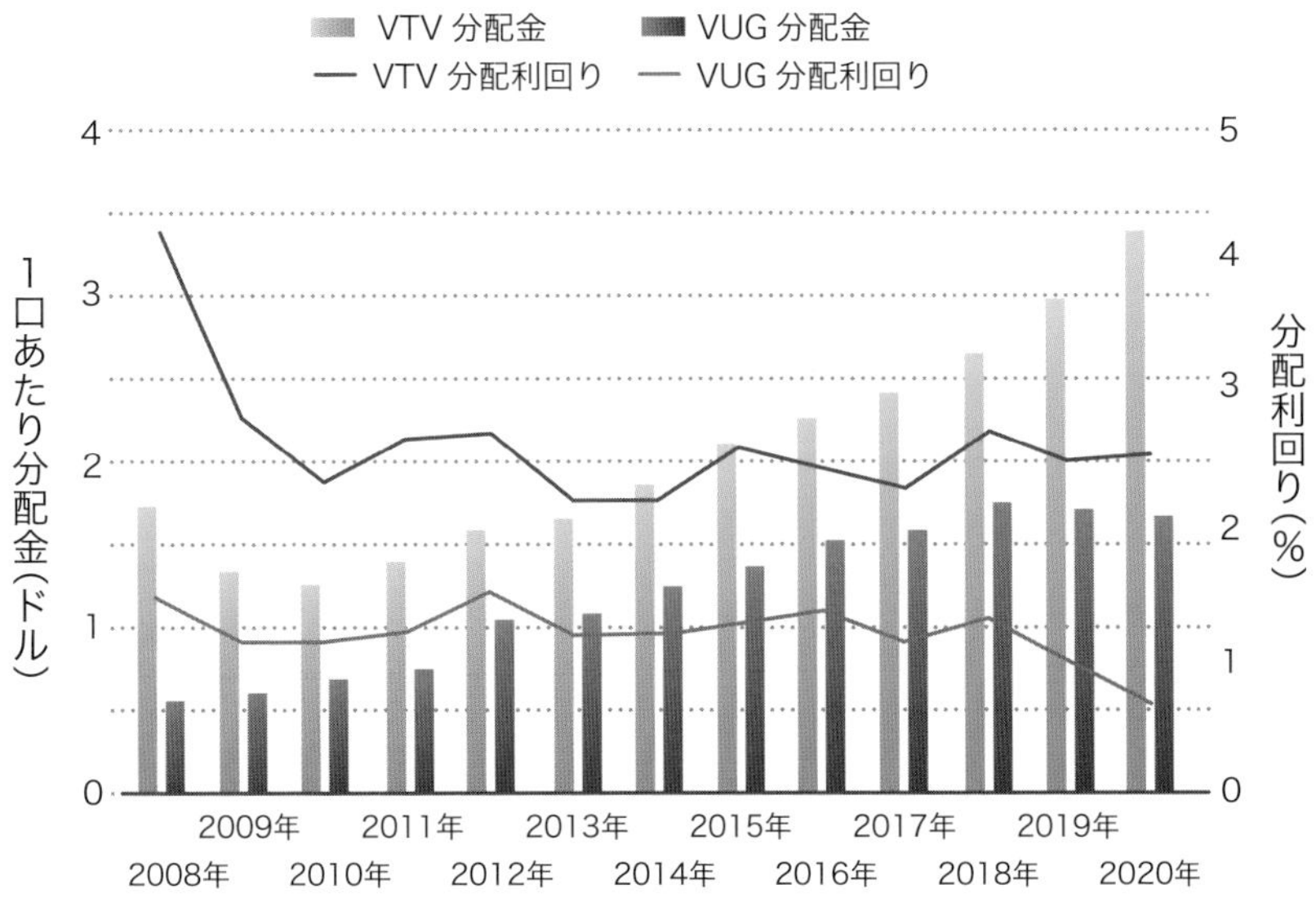

出典：https://marketchameleon.com/、https://haitoukabu.com/

直近10数年は、グロース株（VUG）がバリュー株（VTV）を大きく上回る結果となりましたが、今後も同様の結果となるかは予測できません。明確に「どちらかに投資したい」という理由がなければ、絞って投資する必要はなく、米国全体に投資できるETFを選ぶのがいいでしょう。あえてバリュー株やグロース株どちらかに絞って投資する場合は、根拠を明確にして投資するようにしましょう。

ここがポイント

- バリュー株とは、利益や保有資産から算出される企業価値と比較して、株価が割安となっている企業の株
- グロース株とは、売上・利益など成長率が高く、株価上昇が期待できる企業の株
- 直近の期間では、VUGのリターンが大きい。GAFAMを中心としたグロース株が市場を牽引してきたことが背景

● その他バリュー株ETFの基本情報（2021年9月末時点）

区分	ティッカー／運用会社	銘柄／連動指数	価格(ドル/1口)	保有銘柄数	運用管理費用(%)	純資産総額	運用期間(年)
大型	SPYV／ステートストリート	SPDR ポートフォリオS&P 500 バリュー株式ETF／S&P 500 バリュー	39	433	0.04	1.4兆円	21.1
大型	VOOV／バンガード	バンガード・S&P500バリューETF／S&P 500 バリュー	140.64	434	0.10	2,600億円	11.1
大型	MGV／バンガード	バンガード・米国メガキャップ・バリューETF／CRSP USメガキャップ・バリュー	97.85	148	0.07	5,060億円	13.8
大・中型	VONV／バンガード	バンガード・ラッセル1000バリュー株ETF／Russell 1000 グロース	68.71	845	0.08	7,240億円	11.1
中型	VOE／バンガード	バンガード・米国ミッドキャップ・バリューETF／CRSP US米国ミッドキャップ・バリュー	139.61	208	0.07	1.7兆円	15.2
中型	IVOV／バンガード	バンガード・S&Pミッドキャップ400バリューETF／S&P MidCap 400 バリュー	159.12	309	0.15	806億円	11.1
小型	VBR／バンガード	バンガード・米国スモールキャップ・バリューETF／CRSP US米国スモールキャップ・バリュー	169.26	967	0.07	2.5兆円	17.7
小型	VIOV／バンガード	バンガード・S&Pスモールキャップ600バリューETF／S&P Small Cap 600 バリュー	174.03	478	0.15	1,440億円	11.1
小型	VTWV／バンガード	バンガード・ラッセル2000バリュー株ETF／Russell 2000 バリュー	140.5	1454	0.15	1,080億円	11.1

出典：https://myindex.jp/ranking_fund.php、https://investor.vanguard.com/、https://www.ssga.com/

● その他グロース株ETFの基本情報（2021年9月末時点）

区分	ティッカー／運用会社	銘柄／連動指数	価格（ドル/1口）	保有銘柄数	運用管理費用（%）	純資産総額	運用期間（年）
大型	MGK	バンガード・米国メガキャップ・グロースETF	234.8	116	0.07	1.4兆円	13.8
	バンガード	CRSP USメガキャップ・グロース					
	SPYG	SPDR ポートフォリオS&P 500 グロース株式ETF	64.02	243	0.04	1.5兆円	21.1
	ステートストリート	S&P 500 グロース					
	VOOG	バンガード・S&P500グロースETF	266.68	241	0.10	7,360億円	11.1
	バンガード	S&P 500 グロース					
大・中型	VONG	バンガード・ラッセル1000グロース株ETF	70.47	500	0.08	8,000億円	11.1
	バンガード	Russell 1000 グロース					
中型	VOT	バンガード・米国ミッドキャップ・グロースETF	236.3	184	0.07	1.3兆円	15.2
	バンガード	CRSP US米国ミッドキャップ・グロース					
	IVOG	バンガード・S&Pミッドキャップ400グロースETF	196.93	235	0.15	990億円	11.1
	バンガード	S&P MidCap 400 グロース					
小型	VBK	バンガード・米国スモールキャップ・グロースETF	280.16	698	0.07	1.8兆円	17.7
	バンガード	CRSP US米国スモールキャップ・グロース					
	VTWG	バンガード・ラッセル2000グロース株ETF	213.97	1259	0.15	780億円	11.1
	バンガード	Russell 2000 グロース					
	VIOG	バンガード・S&Pスモールキャップ600グロースETF	224.62	336	0.16	630億円	11.1
	バンガード	S&P Small Cap 600 グロース					

出典：https://myindex.jp/ranking_fund.php、https://investor.vanguard.com/、
https://www.ssga.com/

03 安定した配当収入を得るなら高配当株ETF（VYM・HDV・SPYD）

1 高配当株に投資して安定した収入を狙う

配当収入の見通しの立てやすさが魅力

高配当株投資とはその名のとおり、**高い配当利回りとなっている企業に投資する投資手法**です。

株価の変動に比べて、配当金は大きく増えたり減ったりすることはあまりありません。安定した配当収入を得られることから、高配当株投資は日本でも人気のある投資手法です。

企業の成長に合わせて配当を継続的に増やす企業も多い傾向にあります。

定期的に安定した配当を得たいのであれば、高配当株ETFを活用しましょう。中でも手数料が安いVYM・HDV・SPYDをご紹介します！

また、**株価が下落したときは配当利回りが上昇し、それがプロテクター（リスクヘッジ）になることで株価が下落しづらい**といわれています。

「成熟している＝今後成長しにくい」のがデメリット

一方、高配当の銘柄はすでに成長が見込めない成熟した企業であることが多く、事業の成長に伴う**大きな株価上昇はあまり期待できない**といえます。

また、業績悪化や減配を見込んで株価が下落したことで、配当利回りが上昇しているケースもあります（配当が変わらなければ株価が下落すると利回りは上昇するため）。配当を目当てに高配当株投資している場合、**減配発表により大きな株価下落が発生するリスク**があります。

一般的にディフェンシブといわれる高配当株ですが、投資する企業によっては大きな株価下落に遭遇することもあります。

配当金欲しさに株価の下落で損をしていては意味がありません。高配当株投資をする場合は、**投資対象の業績や事業内容などを理解したうえで投資対象を選ぶ必要があります。**

なお、**配当金は出るたびに税金が徴収されます。**これは投資パフォーマンスを落とす要因になることは認識しておきましょう。

大型かつ高配当株への投資は有効な戦略

デメリットがいくつかあるものの、**大型株かつ高配当銘柄（大型・高配当株）への投資は有効**

な投資戦略であるという研究結果もあります。

下表は、1927年から2009年までの株価データで、米国の大型株かつ高配当株（配当利回り上位10％）へ投資した場合と、米国株全体に投資した場合を比較したものです。投資する月を1927年1月から1カ月ずつずらし、さまざまなタイミングで投資した場合の結果が示されています。

1年後でも半数以上、10年後では8割以上が米国市場全体への投資を上回る

下表を見ると、1年後に米国市場全体をリターンで上回ったのは513回（52％）です。投資期間を3年、5年、7年、10年と伸ばしていくと**リターンが上回った割合は上昇**していきます。10年後に8割の確率で米国市場全体への投資を上回るリターンをあげられたという結果は驚きです。大型・高配当株への投資が有効な投資手法といえる一例でしょう。

「ダウの犬」高配当投資戦略

このほかにも、「**ダウの犬**」と呼ばれる有名な高配当投資戦略があ

● 米国の大型株かつ高配当株への投資と米国株全体への投資の比較

投資期間	大型株・高配当株への投資が米国市場全体への投資を上回るリターンとなった回数	リターンが上回った割合
1年後のリターン	513回 / 985回	52%
3年後のリターン	611回 / 961回	64%
5年後のリターン	652回 / 961回	70%
7年後のリターン	670回 / 913回	73%
10年後のリターン	713回 / 877回	81%

出典：JAMES P. O'SHAUGHNESSY "What Works on Wall Street, Forth Edition"

ります。ダウとは米国の主要株価指数である**ダウ平均**を意味しています。

ダウ工業株30銘柄の中から**配当利回り上位の銘柄10銘柄に投資**します。一年後にふたたび上位10銘柄を調べ、**10位から外れた銘柄を売却して10位に入った銘柄を購入**します。そうすると、ダウ工業株30種平均ならびにその他の米国株指数を上回る成績をあげられるという結果が知られています。

これは218ページで言及した高配当株の特徴である「株価が下落したときは配当利回りが上昇する」ことを利用した投資方法です。

なぜそれが犬かというと、「高配当になる＝株価下落」を暗示するため、「負け犬」の株と位置づけられ、「ダウの犬」と呼ばれるようになったということです。

2 手数料の安いＶＹＭ・ＨＤＶ・ＳＰＹＤに注目

本書では高配当株ＥＴＦの中でも、運用管理費用（信託報酬）が低い次の３つのＥＴＦを取り上げます。

- ＶＹＭ（バンガード・米国高配当株式ＥＴＦ）
- ＨＤＶ（iシェアーズ 米国高配当株 ＥＴＦ）
- ＳＰＹＤ（ＳＰＤＲ ポートフォリオＳ&Ｐ 500 高配当株式ＥＴＦ）

基本情報を下表に記載しました。

その他の主な高配当株ETFの基本情報については231ページに表にしたので、参考にしてみてください。

VYMは、米国株式市場の平均利回り以上の配当を出す銘柄で構成されます。銘柄の保有比率は時価総額加重平均（46ページ）で設定されています。

HDVは、財務の健全性が高く持続的に平均以上の配当を支払うことができると認められた利回り上位75社の銘柄で構成されます。銘柄の保有比率は、構成する企業の配当金の支払い総額に応じて、組み入れる割合が設定されます（配当加重平均）。

SPYDは、「S&P500 高配当指数」に連動したパフォーマンスを目指したETFです。S&P500採用銘柄の中で配当利回りの高い上位80銘柄で構成されます。銘柄の保有比率は、

● VYM・HDV・SPYDの基本情報（2021年9月末時点）

ティッカー／運用会社	銘柄／連動指数	価格（ドル/1口）	保有銘柄数	運用管理費用（%）	純資産総額	運用期間（年）
VYM	バンガード・米国高配当株式ETF	103.35	413	0.06	4.3兆円	14.9
バンガード	FTSE ハイディビデンド・イールド・インデックス					
HDV	iシェアーズ 米国高配当株 ETF	94.26	77	0.08	8,230億円	10.6
ブラックロック	モーニングスター配当フォーカス指数					
SPYD	SPDR ポートフォリオS&P 500 高配当株式ETF	39.12	81	0.07	5,440億円	6
ステートストリート	S&P 500 高配当指数					

出典：https://myindex.jp/ranking_fund.php、https://investor.vanguard.com/、https://www.blackrock.com/、https://www.ssga.com/、https://www.wisdomtree.com/、https://www.ftportfolios.com/

均等ウェイト（47ページ）で設定されます。

3 組み入れセクターは違うが優良企業が並ぶ

ＶＹＭ・ＨＤＶ・ＳＰＹＤの組み入れ上位10社を次ページに示しました。

ＶＹＭは組み入れ銘柄数が４１３銘柄と多いため、上位銘柄の組み入れ比率は低く、幅広く分散されていることがわかります。一方、ＨＤＶは77銘柄が対象であるため、１社あたりの組み入れ比率がＶＹＭよりも高くなっています。

なお、ＳＰＹＤは**均等ウェイト**のＥＴＦであることから、**組み入れ銘柄がリバランスの際にすべて均等になるように調整されます。**株価の上下により組み入れ比率が多少変わりますが、基本的には各銘柄ほぼ同じ組み入れ比率となるため、上位10社にフォーカスする意味はほとんどありません。

また、ＳＰＹＤは日本ではあまり知られていない企業が並んでいますが、Ｓ＆Ｐ５００という米国を代表する優良企業から選ばれた80社のため、**一定以上の規模を持った優良企業が集められています。**

上位組み入れセクターは三者三様

２２５ページに、各ＥＴＦの組み入れセクターを図で示しました。

● VYM組み入れ上位10社

順位	組み入れ企業	比率
1	JPモルガン・チェース	3.61%
2	ジョンソン＆ジョンソン	3.39%
3	P&G	2.58%
4	ホーム・デポ	2.56%
5	バンク・オブ・アメリカ	2.34%
6	インテル	2.05%
7	コムキャスト Class A	1.92%
8	ベライゾン・コミュニケーションズ	1.88%
9	エクソン・モービル	1.85%
10	シスコ・システムズ	1.72%

● HDV組み入れ上位10社

順位	組み入れ企業	比率
1	エクソン・モービル	8.11%
2	ジョンソン＆ジョンソン	6.80%
3	JPモルガン・チェース	6.42%
4	ベライゾン・コミュニケーションズ	6.42%
5	シェブロン	5.55%
6	P&G	5.11%
7	メルク	4.23%
8	コカコーラ	4.14%
9	シスコ・システムズ	4.00%
10	アルトリア	3.80%

● SPYD組み入れ上位10社

順位	組み入れ企業	比率
1	シーゲイト・テクノロジー	1.57%
2	アイアン・マウンテン	1.50%
3	ヘインズブランズ	1.49%
4	ヒューレット・パッカード・エンタープライズ	1.48%
5	リージェンシー・センターズ	1.48%
6	オムニコム・グループ	1.45%
7	クラフト・ハインツ	1.40%
8	パブリック・ストレージ	1.39%
9	ピープルズ・ユナイテッド・ファイナンシャル	1.39%
10	フェデラル・リアルティ・インベストメント・トラスト	1.39%

※2021年4月22日時点
出典：https://investor.vanguard.com/、
https://www.blackrock.com/、
https://www.ssga.com/

ＶＹＭは金融セクター、ＨＤＶは生活必需品セクター、ＳＰＹＤは金融セクターが1位です。同じ高配当株に分類されるＥＴＦですが、それぞれ1位から3位の組み入れセクターが違うことがわかります。

また、**ＳＰＹＤのみ不動産セクターが多く組み入れられている**ことも特徴として挙げられます。多少の偏りはあるものの、どのＥＴＦもある程度のセクター分散が図られています。なお、今後も組み入れ銘柄は変更されるため、組み入れセクターの割合も変わる可能性があります。

4 リターンはS&P500を大きく下回る結果に

それぞれのリターンを比較しましょう（ＳＰＹＤの設定日が２０１５年10月21日であることから、２０１６年の年初からの比較となります）。２０１６年から２０２１年の期間では、ＶＹＭ・ＨＤＶ・ＳＰＹＤの**リターンはS&P500を大きく下回りました**。２２７ページの上の表を見ると、ＶＹＭが１８７ドル、ＨＤＶが１６１ドル、ＳＰＹＤが１７７ドル、Ｓ＆Ｐ５００が２３３ドルとなっています。

年率リターンはＶＹＭが12・03％、ＨＤＶが9・00％、ＳＰＹＤが10・95％で10％前後であるにも関わらず、Ｓ＆Ｐ５００が16・62％と良好です。

直近5年でも同様の結果で、年率リターンはＳ＆Ｐ５００に劣後しています（２２７ページ下表参照）。

高配当株ＥＴＦでも十分なリターンを得られてはいますが、**S&P500に比べるとかなり低いリターンになっている**ことがわかります。

なお、このデータは分配金はすべて再投資し、税金は考慮していません。

そのため、分配金への税金を考慮すると、**分配金が多い高配当株のリターンは、S&P500に対しさらに下がる**点は注意が必要です。

全世界株や米国全体への投資ではなく高配当株に絞って投資するのであれば、**理由を明確にす**るようにしましょう。明確にできない場合は、税金面でも不利な高配当株投資をせず、全世界株やＶＴＩやＳ＆Ｐ５００など米国全体に投資することをおすすめします。

● VYMのセクター別組み入れ比率

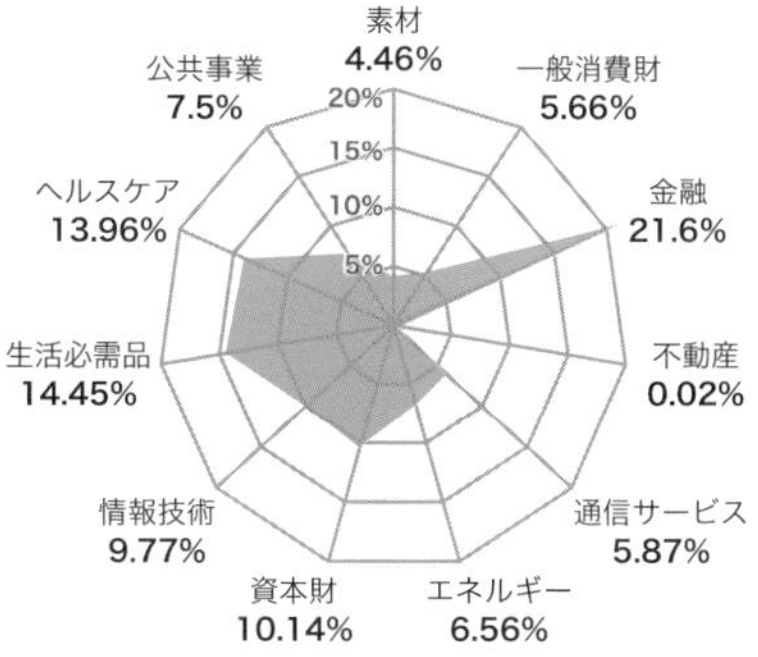

● HDVのセクター別組み入れ比率

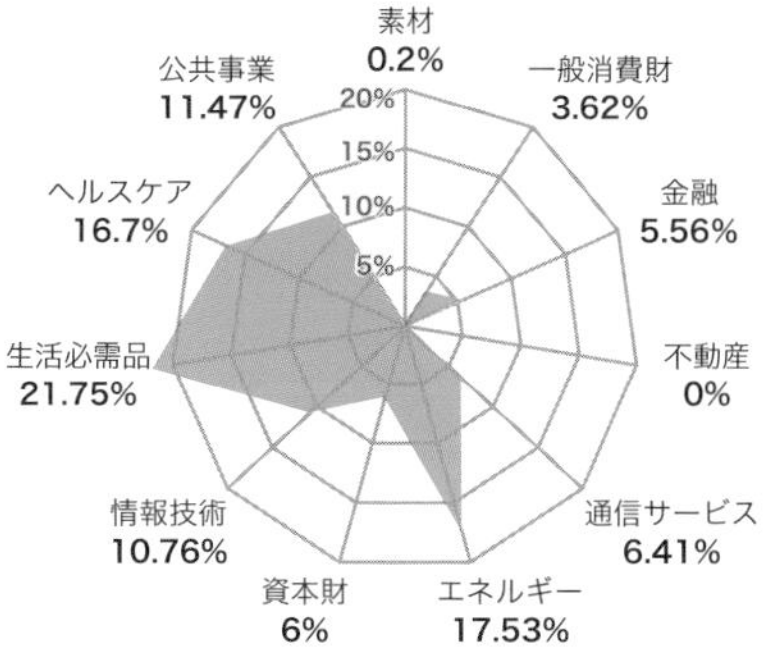

● SPYDのセクター別組み入れ比率

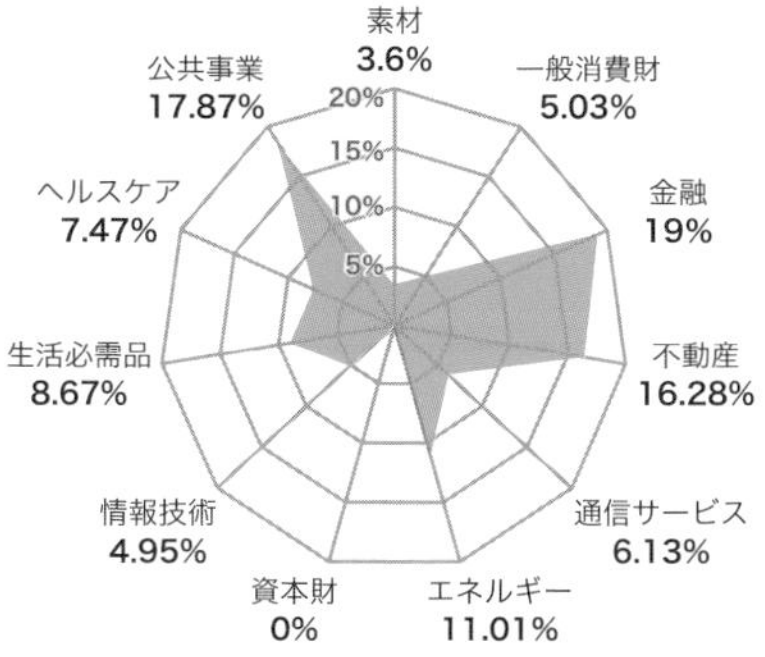

出典：https://portfolios.morningstar.com

一般的な高配当株の特徴と異なり、リスクは高め

リスク（標準偏差）を次ページ上の表で確認すると、S&P500が14・65％に対し、VYMが14・20％、HDVが14・66％、SPYDが19・31％です。**S&P500に対して、高配当株ETFのリスクはほぼ変わらないか、むしろ高リスクであった**ことがわかります。

高配当株は株価の変動が小さいと一般的にいわれますが、高配当株ETFではむしろ株価の変動が大きかったということになります。

シャープ・レシオを同表で見てみると、S&P500が1・05に対し、VYMが0・80、HDVとSPYDが0・59と、S&P500よりも低くなっています。

● VYM・HDV・SPYD・S&P500の資産推移

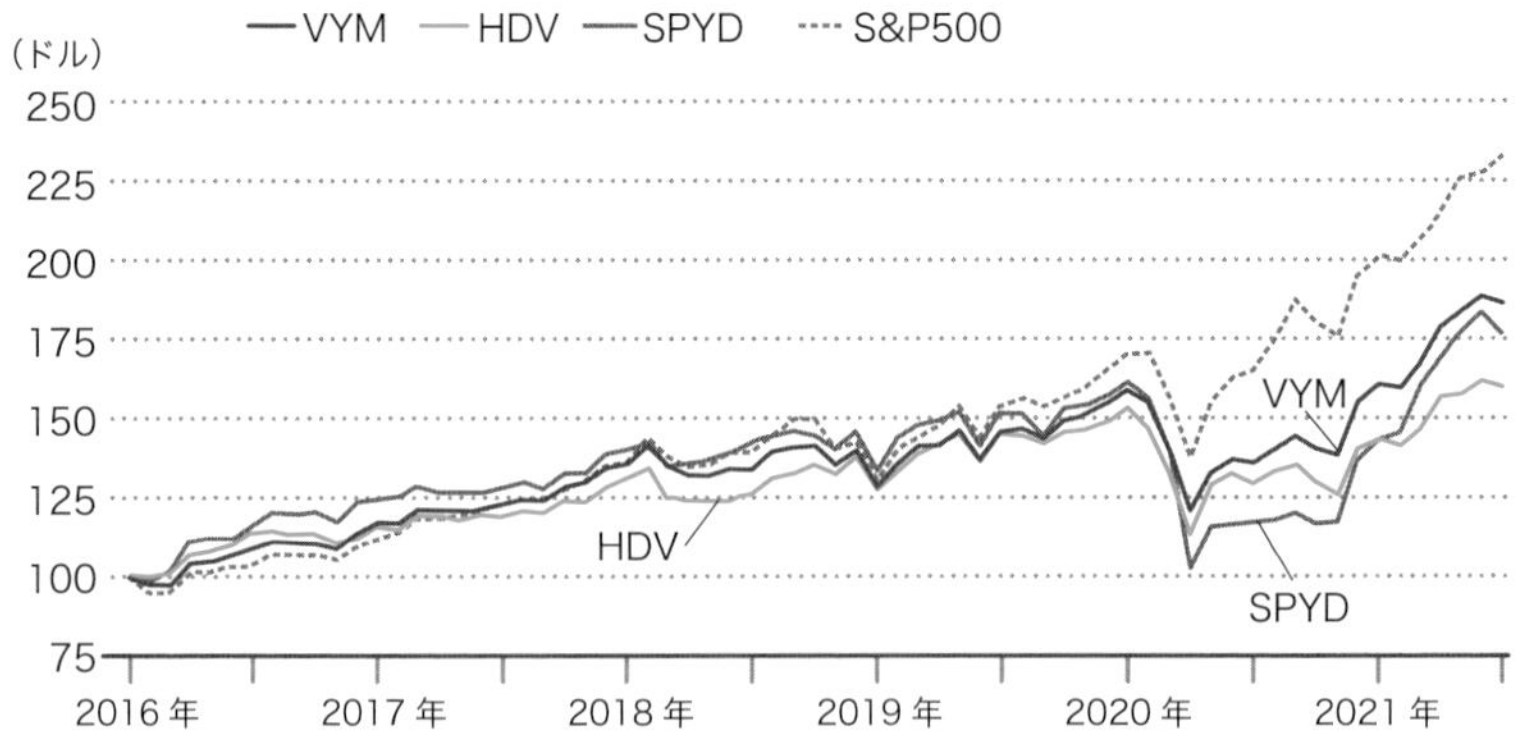

※2016年1月に100ドルを投資し、分配金はすべて再投資した場合の2021年6月末までの各月末時点の月次推移。税金は未考慮。
出典：https://www.portfoliovisualizer.com/

コロナショックでは配当利回りの上昇はプロテクターにならず

高配当株の特徴でも解説したように、一般的には**配当利回りの上昇が株価下落のプロテクターになる**といわれていますが、**コロナショックではプロテクターがまったく機能していないどころか、S&P500よりも大きく下落しました**。S&P500が−19・43%の下落だったのに対し、VYMは−23・98%、HDVは−26・06%、SPYDは−36・55%を記録しています。

SPYDがVYM・HDVと比べて大きな下落となった背景には、ロックダウンによりエネルギー需要が急減したことが挙げられます。

● VYM・HDV・SPYDとS&P500の比較（2016年1月〜2021年6月末）

銘柄	初期投資額（ドル）	最終資産額（ドル）	年率リターン	リスク（標準偏差）
VYM	100	187	12.03%	14.20%
HDV	100	161	9.00%	14.66%
SPYD	100	177	10.95%	19.31%
S&P500	100	233	16.62%	14.65%

銘柄	最も良かった年の上昇率	最も悪かった年の下落率	最大下落率（月次）	シャープ・レシオ	米国株市場との相関係数
VYM	24.07%	-5.91%	-23.98%	0.80	0.94
HDV	20.23%	-6.47%	-26.06%	0.59	0.88
SPYD	24.59%	-11.53%	-36.55%	0.59	0.85
S&P500	31.22%	-4.56%	-19.43%	1.05	1.00

● VYM・HDV・SPYD・S&P500の運用実績年率リターン（2021年6月末時点）

銘柄	1年	3年	5年	10年
VYM	37.24%	11.66%	11.43%	12.28%
HDV	23.65%	8.36%	7.13%	10.14%
SPYD	50.45%	7.50%	8.69%	-
S&P500	40.90%	18.56%	17.54%	14.72%

出典：https://www.portfoliovisualizer.com/

さらに、金融危機の懸念から金融業の株価も大きく下落しました。高配当株ETFにはそれらのセクターの企業が多く組み込まれていたためです。

一方で、VYM・HDV・SPYDでは組み込みの少ないIT企業銘柄が、外出規制やリモートワークにより大きく躍進した結果、S&P500と比較すると大きく劣後する結果となりました。

VYMは2008年のリーマンショック前から運用開始していたので、当時のデータも見てみましょう。リーマンショックの際の下落率はS&P500が−50・97%に対し、VYMが−51・79%でした。このときもVYMの方が下落していることがわかります。

リーマンショックやコロナ禍のような歴史的な株価変動が起こった際には「高配当＝ディフェンシブで大きな下落をしづらい」性質には当てはまらないこともあると認識しておきましょう。

利回りは4%前後

次ページのグラフは分配利回りの推移です。**VYMが2%台〜3%前半、HDVが3%台〜4%前半、SPYDが4%台**で推移しています。

高配当株を対象としたETFなので当たり前ですが、高い利回りをキープしています。VYMはほか2つと比較して少し利回りが低く、SPYDがもっとも高い傾向にあります。

なおHDVとSPYDは設定年からのデータとなっています。また、初年度が特に少なくなっているのは、年初からの支払いではないためです。

ＶＹＭとＨＤＶは増配傾向です。ただし、ＶＹＭはリーマンショック後の２００９年、２０１０年と大きく減配しています。

ＳＰＹＤは運用期間が短く5年程度の実績しかありませんが、これまでのところ分配金はあまり安定していません。

5 優先株式に投資できるＰＦＦの選択肢も

ここからは番外編です。

そのほかにも高分配を得られるＥＴＦとして**優先株式に投資するＰＦＦ**（ｉシェアーズ 優先株式＆インカム証券 ＥＴＦ）があります。

次ページの下表はＰＦＦの基本情報です。優先株式とは、**議決権を制限するなど一定の条件の下で、高配当を受け取ることが可能になる株式**のことです。

● VYM・HDV・SPYD 1口あたりの分配金・分配利回り推移（年次）

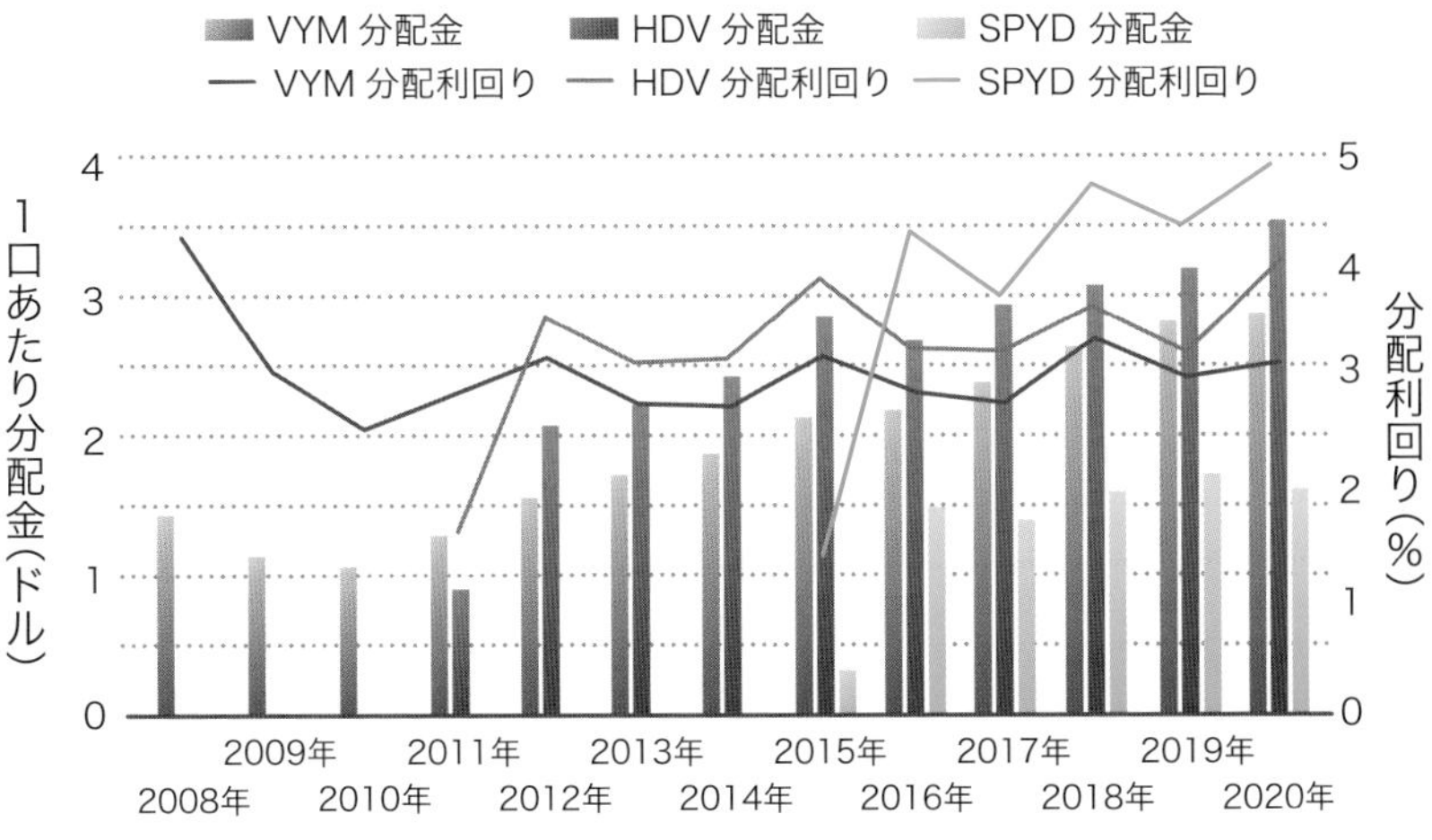
VYM 分配金
HDV 分配金
SPYD 分配金
VYM 分配利回り
HDV 分配利回り
SPYD 分配利回り
1口あたり分配金(ドル)
分配利回り(%)
0
1
2
3
4
5
2008年
2009年
2010年
2011年
2012年
2013年
2014年
2015年
2016年
2017年
2018年
2019年
2020年

出典：https://marketchameleon.com/、https://haitoukabu.com/

大きな株価上昇は見込めませんが、5%程度の高い分配利回りで分配金を受け取ることが可能です。

インカムゲインを多く確保したいなど、目的によっては選択肢となるETFです。

高配当株投資ETFを活用すれば簡単に分散して投資することができる反面、一般的な高配当株投資のイメージとは異なり、株価暴落時の下落耐性が高くない点は注意が必要です。

今後もリターンはS&P500から劣後する可能性はありますが、高配当株投資を有効な投資手法と考えている、もしくは配当収入を得たい場合など、明確な理由があれば選択肢となるでしょう。

● PFFの基本情報(2021年9月末時点)

ティッカー 運用会社	銘柄 連動指数	価格 (ドル/1口)	保有銘柄数	運用管理費用(%)	純資産総額(兆円)	運用期間(年)
PFF ブラックロック	**iシェアーズ 優先株式&インカム証券 ETF** ICE 上場優先株式&ハイブリッド証券トランジションインデックス	38.81	509	0.46	2.2	14.6

出典：https://myindex.jp/ranking_fund.php、https://www.blackrock.com/

● その他の高配当株ETFの基本情報（2021年9月末時点）

ティッカー 運用会社	銘柄 連動指数	価格 （ドル/1口）	保有 銘柄数	運用管理 費用（%）	純資産 総額	運用 期間 （年）
DVY ブラックロック	**iシェアーズ 好配当株式 ETF** ダウ・ジョーンズ 好配当株式指数	114.72	103	0.38	2.1 兆円	18
FVD ファースト トラスト	**ファースト・トラスト・バリュー・ライン・ディビデント・インデックス・ファンド** バリュー・ライン配当指数	39.2	201	0.70	1.3 兆円	18.2
DEM ウィズダム ツリー	**ウィズダムツリー エマージング・マーケッツ・エクイティ・インカム・ファンド** ウィズダムツリー エマージング・マーケッツ・エクイティ・インカム・インデックス	43.63	373	0.63	2180 億円	14.3

出典：https://myindex.jp/ranking_fund.php、https://investor.vanguard.com/、https://www.blackrock.com/、https://www.ssga.com/、https://www.wisdomtree.com/、https://www.ftportfolios.com/

ここがポイント

- 高配当株投資とは、高配当利回り企業に投資する投資手法
- 直近では高配当株ETFはS&P500のパフォーマンスに劣る
- 分配金には税金がかかる点は注意が必要
- 高配当株ETFに投資する理由が明確であれば選択肢に

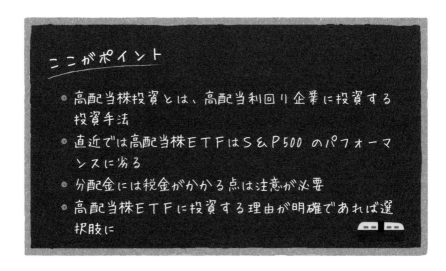

04 配当金増加と株価上昇を狙うなら連続増配株ETF（VIG）

1 10年以上配当金増加の企業に狙い撃ちで投資

連続増配株投資は、**10年以上など長期にわたり連続して配当金を増やし続けている企業に投資する投資手法**のことです。長年連続増配している企業は減配する可能性が低いことから、**安定した配当収入を得られる**ことが魅力です。さらに安定だけではなく、**増加も期待できます。**

配当を長年減らすことなく株主に還元することは、**株主を重視して**いるともいえます。株主を軽視したり株主を裏切る行動を取らない経営陣は、長期的な企業成長にとって重要な要素です。

10年以上連続して配当金を増やしている銘柄を連続増配株といいます。連続増配の優良銘柄に絞ったVIGはコストも格安でおすすめできるETFの1つです！

安定した収益基盤で配当金増加と株価上昇を期待できる

配当金を長期間にわたって増加させているということは、その原資となる**利益も増やし続けられていることを意味します**。

利益が伴わない増配は、いずれ配当を支払うことができずに減配することになり、連続増配株から外れることになるからです。

10年20年スパンで考えると、リーマンショックやコロナショックのような、経済・企業に甚大な影響を及ぼす出来事が発生することもあります。連続増配している企業は、そのようなショック時も利益をあげられる、安定した基盤のある企業といえるでしょう。

利益を増やし続ける企業は株価も連動して上昇する傾向にあるので、連続増配株への投資は**配当金の増加と株価上昇両方を狙える**魅力的な投資です。

また、裏を返せば売上・利益が急減しにくい企業が多く**株価の下落耐性が高い**ことも特徴です。減配の可能性が低いことから、暴落の際は配当利回りがプロテクターとなることも、株価が下がりにくい理由として挙げられます。

2 純資産総額も大きく、人気の高い連続増配株ETF

次ページの表に、国内主要ネット証券で購入可能な**連続増配株に投資できる主なETF**と、配当の成長が見込める株に投資ができる**配当成長株ETF**を示しました。

VIG（バンガード・米国増配株式ＥＴＦ）の純資産総額は約7兆円、**SDY**の純資産総額も2兆円超と規模が大きく、**連続増配株ETFの人気の高さが見て取れます**。本書では、もっとも純資産総額が多く、運用管理費用（信託報酬）ももっとも安い**VIG**を取り上げて詳細を見ていきます。

なお**SDY**は20年以上連続増配している企業、**DGRW**は配当金の成長と経営のクオリティ両方を満たす企業で構成されます。

本書ではこの2つの詳細は取り上げませんが、連続増配株の中でも対象銘柄の条件を絞りたい場合の選択肢となるＥＴＦです。

● 連続増配株 ETF・配当成長株 ETF の基本情報（2021 年 9 月末時点）

ティッカー 運用会社	銘柄 連動指数	価格 (ドル/1口)	保有 銘柄数	運用管理 費用 (%)	純資産 総額	運用 期間 (年)
VIG バンガード	**バンガード・米国増配株式ETF** ETF tracks the S&P US Dividend Growers指数	153.6	249	0.06	6.9 兆円	15.5
SDY ステート ストリート	**SPDR S&P 米国高配当株式ETF** S&Pハイ・イールド・ディビデンド・アリストクラッツ指数	117.55	113	0.35	2.2 兆円	15.9
DGRW ウィズダム ツリー	**ウィズダムツリー 米国株クオリティ配当成長ファンド** ウィズダムツリー 米国株クオリティ配当成長インデックス	58.84	300	0.28	7,090 億円	8.4

出典：https://myindex.jp/ranking_fund.php

3 10年以上の連続増配株に投資できるVIG

VIGは、「ETF tracks the S&P US Dividend Growers指数」に連動したパフォーマンスを目指すETFです。10年以上連続増配している実績を持つ米国株で構成されています。運用管理費用は0・06％と格安なのも魅力的です。

4 VIGの上位銘柄には老舗の優良企業が並ぶ

VIGの上位銘柄を下表に示しました。

ラインナップを見ると一目瞭然ですが、米国の優良企業が並びます。増配年数は7位のP&Gが65年、2位のジョンソン&ジョンソンと10位のコカコーラが59年です。

半世紀以上もの間、増配し続けた実績は圧巻です。

変化の激しい時代を経てもなお、継続して安定した利

● VIGの組み入れ上位10社

順位	組み入れ企業	比率
1	JPモルガン・チェース	3.90%
2	ジョンソン & ジョンソン	3.84%
3	マイクロソフト	3.82%
4	ウォルマート	3.42%
5	ユナイテッドヘルス・グループ	3.14%
6	ビザ Class A(V)	3.05%
7	P&G	2.96%
8	ホーム・デポ	2.92%
9	コムキャスト Class A	2.20%
10	コカコーラ	2.02%

出典：https://investor.vanguard.com/、
https://www.dividend.com/

益をあげている企業ということなので、今後も継続的な増配や株価上昇も見込めるでしょう。

複数のセクターに分散

ＶＩＧに含まれている銘柄のセクター割合をレーダーチャートで見てみましょう。

１つのセクターに集中せず、資本財、金融、ヘルスケア、生活必需品、情報技術など、複数のセクターに分散されていることがわかります。

● VIGのセクター別組み入れ比率

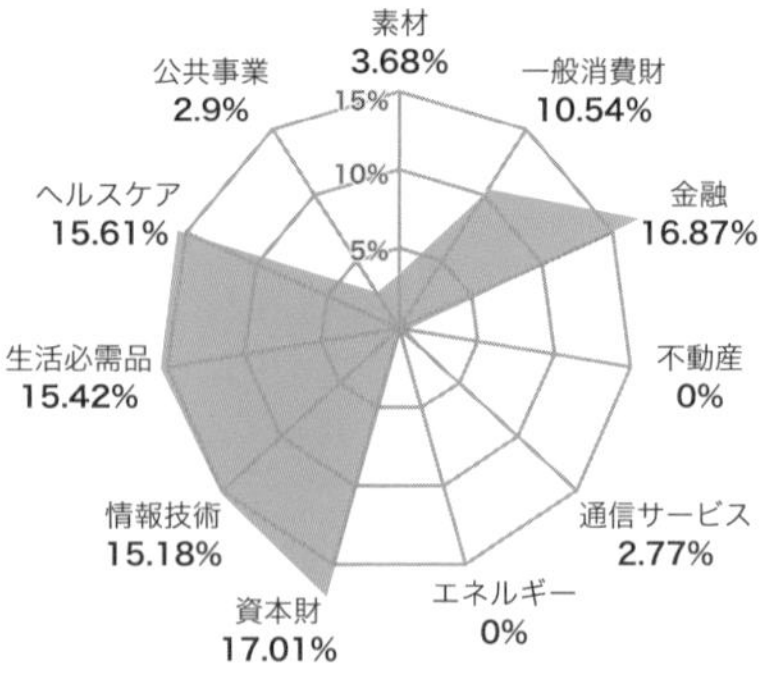
素材
3.68%
一般消費財
10.54%
金融
16.87%
不動産
0%
通信サービス
2.77%
エネルギー
0%
資本財
17.01%
情報技術
15.18%
生活必需品
15.42%
ヘルスケア
15.61%
公共事業
2.9%
15%
10%
5%

出典：https://portfolios.morningstar.com

5 S&P500と同等の良好なリターン

２００７年から２０２１年までのＶＩＧのリターンをＳ＆Ｐ５００と比べてみましょう。

ＶＩＧが9・80%、S&P500が10・11%となっており、**ＶＩＧはS&P500と同等の素晴らしいパフォーマンス**でした。

２００７年１月に投資した１００ドルは２０２１年６月末時点で、ＶＩＧが３８８ドル、Ｓ＆Ｐ５００が４０４ドルとどちらも３・５倍以上の大きな上昇を記録しました。

リーマンショック以降、Ｓ＆Ｐ５００をはじめとする米国株式の上昇を牽引してきた**ＧＡＦＡ**

を含んでいないＶＩＧのリターンが、Ｓ＆Ｐ５００とほぼ同じというのは注目すべき点です。

直近の５年や10年で見るとＳ＆Ｐ５００よりも少しリターンが低くなっていますが、ほぼ同等の高いリターンを維持しています。

また次ページの資産推移のグラフを見ると、Ｓ＆Ｐ５００を上回っている期間も複数あることがわかります。

安定的・継続的に利益や配当を増やし続けられる連続増配株ならではの魅力的な特徴といえるでしょう。

Ｓ＆Ｐ５００とリターンは同等、リスクは小さい魅力的なＥＴＦ

リスクはＶＩＧが13・42％、Ｓ＆Ｐ５００が15・35％となっています（下表）。

また、シャープ・レシオはＶＩＧが０・70で、Ｓ＆Ｐ５００が０・65と、ＶＩＧの方が高くな

● VIG・S&P500の各種データ（2007年1月〜2021年6月末）

銘柄	初期投資額（ドル）	最終資産額（ドル）	年率リターン	リスク（標準偏差）
VIG	100	388	9.80%	13.42%
S&P500	100	404	10.11%	15.35%

銘柄	最も良かった年の上昇率	最も悪かった年の下落率	最大下落率	シャープ・レシオ	米国株市場との相関係数
VIG	29.62%	-26.69%	-41.11%	0.70	0.96
S&P500	32.31%	-36.81%	-50.80%	0.65	1.00

● VIGとS&P500の運用実績年率リターン（2021年6月末時点）

銘柄	1年	3年	5年	10年
VIG	34.37%	17.21%	15.42%	13.01%
S&P500	40.90%	18.56%	17.54%	14.72%

出典：https://www.portfoliovisualizer.com/

っています。リターンはほぼ同じでしたが、**リスクはＶＩＧの方が低く抑えられたため**このような結果となりました。このことから、ＶＩＧは**リスクが小さくリターンも狙える魅力的なＥＴＦ**であることがわかります。

下落率もＶＩＧにアドバンテージ

最大下落率を記録したのは２００７〜２００９年のリーマンショックを挟んだ時期で、ＶＩＧが−41・11％、Ｓ＆Ｐ５００が−50・80％で、ＶＩＧの方が下落率が小さくなっています。

コロナショックの下落率も、ＶＩＧが−17・61％に対し、Ｓ＆Ｐ５００が−19・63％と、こちらも**ＶＩＧの方が下落率が小さく、下落耐性が高い**ことがわかります。

これは連続増配株の特徴で挙げたとおり、不況の影響を受けず安定した利益をあげている企業が多いのと、減配の可能性が低いことで配当利回り

● VIG・S&P500の資産推移

※2007年1月に100ドルを投資し、分配金はすべて再投資した場合の2021年6月末までの各月末時点の月次推移。税金は未考慮。
出典：https://www.portfoliovisualizer.com/

がプロテクターになるケースが多いためです。

ＶＩＧがもっとも上昇した年は29・62％、もっとも下落した年は−26・69％と年によって差はありますが、２００７年からの14年間でマイナスとなった年は3回のみでした。

分配利回りは低いが着実に増配

ＶＩＧの分配金の推移を下グラフに表しました。ＶＩＧの分配利回りは１％台後半から２％前半で推移しています。**配当に着目したＥＴＦですが、高配当ではない**ことがわかります。

ただし、連続増配の企業に絞って投資するため、着実に分配金が増加していることがわかります。**分配金の絶対額は10年間で2倍以上になっています。**

分配利回りは下落傾向に見えますが、これは**分配金が増える一方で、株価上昇がより大**

● VIG1口当たりの分配金推移（年次）

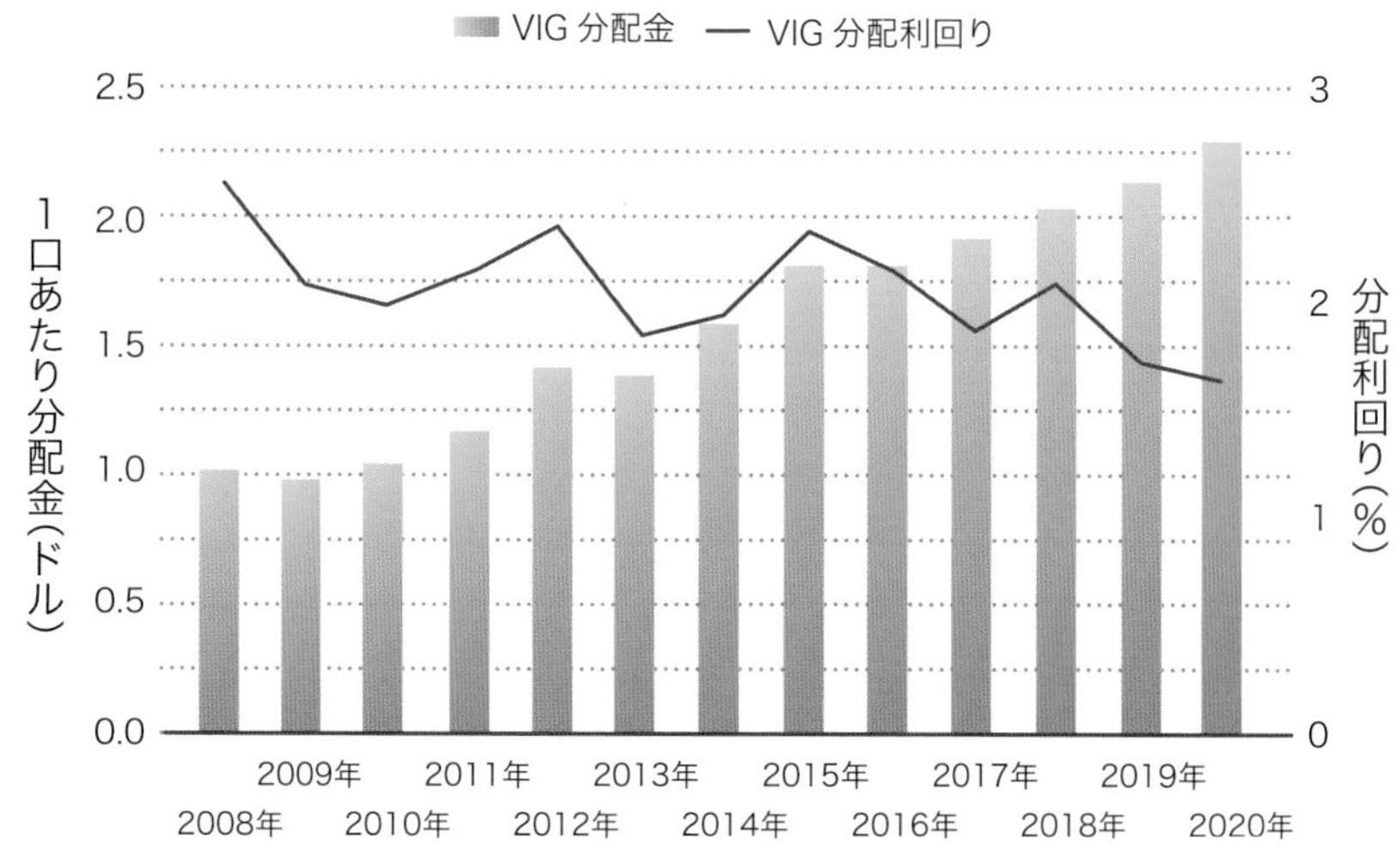

出典：https://marketchameleon.com/、https://haitoukabu.com/

きいことが理由です。

継続的な利益の増加があり、堅実な事業を行っている結果が連続増配という実績に表れます。その結果として配当だけでなく株価も大きく上昇し、下落耐性も高いことがわかりました。

複数の金融危機を乗り越え、不況時も利益を伸ばし続ける企業が多く含まれる連続増配株ＥＴＦは、今後も魅力的な投資先になるでしょう。

ここがポイント

- 連続増配株は、長年連続して配当金を増やし続けている企業の銘柄
- 2007年から2021年6月末までの期間で3.5倍以上のリターンを記録
- 今後も分配金増加と株価上昇が期待できる魅力的な投資先

6時限目
債券ETF

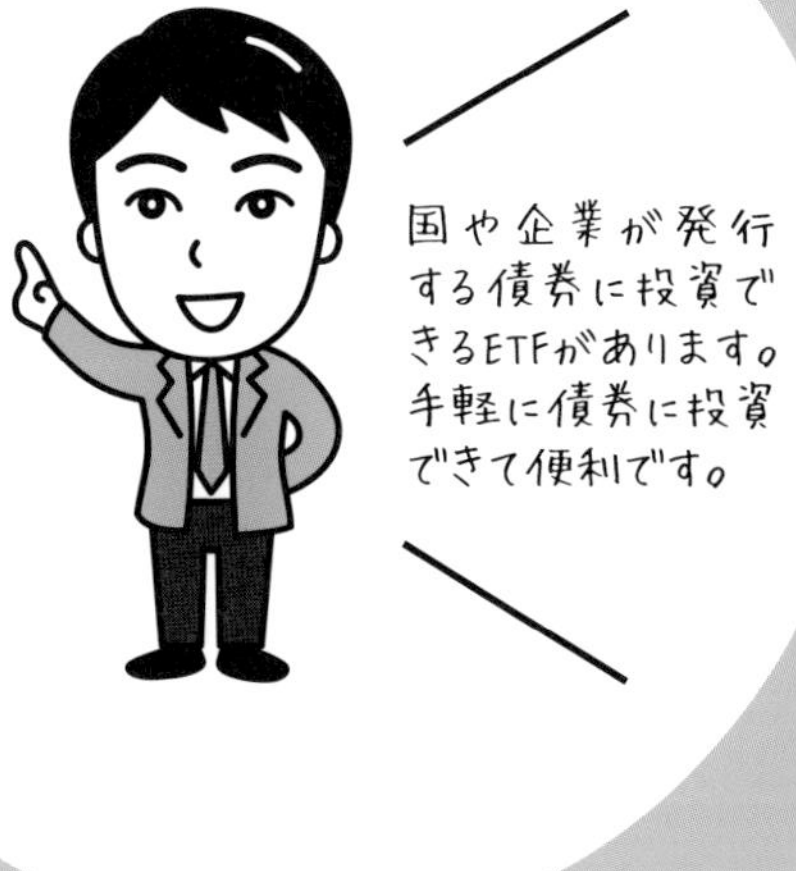
国や企業が発行する債券に投資できるETFがあります。手軽に債券に投資できて便利です。

01 手軽に債券に投資するなら債権ETF

1 資金借り入れに発行される債券

最初に**債券**とは何なのか理解しておきましょう。

債券とは、**国や企業が投資家から資金を借り入れるために発行される有価証券**のことです。

投資家は国や企業にお金を貸し、その証明として**債券**を受け取ります。国や企業は投資家に債券を発行し、利子を支払い、満期日になると額面金額を投資家に払い戻します。

債券には、国が発行する**国債**、企業が発行する**社債**、地方自治体が発行する**地方債**、銀行が発行する**金融債**などがあります。

一般的な債券投資の特徴として次の2点が挙げられます。

● 債券とは

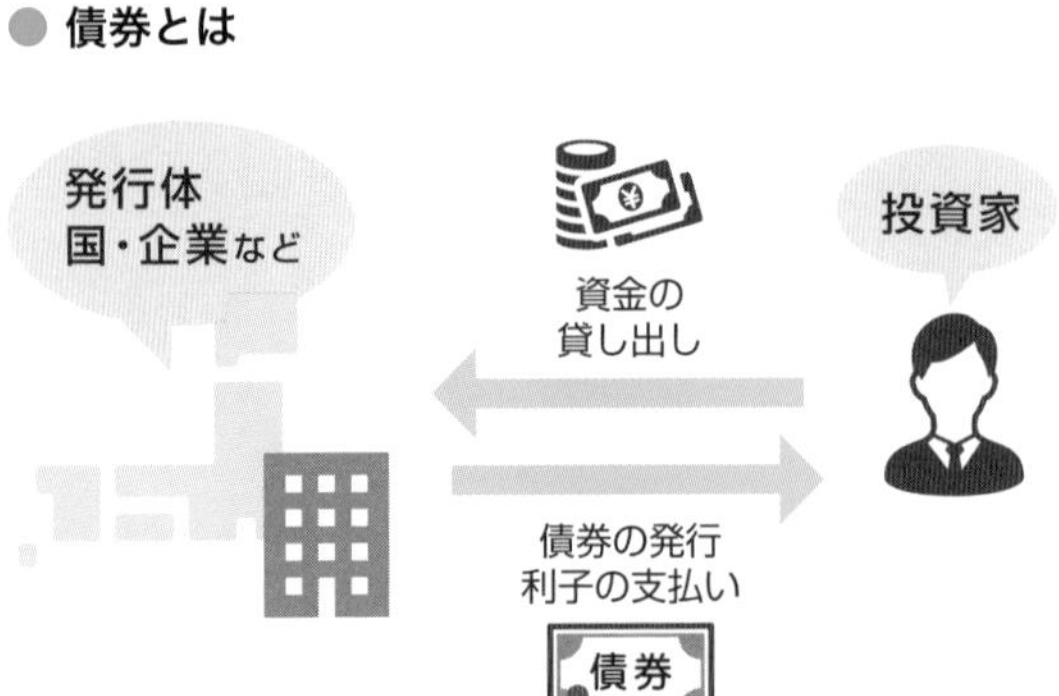

発行体
国・企業など
投資家
資金の
貸し出し
債券の発行
利子の支払い
債券

Point❶ 利率が決まっていて、利息を定期的に受け取れる
Point❷ 満期日が決まっていて、満期日に元本が戻ってくる

債券への投資は、発行体である国や企業が潰れない限り**満期日に元本が返ってきます**。ただし発行体が潰れた場合は、利息の支払いが停止され元本が戻ってこない恐れがあります。

たとえば利率1％、満期5年の債券を100万円購入したとしましょう。毎年100万円の1％の利息1万円を得ることができます。つまり5年間で5万円の利息を得ることができるということです。満期日に元本100万円が返ってくるので、5年後には合計105万円を受け取ることになります。

ここで説明した一般的な債券（利付債）以外では、次のような債券もあります。定期的な利息の支払いがない代わりに、額面よりも安く購入できて満期償還時に差額で利益を得られる**ゼロクーポン債**、元本・利子が物価に連動する**物価連動債（インフレ連動債）**と呼ばれる債券です。

● **債券（利付債）**

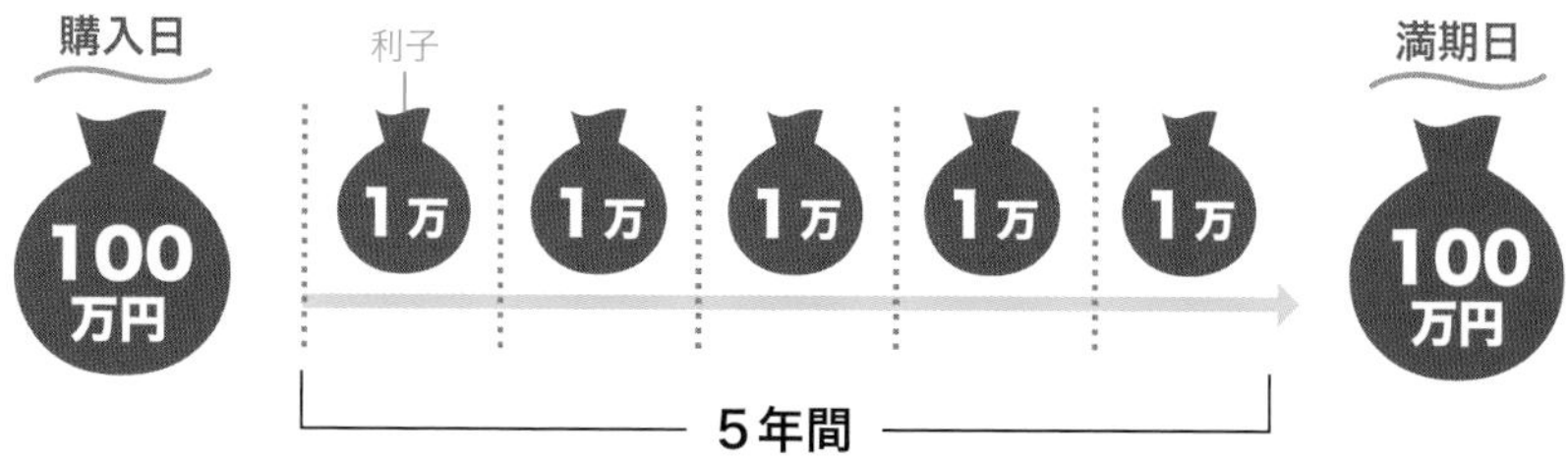

金利が上がると債券価格は下がる

債券を満期日まで保有すると元本と利息を受け取ることになりますが、満期日を迎えるまでの間は市場での取引が可能で、債券の価格は市場金利の上下により変動します。**金利が上がると債券価格は下がり、金利が下がると債券価格は上がる**という特徴があります。債券の利率が一定なので、金利の上げ下げで相対的に債券の価値が上下するためです。

たとえば利率3％の債券があるとします。市場金利が4％に上昇した場合、それより低い3％の利率の債券を保有する魅力が薄れるため、債券を手放す人が増え、債券価格は下落します。逆に市場金利が2％に低下した場合は、3％の債券の魅力が増すので、債券価格は上昇します。なお、債券を満期日まで保有する場合は額面通りの金額で償還されるため、価格変動リスクはなくなります。

残存期間と利率が債券価格に及ぼす影響度

先述のとおり債券価格は金利に左右されますが、満期までの残存期間や利率の大小で、金利の変動の価格に及ぼす影響の大きさが異なってきます。

満期までの残存期間が長い債券や利率が低い債券ほど、金利の動きによる債券価格の変動が大きくなります。反対に、満期までの残存期間が短い債券や利率が高い債券はこれと逆の動きをします。

このような**金利の変化に対して、債券価格がどのくらい反応するか**を年数で示したものが**デュレーション**です。デュレーションが長い債券ほど金利が変動した場合の価格の変動が大きくなり、デュレーションが短い債券ほど、金利が変動した場合の価格の変動が小さくなります。

「信用格付け」ランクでリスクレベルを把握

債券でもっとも重要なリスクが**信用リスク**です。国がデフォルトに陥ったり、企業が倒産したりすることにより、**元本や利息が約束どおり支払われないリスク**です。きちんと支払われるかどうかは会社の収益力や信用度によります。債券の信用度を判断する参考指標として**信用格付け**があります。信用格付けは、債券の元利金支払いの確実性を格付け会社が評価しランク付けします。**「AAA」が一番高く「AA」「A」「BBB」と続き、「D」が一番低いランク**です。

格付けの高い債券ほど信用リスクが小さく利回りは低くなります（ローリスク・ローリターン）。格付けの低い

● デュレーションと金利の関係

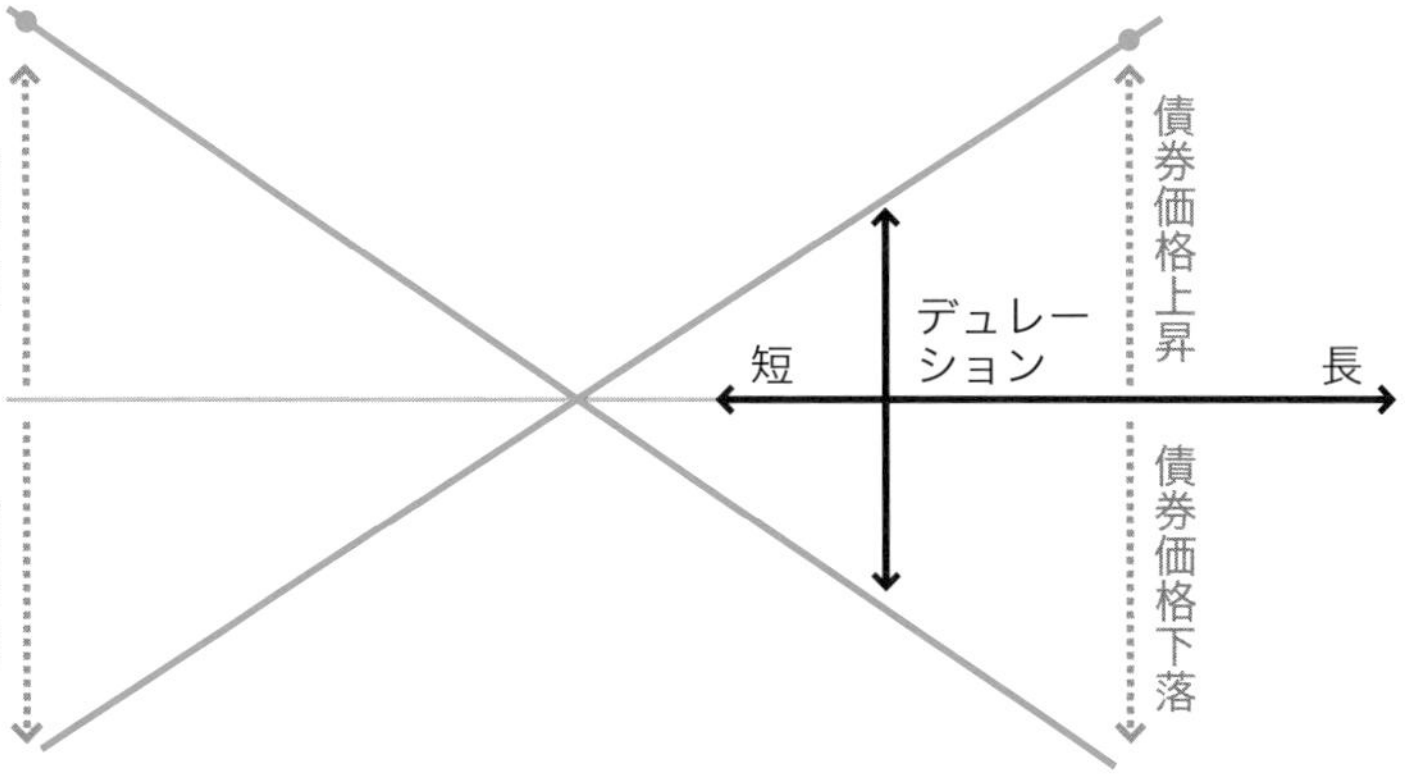

債券ほど信用リスクが大きく利回りが高くなります（ハイリスク・ハイリターン）。デフォルトリスクが低く信用力が高いＢＢＢ以上が「**投資適格**」、デフォルトリスクが高く信用力が低いＢＢ以下が「**投機的**」とみなされます（下図参照）。

2 債券を対象にしたETFはメリット豊富

債券を投資対象にしたＥＴＦが**債券ＥＴＦ**です。債券ＥＴＦは、株式以外のＥＴＦとしては運用資産残高が大きく、次のような特徴があります。

さまざまな債券に低コストで分散

債券ＥＴＦを用いることで、地域・国・発行体・信用格付け・満期日など、**さまざまな種類の債券に簡単に分散投資**できます。国や企業ごとに債券を購入する手間を考えると、割安なコスト（運用管理費・信託報酬）で保有できるのも魅力です。

満期がなく株と同じように売買できる

通常の債券は満期（償還日）が決まっています。満期

● 信用格付け

格付け	信用	区分
AAA	高	投資適格
AA		投資適格
A		投資適格
BBB		投資適格
B		投機的
CCC		投機的
CC		投機的
C		投機的
D	低	投機的

まで保有し、その間に利息を受け取るのが基本ですが、**債券ETFには満期（償還日）がありません。**

債券ETFは市場に上場していることから、市場が開いている時間はリアルタイムで価格変動し、株と同じようにいつでも売買が可能です。

規模が大きくリスクも低い

米国で上場している債券ETFは数兆円規模の純資産総額のETFが多く（次ページ表）、**流動性リスクや上場廃止リスクが小さいメリット**もあります。

なお、日本から米国債券ETFなどの海外債券に投資する場合、**為替リスク**（円高や円安の影響）を受けるので、その点は認識して投資しましょう。

6時限目では、債券ETFで最大規模の**米国総合債券ETF**、米国政府発行の国債に限定した**米国債ETF**、米国以外の主要債権市場に投資できる**世界債券ETF**および**新興国債券ETF**、企業発行債券に特化した**社債ETF**を詳解します。

● 債券ETFのイメージ

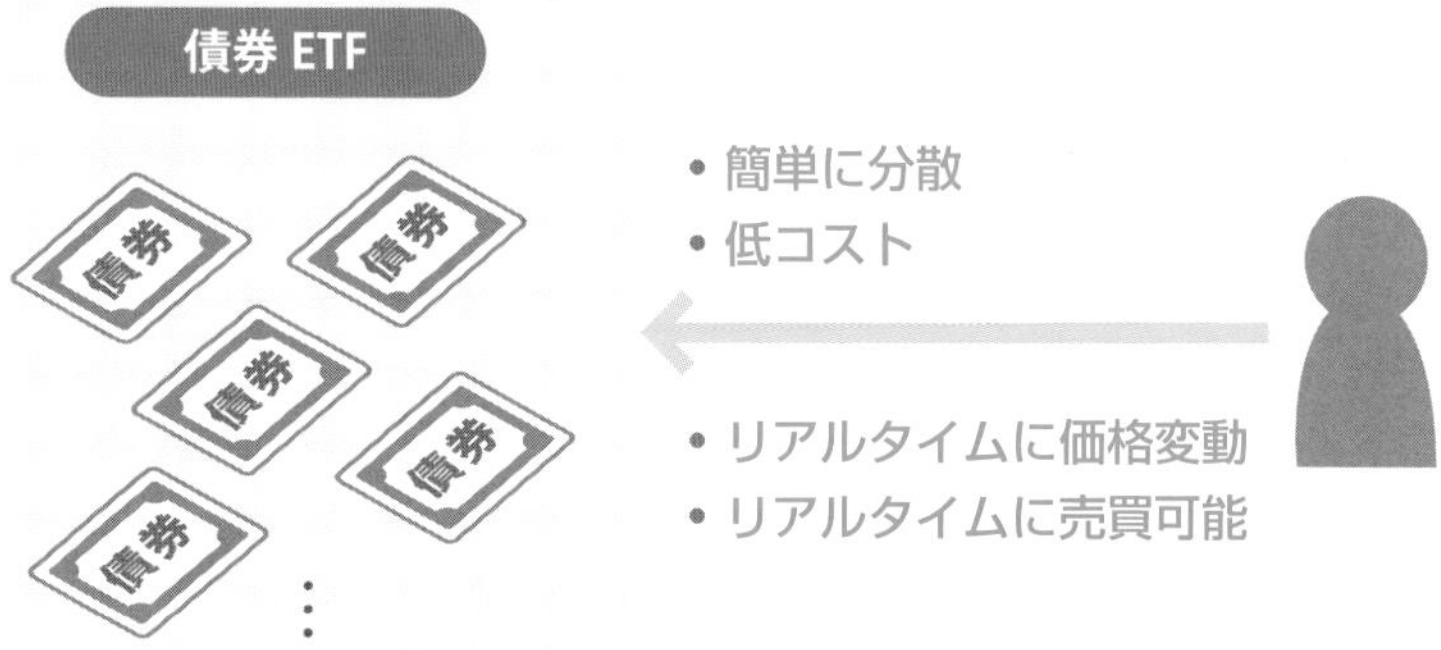
債券ETF
債券
債券
債券
債券
債券
・簡単に分散
・低コスト
・リアルタイムに価格変動
・リアルタイムに売買可能

● 債券 ETF 純資産総額ランキング（2021 年 9 月末時点）

順位	ティッカー	銘柄	信託報酬	純資産総額	運用期間	運用会社
1	AGG	iシェアーズ・コア 米国総合債券市場 ETF	0.05%	10兆円	18.1年	ブラックロック
2	BND	バンガード・米国トータル債券市場ETF	0.04%	9.2兆円	14.5年	バンガード
3	VCIT	バンガード・米国中期社債ETF	0.05%	5.2兆円	11.9年	バンガード
4	BNDX	バンガード・トータル・インターナショナル債券ETF（米ドルヘッジあり）	0.08%	5.1兆円	8.4年	バンガード
5	BSV	バンガード・米国短期債券ETF（BSV）	0.07%	4.8兆円	14.5年	バンガード
6	VCSH	バンガード・米国短期社債ETF	0.05%	4.7兆円	11.9年	バンガード
7	LQD	iシェアーズ iBoxx 米ドル建て投資適格社債 ETF	0.15%	4.4兆円	19.2年	ブラックロック
8	TIP	iシェアーズ 米国物価連動国債 ETF	0.19%	3.8兆円	17.9年	ブラックロック
9	IGSB	iシェアーズ 米ドル建て短期社債 ETF	0.06%	2.8兆円	14.8年	ブラックロック
10	MBB	iシェアーズ 米国 MBS ETF	0.06%	2.8兆円	14.6年	ブラックロック

出典：https://myindex.jp/ranking_f.php?s=2

ここがポイント

- 債券は国や企業が資金を集めるために発行
- 金利が上がると債券価格は下がり、金利が下がると債券価格は上がる
- 信用格付けはリスクを判断する指標として重要
- 債券ETFで地域・国・発行体・信用格付け・満期日など、さまざまな種類の債券に分散投資できる

02 米国債券全体に投資するなら米国総合債券ETF（AGG・BND）

1 毎月分配金が得られるAGGかBNDがおすすめ

最初に紹介する債券ＥＴＦは、債券ＥＴＦの純資産総額ランキング１位・２位の**AGG**（ｉシェアーズ・コア 米国総合債券市場ＥＴＦ）と**BND**（バンガード・米国トータル債券市場ＥＴＦ）です。

どちらも**米国総合債券ETF**に分類され、信用度の高い米国の債券に幅広く投資ができます。

株式に比べ価格変動が小さい

どちらも信用格付けＢＢＢ以上で、デフォルト（債務不履行）リス

債券ETFの中でもトップクラスの規模を誇る米国総合債券ETFのAGGとBNGはリスクが低く、毎月安定した分配金が得られることが魅力です！

クが低い債券（**投資適格債券**）が対象となっています。そのため**価格変動も非常に小さくなります**。過去、株式市場が暴落する中でもAGG・BNDの下落幅は小さかった一方で、大きな上昇もありません。

利息が分配金になる毎月分配型

AGG・BNDは**毎月分配型**のETFで、毎月安定して分配金を得られます。基本的に年12回分配金が支払われます。

毎月分配型というと悪いイメージを持っている人もいるかもしれません。以前の日本の投資信託に、毎月分配型の中でも**タコ足分配**（**タコ足配当**）といわれる高手数料の投資信託が多かったためでしょう。

タコ足分配型の投資信託は分配金が出るものの、**元本を取り崩しているため投資信託自体の価格が下がり続けます**（空腹のタコは自分の足を食べることから）。その結果、毎月の分配金は得ても投資信託の基準価格が下がり、さらに高い手数料を取られることでトータルでは損をしてしまう仕組みでした。

AGG・BNDはタコ足分配型ではなく**債券で得た利息を分**

● AGG・BNDの基本情報（2021年9月末時点）

ティッカー／運用会社	銘柄／連動指数	価格（ドル/1口）	保有銘柄数	運用管理費用（%）	純資産総額（兆円）	運用期間（年）
AGG／ブラックロック	iシェアーズ・コア 米国総合債券市場 ETF／ブルームバーグ・バークレイズ米国総合指数	114.83	9,694	0.04	10	18.1
BND／バンガード	バンガード・米国トータル債券市場ETF／ブルームバーグ・バークレイズ米国総合指数	85.45	9,276	0.04	9.2	14.5

出典：https://myindex.jp/ranking_f.php?s=2、https://investor.vanguard.com/、https://www.blackrock.com/

配金とする、低コストで毎月安定して分配金が得られる債券ETFです。

2 AGG・BNDの格付け、発行体、残存年数

下のグラフは2つのETFに含まれる**債券の格付け**の割合です。AGG・BNDともに同じ指数に連動することから、保有割合はほぼ同じです。

先述のとおり、AGG・BNDは**投資適格債券**を対象とするため**信用格付けは自動的にBBB以上に絞られていますが、7割近くが最高レベルのAAAの債券であり、リスクが低くなっている**ことがわかります。

発行体は政府が大きな割合を占める

発行体別の組み入れ比率は、次ページのグラフを見ると両者に大きな違いはなく、**政府機関である財務省が約4割を占めています**。

● AGG信用格付け別組み入れ比率（2021年4月1日時点）

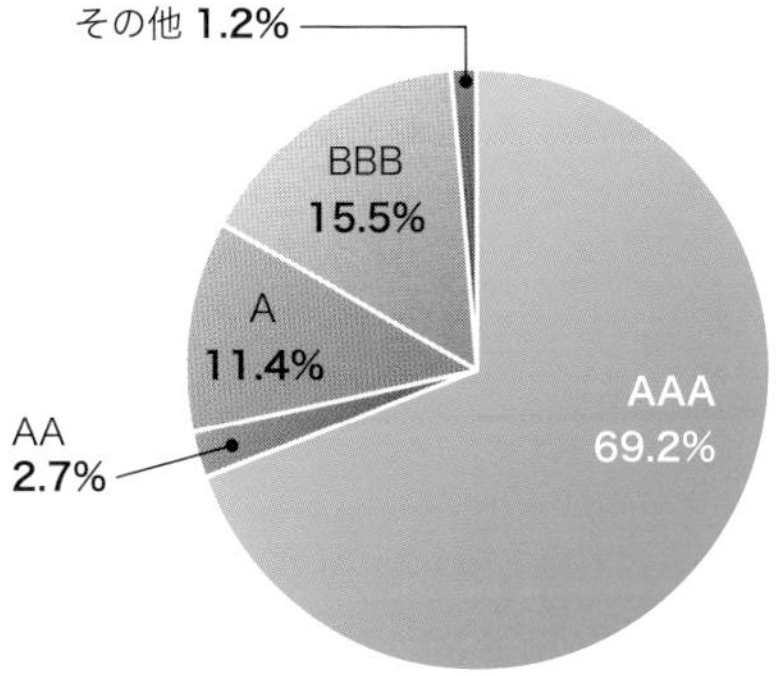
その他 1.2%
BBB
15.5%
A
11.4%
AA
2.7%
AAA
69.2%

● BND信用格付け別組み入れ比率（2021年4月1日時点）

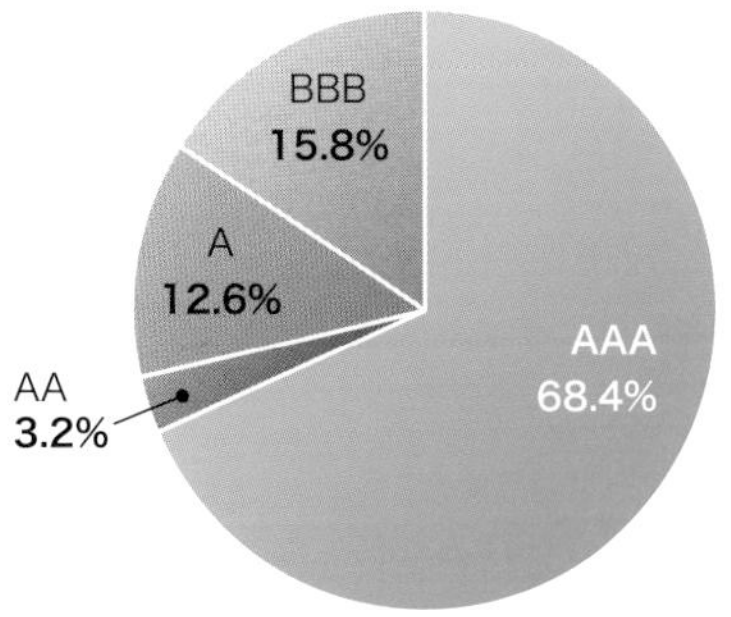
BBB
15.8%
A
12.6%
AA
3.2%
AAA
68.4%

出典：https://www.blackrock.com/、https://investor.vanguard.com/

● AGG 発行体別組み入れ比率
(2021 年 4 月 1 日時点)

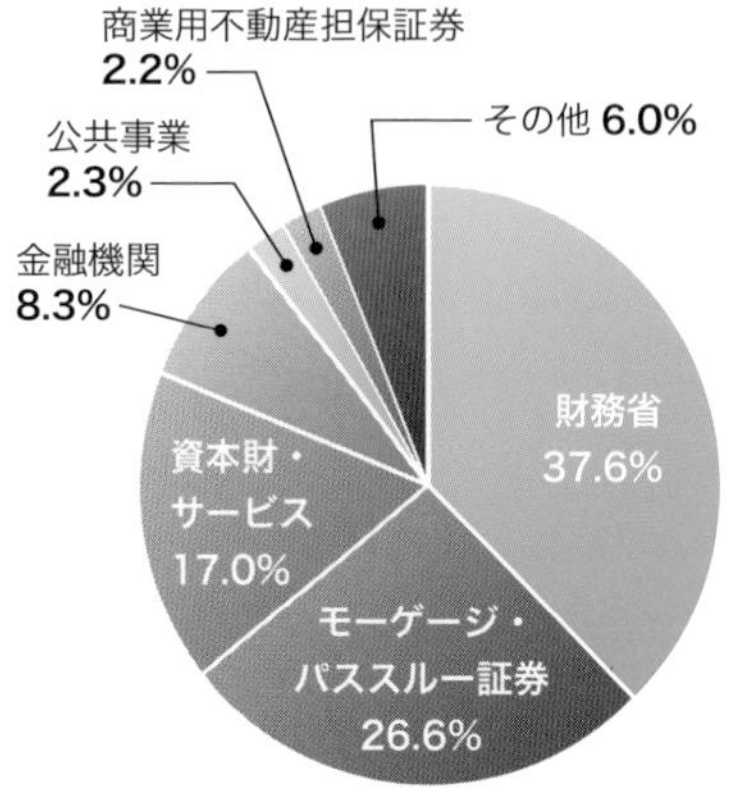
商業用不動産担保証券
2.2%
その他 6.0%
公共事業
2.3%
金融機関
8.3%
財務省
37.6%
資本財・
サービス
17.0%
モーゲージ・
パススルー証券
26.6%

● BND 発行体別組み入れ比率
(2021 年 4 月 1 日時点)

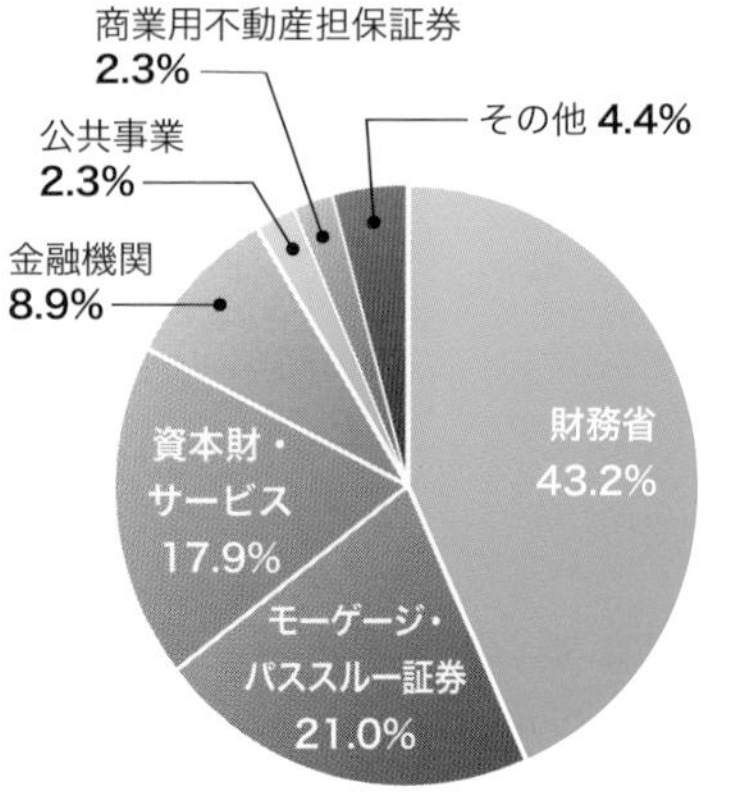
商業用不動産担保証券
2.3%
その他 4.4%
公共事業
2.3%
金融機関
8.9%
財務省
43.2%
資本財・
サービス
17.9%
モーゲージ・
パススルー証券
21.0%

● AGG 残存年数別組み入れ比率
(2021 年 4 月 1 日時点)

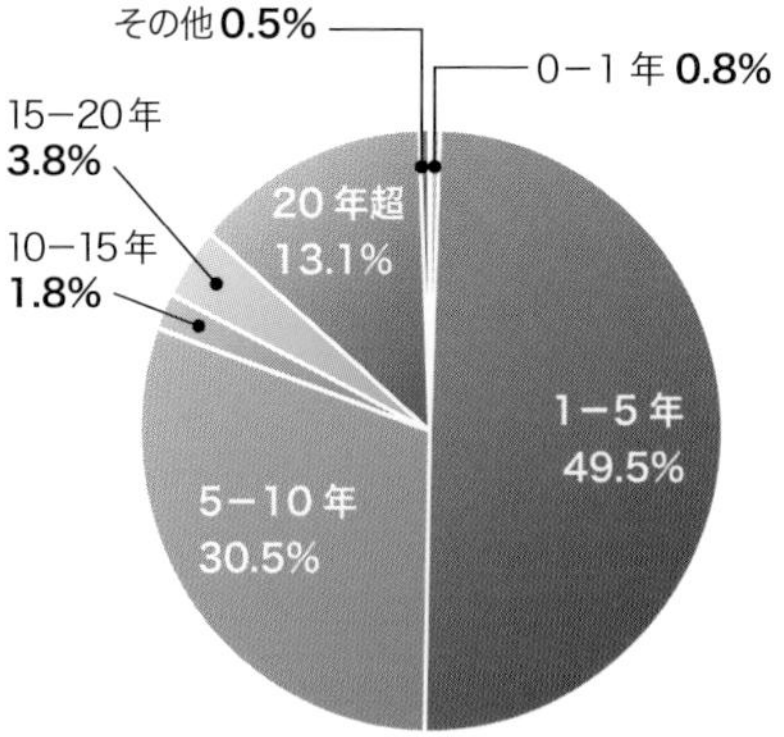
その他 0.5%
0−1 年 0.8%
15−20 年
3.8%
20 年超
13.1%
10−15 年
1.8%
1−5 年
49.5%
5−10 年
30.5%

● BND 残存年数別組み入れ比率
(2021 年 4 月 1 日時点)

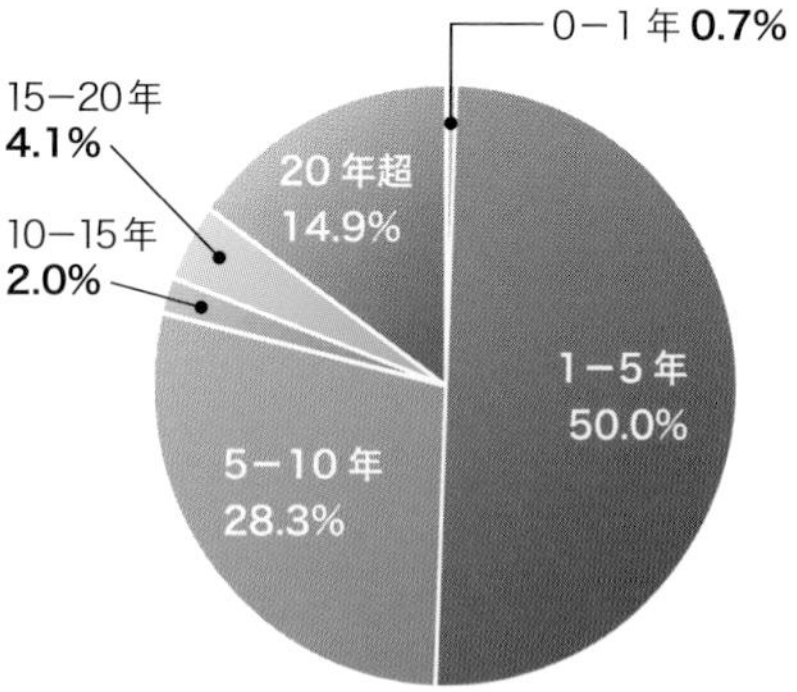
0−1 年 0.7%
15−20 年
4.1%
20 年超
14.9%
10−15 年
2.0%
1−5 年
50.0%
5−10 年
28.3%

出典：https://www.blackrock.com/、https://investor.vanguard.com/

資本財・サービス・金融機関などの社債や、不動産担保証券などにも分散投資されています。

残存年数は短期債が中心

残存年数別組み入れ比率は、残存年数1～5年の短期債に約半分、5～10年の中期債に約3割投資されていることがわかります。

20年超の長期債も10％以上含み、短期債を中心に残存年数も分散して投資されています。

3 AGG・BNDのリターンとリスク

AGG・BNDは**低リスクで確実なリターンを分配金で得ていくETF**です。そのため、株式のような大きな価格変動がない代わりに、**大きなリターンは見込めません。**

AGG・BNDとS＆P500の運用実績を比較すると（次ページ上表）、2007年1月に投資した100ドルは、2021年6月末時点でAGGが168ドル、BNDが167ドルと**約1・7倍**に対し、S＆P500は384ドルと**約3・8倍のリターン**です。

年率リターンはAGGが3・92％、BNDが3・85％、S＆P500が10・49％です。

このように**S＆P500と比較すると、AGG・BNDは低リターンだったことがわかります。**

直近5年や10年のリターンも同様の結果となっています（次ページ下表参照）。

● AGG・BND・S&P500の各種データ（2008年1月〜2021年6月末）

銘柄	初期投資額（ドル）	最終資産額（ドル）	年率リターン	リスク（標準偏差）
AGG	100	168	3.92%	3.78%
BND	100	167	3.85%	3.70%
S&P500	100	384	10.49%	15.71%

銘柄	最も良かった年の上昇率	最も悪かった年の下落率	最大下落率（月次）	シャープ・レシオ	米国株市場との相関係数
AGG	8.45%	-1.98%	-4.31%	0.89	0.04
BND	8.83%	-2.10%	-4.01%	0.89	0.06
S&P500	32.31%	-36.81%	-48.23%	0.68	1.00

● AGG・BND・S&P500の資産推移

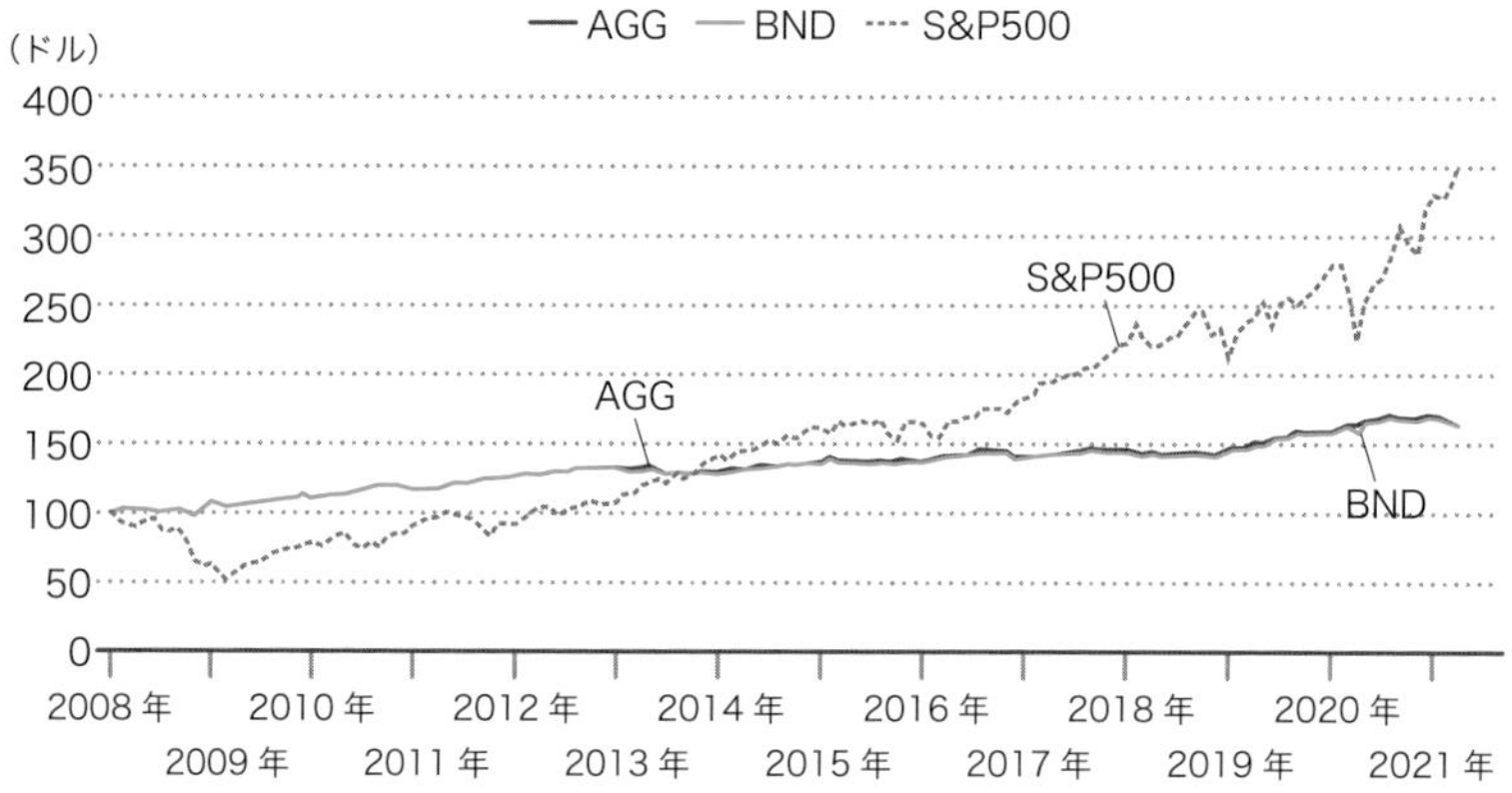

※2008年1月に100ドルを投資し、分配金はすべて再投資した場合の2021年6月末までの各月末時点の月次推移。税金は未考慮。

● AGG・BND・S&P500の運用実績年率リターン（2021年6月末時点）

銘柄	1年	3年	5年	10年
AGG	-0.55%	5.35%	2.98%	3.35%
BND	-0.59%	5.41%	2.98%	3.28%
S&P500	40.90%	18.56%	17.54%	14.72%

出典：https://www.portfoliovisualizer.com/

株式に比べてリスクは低い

前ページ中央のグラフを参照すると、**ＡＧＧ・ＢＮＤは価格変動がほとんどありません。**対象期間のリスク（標準偏差）は**Ｓ&Ｐ５００が15・71%に対し、ＡＧＧが3・78%、ＢＮＤが3・70%と非常に低い**ことがわかります。

シャープ・レシオは、ＡＧＧ・ＢＮＤが0・89、Ｓ&Ｐ５００が0・68と、**ＡＧＧ・ＢＮＤの方が高い値**でした。

ＡＧＧ・ＢＮＤの方がリターンは小さかったものの、それ以上にリスクが小さかったことで、シャープ・レシオはＳ&Ｐ５００よりも高い結果となりました。

ＡＧＧ・ＢＮＤは、大きな価格変動が発生せず、ローリスク・ローリターンで確実に分配金を得て資産を増やしていけるＥＴＦといえるでしょう。

株との連動性が低く着実な上昇を見せる債券ＥＴＦ

月次の最大下落率はリーマンショック時で、Ｓ&Ｐ５００が－48・23%、対してＡＧＧが－4・31%でした（前ページ上表参照）。

コロナショックの際は、Ｓ&Ｐ５００は下落率が－19・63%、ＡＧＧが－3・56%、ＢＮＤが－3・87%でした。**Ｓ&Ｐ５００と比較すると、下落率の小ささが際立っています。**

逆にもっとも上昇した年はＡＧＧが8・45%、ＢＮＤが8・83%、Ｓ&Ｐ５００が32・31%で、最も下落した年は、ＡＧＧが－１・98％、ＢＮＤが－２・10％、Ｓ＆Ｐ５００が－36・81％でした。**ＡＧＧ・ＢＮＤは大きな上昇はありませんが、大きな下落もないことがわかります。**

また米国株市場（Ｓ＆Ｐ５００）との相関係数は小さく、ＡＧＧが０・04、ＢＮＤが０・06です。つまり**株式とは別にＡＧＧ・ＢＮＤを保有することでリスク分散になります。**

減少が続く利回り・分配金

次ページのグラフは利回りと分配金の推移です。減少傾向ですが、分配利回りはここ数年は２％台で推移しています。

分配金は直近数年は横ばいで、毎年確実に支払われていることがわかります。

分配金は毎月支払われるので、**分配金を毎月定額で発生する生活費に使いたい場合や、毎月の分配金受領が投資のモチベーションになる場合にはプラスのポイントになる**でしょう。

米国総合債券ＥＴＦはリスクを小さくして、確実に分配金でリターンを得ていくことができることから、株式のような大きな**価格変動を避けたい投資家におすすめ**です。

また株式（Ｓ＆Ｐ５００）との相関係数が小さく、お互いに価格変動の影響を受けないことから、株式とＡＧＧ・ＢＮＤなどの総合債券ＥＴＦを保有することでリスク分散にもなる点も見逃せません。

4 残存期間ごとに投資できるETF

米国総合債券ＥＴＦは、ＡＧＧ・ＢＮＤ以外にもたくさんあります。

次ページ表に、その他の国内の主要ネット証券で購入可能な米国総合債券ＥＴＦを示しました。

ＡＧＧ・ＢＮＤはさまざまな残存期間の債券に幅広く投資しますが、短期・中期・長期など残存期間を絞って投資したい場合は、ＢＳＶ・ＢＩＶ・ＢＬＶなどのＥＴＦが候補となります。

ＢＳＶは短期、ＢＩＶは中期、ＢＬＶは長期の米国の投資適格債券を対象としています。

投資戦略によっては選択肢になる米国総合債券ＥＴＦです。

● AGG・BND1口あたりの分配金・分配利回り推移（年次）

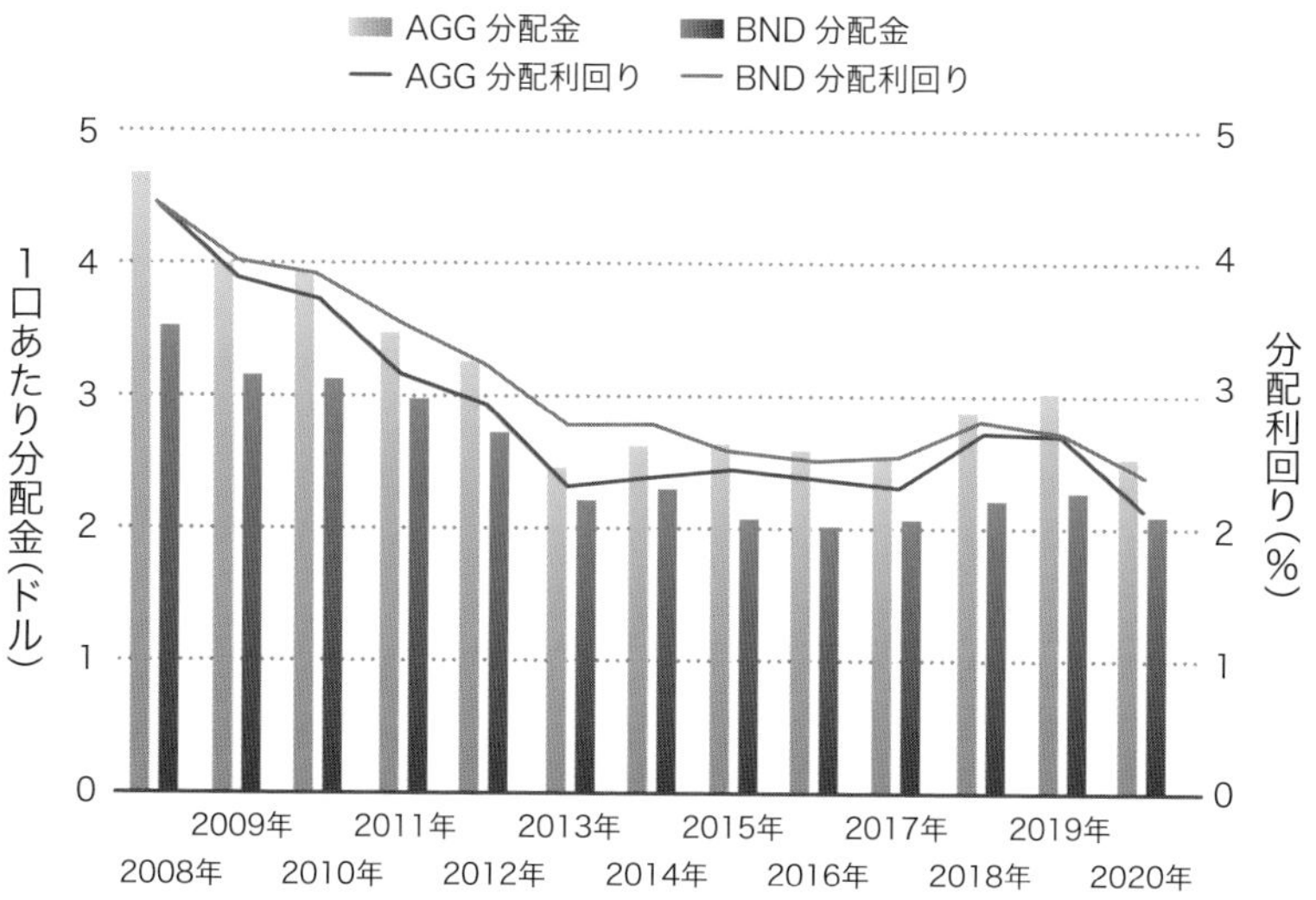

出典：https://marketchameleon.com/、https://haitoukabu.com/

● その他米国総合債券ETFの基本情報（2021年9月末時点）

ティッカー 運用会社	銘柄 連動指数	価格 (ドル/1口)	保有銘柄数	運用管理費用（%）	純資産総額	運用期間（年）
BSV	**バンガード・米国短期債券ETF**	81.94	2,629	0.05	4.8兆円	14.5
バンガード	バークレイズ・米国短期債券					
BIV	**バンガード・米国中期債券ETF**	89.44	2,130	0.05	1.7兆円	14.5
バンガード	バークレイズ・米国中期債券					
BLV	**バンガード・米国長期債券ETF**	102.33	2,758	0.05	6,720億円	14.5
バンガード	バークレイズ・米国長期債券					

出典：https://myindex.jp/ranking_f.php?s=2、https://investor.vanguard.com/、https://www.blackrock.com/

ここがポイント

- 米国総合債券ETFならAGG・BNDがおすすめ
- 大きな価格上昇は見込めないが、株式に比べ下落幅も小さい
- 毎月安定した分配金を受け取ることで資産を増やせるローリスク・ローリターンの投資先

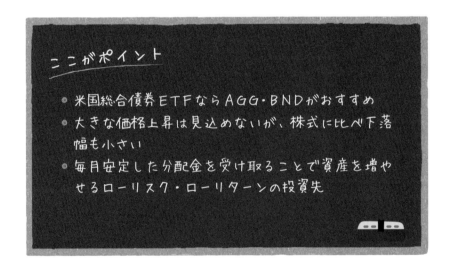

03 米国政府が発行する国債に投資 米国債ETF（SHY・IEF・TLT）

1 高い信用格付けと流動性を持つ米国債

米国債とは、**米国政府（米国財務省）が発行する国債**のことです。

国債には、常に**デフォルト（債務不履行）**のリスクが存在します。デフォルトが発生すると元本や利息が受け取れない恐れがあります。

しかし、世界の基軸通貨である米ドルを操る米国政府が発行する米国債は、**高い信用力と流動性を持ち、主要格付け会社による格付けも高い評価となっています**。

次ページの世界各国の長期国債格付けの表を見ると、ドイツ債に次いで米国債の評価が高いことがわかります。

また、主要先進国の10年債の利回りが0％台に対し、**米国は1％台**

米国政府が発行する米国債は、信用力が高く格付けも上位です。ここでは米国債ETFの中からSHY・IEF・TLTの3種類を紹介します！

と比較的高い利回りとなっていることも特徴です（2021年3月末時点）。

暴落時のクッションとしての米国債

株式市場の暴落時、**信用度の低い国債や社債**は倒産リスク（デフォルトリスク）が懸念されるため、株式と同時に下落します。

このとき、特に**中長期の米国債価格は上昇**します。これは、米国債は暴落時の資金の逃避先として認識されているためです。

しかし現在はコロナ対策の金融緩和で米国の金利が大きく低下し、これ以上の大幅な金利低下は見込めない状況です。

金利が低下しないということは**米国債の価格上昇も期待できない**ということになります。今後株式市場が暴落した際に、これまでと同様に米国債価格が上昇しない可能性がある点は注意が必要です。

● 主要格付け会社3社による世界各国の長期国債格付け（2021年3月31日時点）

国	ムーディーズ	S&P	フィッチ
ドイツ	Aaa	AAA	AAA
米国	Aaa	AA+	AAA
フランス	Aa2	AA	AA
イギリス	Aa3	AA	AA-
韓国	Aa2	AA	AA-
中国	A1	A+	A+
日本	A1	A+	A
イタリア	Baa3	BBB	BBB-
ギリシャ	Ba3	BB-	BB
アルゼンチン	Ca	CCC+	CCC

出典：https://lets-gold.net/sovereign_rating.php

米国債の残存期限による分類

米国債は残存期限によって、次のような名称が付けられています。

- **T-Bills（トレジャリー・ビル）：残存期限1年以下の短期債**
- **T-Notes（トレジャリー・ノート）：残存期限1年以上～10年以下の中期債**
- **T-Bonds（トレジャリー・ボンド）：残存期限10年超の長期債**

選択肢が多い米国債ETF

263ページの表に、国内の主要ネット証券で購入可能な米国債ETFを示しました。残存期間ごとに複数のETFが設定されています。債券市場の中心となる米国債ETFの純資産総額は大きく、1兆円超のETFも多数あります。表に挙げたETFはブラックロックまたはバンガードが運用しており、運用期間はほとんど10年を超えています。

またEDV（バンガード・超長期米国債ETF）を除き基本的に**毎月分配金が支払われます**。EDVは四半期に1回の支払いとなっています。

なお本書では詳細を取り上げませんが、**物価連動債（インフレ連動債）**に投資する**TIP**や**VTIP**というETFもあります。

通常、国債に投資した場合、元本が変わらないため利率も当然同じですが、物価連動債は物価の変動に合わせて元本が変わります。

そのため、物価が上昇するインフレ時は元本が増加し、連動してリターンも大きくなるという仕組みです。下の表に物価連動債のＥＴＦの基本情報を記したので、参考にしてみてください。

2 残存期間により異なるリスク・リターン

米国債ＥＴＦも残存期間によってリスクやリターンが大きく違ってきます。実際のデータを見て確認していきましょう。

残存期間ごとに複数のＥＴＦがありますが、２００７年から２００９年のリーマンショック時の価格推移も確認するため、ここでは運用実績が最長であるブラックロックのＥＴＦ（短期：**SHY**、中期：**IEF**、長期：**TLT**）を取り上げます（次ページ上表参照）。

その他のＥＴＦ（次ページ下表）でも、残存期限（短期・中

● 米国物価連動債 ETF（2021 年 9 月末時点）

区分	ティッカー／運用会社	銘柄／連動指数	価格(ドル/1口)	運用管理費用(%)	純資産総額(兆円)	運用期間(年)
物価連動債	**TIP** ブラックロック	**iシェアーズ 米国物価連動国債 ETF** ブルームバーグ・バークレイズ 米国TIPS指数	127.69	0.19	3.8	17.9
物価連動債	**VTIP** バンガード	**バンガード・米国短期インフレ連動債ETF** バークレイズ・米国短期インフレ連動債	52.58	0.05	1.9	9

出典：https://myindex.jp/ranking_f.php?s=2

SHY・IEF・TLTの基本情報（2021年9月末時点）

区分	ティッカー／運用会社	銘柄／連動指数	価格（ドル/1口）	残存期限（年）	運用管理費用（%）	純資産総額（兆円）	運用期間（年）
短期	SHY ブラックロック	iシェアーズ 米国国債 1–3年 ETF（SHY） ブルームバーグ・バークレイズ 米国国債1–3年指数	86.15	1〜3	0.15	2.3	19.2
中期	IEF ブラックロック	iシェアーズ 米国国債 7–10年 ETF（IEF） ブルームバーグ・バークレイズ 米国国債7–10年指数	115.22	7〜10	0.15	1.6	19.2
長期	TLT ブラックロック	iシェアーズ 米国国債 20年超 ETF（TLT） ブルームバーグ・バークレイズ 米国国債20年超指数	144.32	20〜	0.15	1.7	19.2

その他の米国債ETFの基本情報（2021年9月末時点）

区分	ティッカー／運用会社	銘柄／連動指数	価格（ドル/1口）	残存期限（年）	運用管理費用（%）	純資産総額	運用期間（年）
短期	SHV ブラックロック	iシェアーズ 米国短期国債 ETF ブルームバーグ・バークレイズ 米国短期国債指数	110.47	1以下	0.15	1.5兆円	14.8
短期	VGSH バンガード	バンガード・米国短期政府債券ETF（VGSH） ブルームバーグ・バークレイズ 米国国債1–3年指数	61.41	1〜3	0.05	1.5兆円	11.9
中期	VGIT バンガード	バンガード・米国中期政府債券ETF（VGIT） ブルームバーグ・バークレイズ 米国国債3–10年インデックス	67.55	3〜10	0.05	9,380億円	11.9
長期	VGLT バンガード	バンガード・米国長期政府債券ETF（VGLT） ブルームバーグ・バークレイズ 米国長期国債インデックス	87.71	15〜	0.05	2,610億円	11.9
長期	EDV バンガード	バンガード・超長期米国債ETF（EDV） バークレイズ・超長期米国債	135.53	20〜25〜	0.07	1,410億円	13.9

出典：https://myindex.jp/ranking_f.php?s=2

期・長期）ごとに似た動きになると考えて問題ありません。

また、株式との比較のためＳ＆Ｐ５００の推移も加えています。

残存期間が長くなるほどリターンは大きい

それぞれの**資産推移**を示す下のグラフを見てみましょう。**残存期間が長いほどリターンも大きかったことがわかります。**

２６６ページの表を見ると、２００７年１月に投資した１００ドルは、２０２１年６月末時点で短期米国債（ＳＨＹ）が１３２ドル、中期米国債（ＩＥＦ）が１９９ドル、長期米国債（ＴＬＴ）が２５３ドルになりました。同じ期間でＳ＆Ｐ５００は４０４ドルと約４倍になっています。

年率リターンを見ると短期米国債（ＳＨＹ）が１・92％、中期米国債（ＩＥＦ）が４・86％、長期米国債（ＴＬＴ）が６・62％、Ｓ＆Ｐ５００が10・11％です。

● SHY・IEF・TLT・S&P500の資産推移

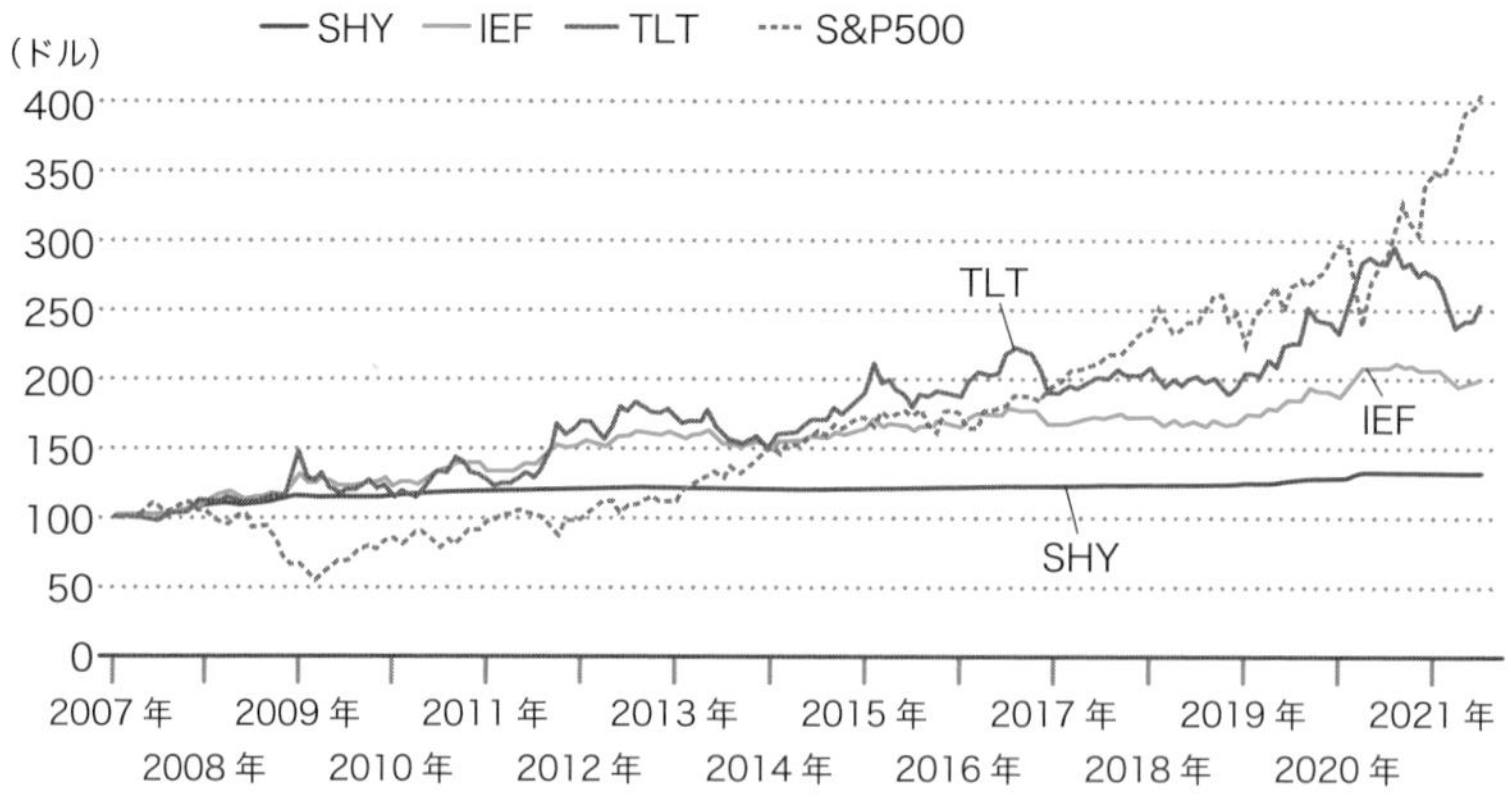

※2007年1月に100ドルを投資し、分配金はすべて再投資した場合の2021年6月末までの各月末時点の月次推移。税金は未考慮。

出典：https://www.portfoliovisualizer.com/

長期で見た場合の米国債のリターンは残存期間が長くなるほど大きくなっていることが確認できます。

また直近は株式の上昇が顕著だったことから、株式（S&P500）の方が米国債よりもリターンが大きかったこともわかります。

ただし、2008年から2014年では米国債の方が株式（S&P500）を上回っていることからもわかるように、リーマンショックや新型コロナ禍のような大きな経済ショックがあった場合は、切り取る期間によって大きくリターンが変わる点は注意してください。

残存期間が長くなるほどリスクは高い

資産推移のグラフからは、**残存期間が長くなるほど価格変動が激しくなる**ことが読み取れます。**残存期間が長くなるほど金利の動きによる影響を受けやすいためです**（244ページ参照）。

リスク（標準偏差）は、短期米国債（SHY）で1・28%、中期米国債（IEF）で6・27%、長期米国債（TLT）で13・74%でした。S&P500は15・35%です。このように、**残存期間が長くなるほどリスクは高く**なります。また、株式（S&P500）と比較すると米国債の方がリスクが低いことがわかります。

ただし長期米国債（TLT）については、S&P500よりもリスクが低いとはいえ、標準偏差を見てもそこまで数値の差がありません。長期米国債（TLT）に投資する場合は、米国債の中でも価格変動が大きいことを認識して投資しましょう。

シャープ・レシオは、短期米国債（SHY）が0・92、中期米国債（IEF）が0・66、長期米国債（TLT）が0・47、S&P500が0・65となっています。

短期米国債のリターンはほかの米国債と比較しても低かったですが、リスクも同程度に低かったため、シャープ・レシオは高い値となっています。

株式市場の暴落時の保険に

先述したとおり、**株式暴落時には中長期の米国債に資金が集まるため、米国債は株式市場の暴落時にクッションとなり価格が上昇します。**

264ページの資産推移のグラフを見ると、株式（S&P500）が暴落している2007年〜2009年のリーマンショック、そして2020年のコロナショックのタイミングで、中期米国債（IEF）や長期米国債（TLT）が大きく上昇しています。

下の表で米国株市場（S&P500）との相関係

● SHY・IEF・TLT・S&P500の各種データ（2007年1月〜2021年6月末）

銘柄	初期投資額（ドル）	最終資産額（ドル）	年率リターン	リスク（標準偏差）
SHY	100	132	1.92%	1.28%
IEF	100	199	4.86%	6.27%
TLT	100	253	6.62%	13.74%
S&P500	100	404	10.11%	15.35%

銘柄	最も良かった年の上昇率	最も悪かった年の下落率	最大下落率（月次）	シャープ・レシオ	米国株市場との相関係数
SHY	7.35%	-0.14%	-1.18%	0.92	-0.40
IEF	17.91%	-6.59%	-7.60%	0.66	-0.34
TLT	33.96%	-21.80%	-21.80%	0.47	-0.33
S&P500	32.31%	-36.81%	-50.80%	0.65	1.00

出典：https://www.portfoliovisualizer.com

数を見ると、短期米国債（ＳＨＹ）が－０・40、中期米国債（ＩＥＦ）が－０・34、長期米国債（ＴＬＴ）が－０・33と、マイナスとなり**米国株とは負の相関**であることがわかります。

　つまり**株式とは別に米国債ＥＴＦを保有することで、リスク分散**になります。

利回りは長期になるほど高くなる

　下に各ＥＴＦの分配金推移を示しました。**分配利回りは、残存期間が長くなるほど高くなっています。**

　一般的に金利が上昇すれば米国債ＥＴＦの価格が下落し、分配利回りは上昇します。逆に金利が下落すると米国債ＥＴＦの価格が上昇し、分配利回りは下落します。

　先述のとおり現在はコロナショック対策の金融緩和で金利が低下しており、米国債ＥＴＦの利回りも低下傾向にあります。

　ＥＴＦ別の分配金推移については、特に短期米国

● 米国債 ETF1 口当たりの分配金・分配利回り推移（年次）

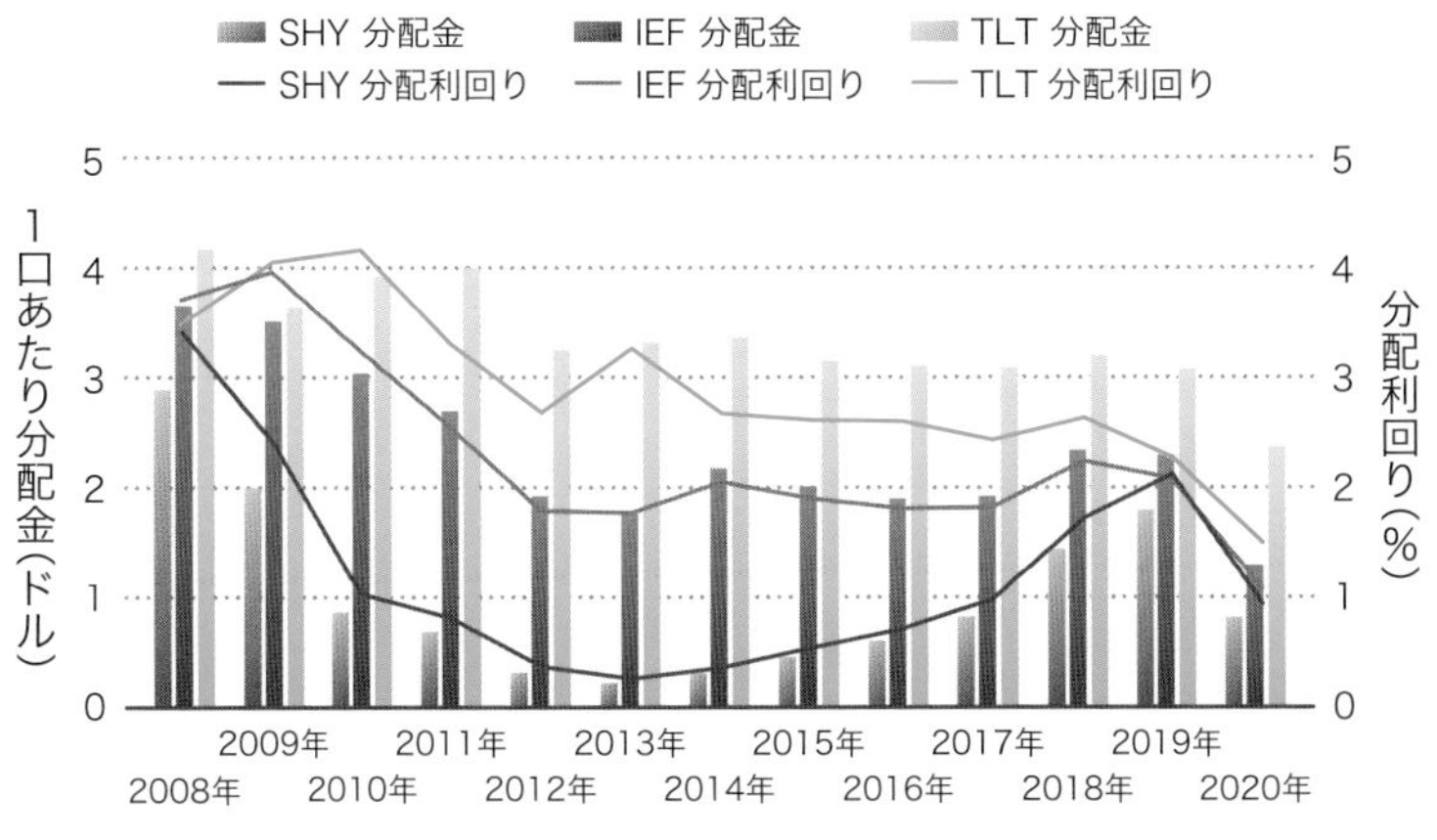

出典：https://marketchameleon.com/、https://haitoukabu.com/

債であるＳＨＹが大きく変動しています。ＩＥＦとＴＬＴについては多少の変動はあるものの、毎年確実に分配金が出ています。

米国債ＥＴＦは株式市場暴落時の価格上昇が大きな特徴でした。直近10数年の株式（Ｓ＆Ｐ５００）との相関係数はマイナスで、株式とは違った価格変動をすることから、株式と米国債ＥＴＦを両方保有することでリスク分散になります。

株式市場の暴落に対する保険が欲しい投資家や、リスク分散をしたい投資家におすすめのＥＴＦです。

ここがポイント

- 米国債は他国の債券と比べて信用度・流動性が高い
- 残存期間が長くなるほどハイリスク・ハイリターン
- 株式に比べるとローリスク・ローリターン
- 株式市場の暴落時に米国債ＥＴＦは「保険」となる

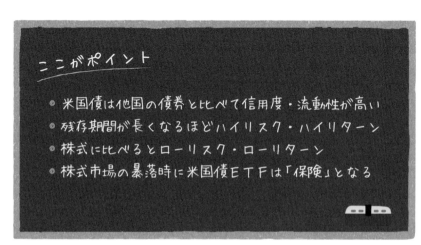

04 世界中の債券に投資するなら世界債券ETF（BNDX）・新興国債券ETF（EMB）

1 米国以外の債券に投資したいならBNDX・EMB

BNDXと**EMB**は米国以外の債券に投資できるETFです。

BNDXは**米国以外の各国の主要債券市場に投資できる総合債券ETF**です。米国総合債券ETF（249ページ）である**AGG**や**BND**と組み合わせることで、世界の主要債券に投資できます。

EMBは**新興国債券に投資するETF**です。利回りの高い新興国に絞りたい場合は候補になります。

次ページに2つのETFの基本情報を示しました。純資産総額はBNDXが5・1兆円、EMBが2・2兆円と、ETFの中でも上位に

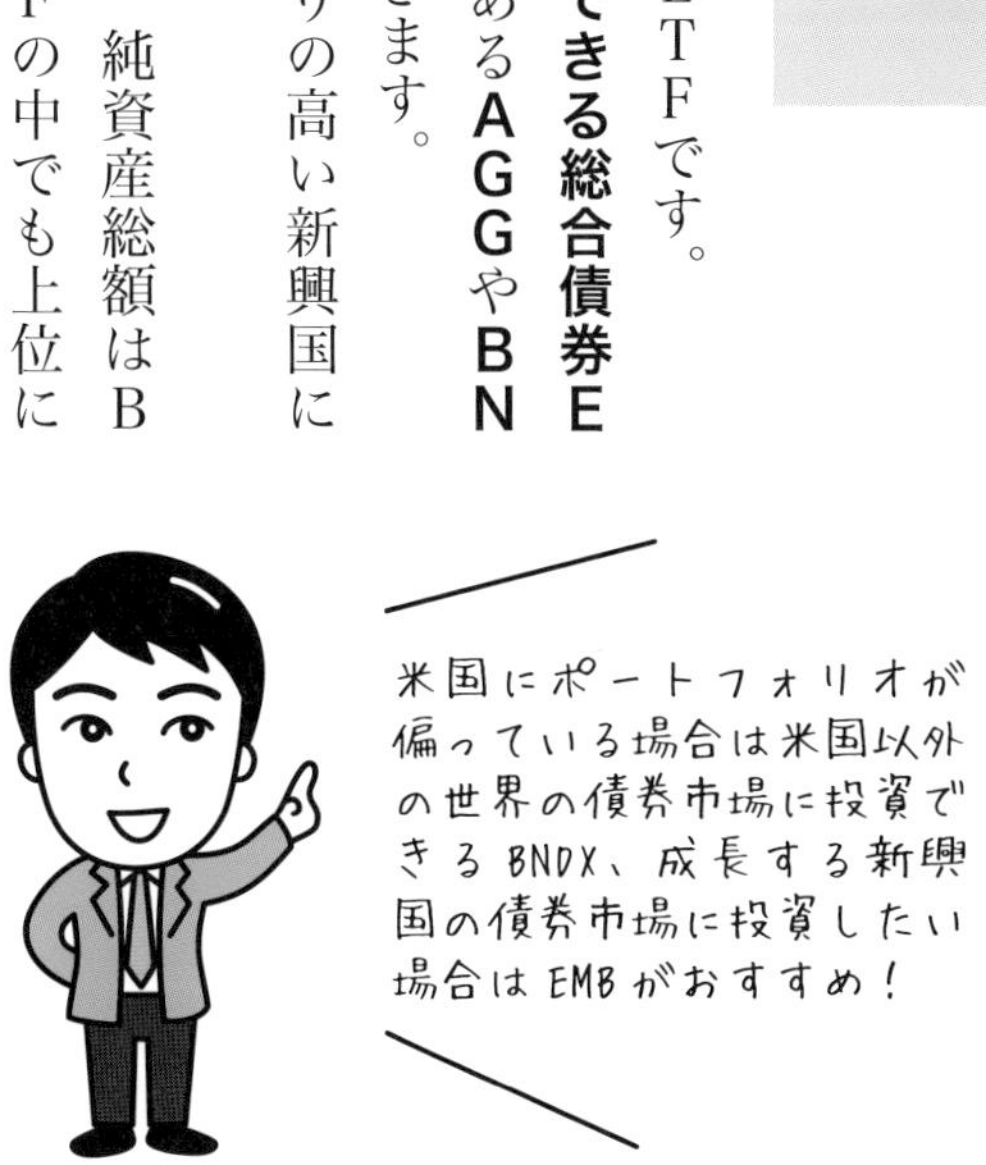
米国にポートフォリオが偏っている場合は米国以外の世界の債券市場に投資できるBNDX、成長する新興国の債券市場に投資したい場合はEMBがおすすめ！

入る規模で、高い需要があることがわかります。

2 日欧各国、新興国の債券を組み入れ

BNDXとEMBの組み入れ銘柄の詳細を見てみましょう。

発行体の組み入れ上位5カ国を次ページの表に示しました。**BNDXの組み入れ1位は日本の国債**（17・1%）となっており、フランス・ドイツ・イタリア・イギリスとヨーロッパ各国の国債が続きます。

一方EMBは新興国のみのラインナップです。また、1位のカタールでも組入比率は4・12%と偏りが小さく、多くの新興国に分散投資できることがわかります。

BNDXは信用格付けが高く、EMBは低い

2つのETFに含まれる銘柄の信用格付けを次ページの円グラフで確認しましょう。

BNDXは8割以上が信用度の高いBBB以上の**投資適**

● BNDX・EMBの基本情報（2021年9月末時点）

ティッカー／運用会社	銘柄／連動指数	価格（ドル/1口）	保有銘柄数	運用管理費用（%）	純資産総額（兆円）	運用期間（年）
BNDX	バンガード・トータル・インターナショナル債券ETF（米ドルヘッジあり）	56.96	6,367	0.08	5.1	8.4
バンガード	バークレイズ・グローバル総合（米ドル除く）浮動調整RIC基準インデックス（米ドルヘッジベース）					
EMB	iシェアーズ J．P．モルガン・米ドル建てエマージング・マーケット債券 ETF	110.06	591	0.39	2.2	13.8
ブラックロック	JPモルガン EMBI グローバル・コア					

出典：https://myindex.jp/ranking_fund.php

格債券（246ページ）に投資されています。なおBNDXは総合債券ETFのため国債以外の債券も含みますが、現時点では約7割が国債です。

一方でEMBは新興国への投資となることから、**信用格付けの低いBB以下の投資も4割程度**含まれており、BNDXよりもリスクの高い投資であることがわかります。

BNDXは短期中心 EMBは長期も

BNDX、EMB残存年数別組み入れ比率をそれぞれ次ページのグラフに示しました。

BNDXは残存年数10年以

● BNDX・EMBの発行体別組み入れ比率（2021年4月1日時点）

銘柄	BNDX		EMB	
順位	発行体	比率（%）	発行体	比率（%）
1	日本	17.1	カタール	4.12
2	フランス	12.1	サウジアラビア	3.98
3	ドイツ	11.2	トルコ	3.78
4	イタリア	8.0	ロシア	3.58
5	イギリス	7.3	フィリピン	3.39

出典：https://investor.vanguard.com/、https://www.blackrock.com/

● BNDXの信用格付け別組み入れ比率（2021年4月1日時点）

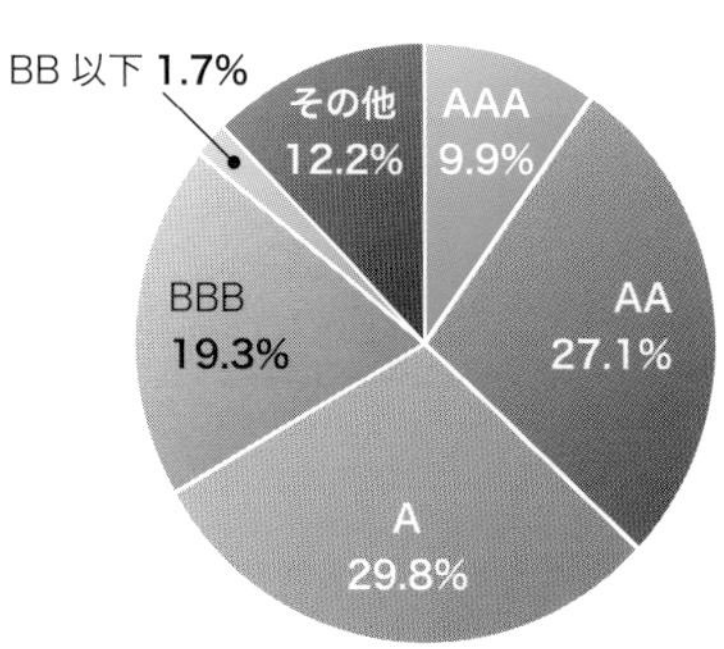

● EMBの信用格付け別組み入れ比率（2021年4月1日時点）

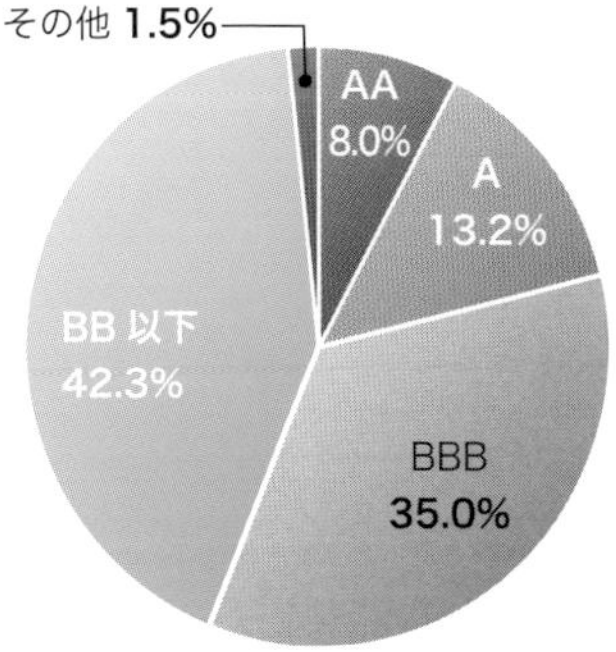

出典：https://investor.vanguard.com/、https://www.blackrock.com/

下の債券が約7割を占めています。

ＥＭＢは、残存年数10年以下が半分以上を占める一方で、20年超の債券も32・２%と大きな割合を占めています。残存期間の面でも、ＢＮＤＸよりもリスクの高い投資であることがわかります（２４４ページ参照）。

株式よりリターンが小さい

ＢＮＤＸとＥＭＢの資産推移を確認しましょう。

ＢＮＤＸは２０１３年６月に設定されたため、翌年２０１４年に１００ドル投資したと仮定したリターンの比較を２７４ページのグラフに示しました。２０２１年６月末までの期間で、ＢＮＤＸとＥＭＢは、株式（Ｓ＆Ｐ５００）に比べ**リターンが小さい**ことがわかります。

２７４ページ中央の各種データを示す表で具体的な数字で見ると、２０１４年１月に投資した１００ドルは２０２１年６月末時点でＳ＆Ｐ５００

● BNDX 残存年数別組み入れ比率（2021 年 4 月 1 日時点）

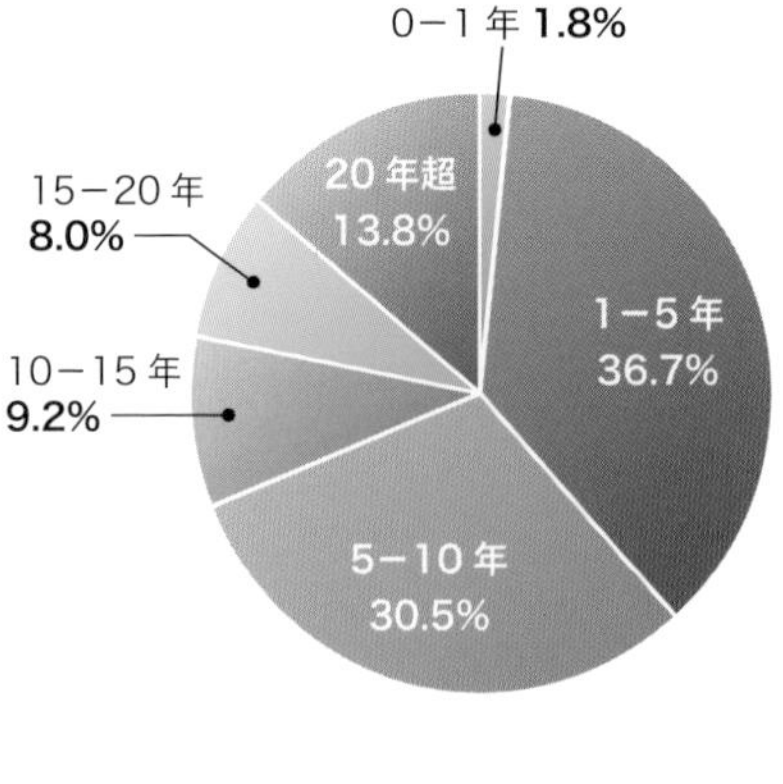

0−1 年 1.8%
20 年超 13.8%
15−20 年 8.0%
10−15 年 9.2%
1−5 年 36.7%
5−10 年 30.5%

● EMB の残存年数別組み入れ比率（2021 年 4 月 1 日時点）

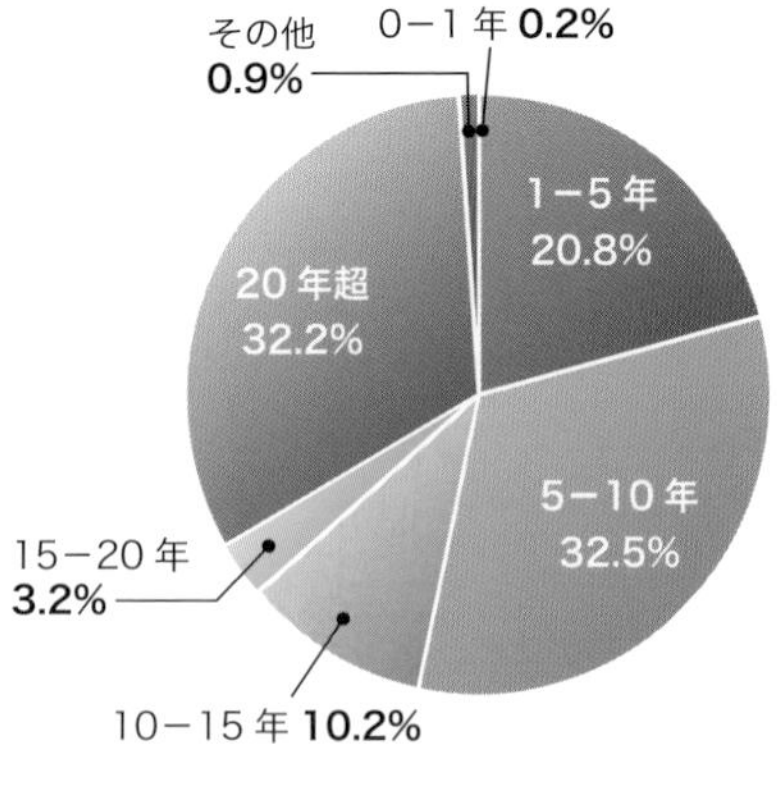

その他 0.9%
0−1 年 0.2%
1−5 年 20.8%
20 年超 32.2%
5−10 年 32.5%
15−20 年 3.2%
10−15 年 10.2%

出典：https://investor.vanguard.com/、https://www.blackrock.com/

が268ドルになったのに対し、BNDXが134ドル、EMBが146ドルという結果になりました。この期間の年率リターンはBNDXが4・08％、EMBが4・80％、S＆P500が13・22％です。

株式（S＆P500）の方がBNDX・EMBよりもリターンが高かったことがわかります。直近5年、10年のリターンも同様の結果でした（274ページ下表参照）。

株式よりもリスクが小さいBNDX・EMB

次にBNDX・EMBのリスクを見ていきます。

次ページ上の資産推移のグラフからも読み取れるとおり、**BNDX・EMBの方が株式（S＆P500）よりも価格変動が小さくなります。**

次ページ中央の表を確認すると、2014年1月～2021年6月末の期間でリスク（標準偏差）はS＆P500が13・81％だったのに対し、BNDXが2・99％、EMBが8・79％でした。BNDX・EMBもこれまで紹介した債券と同様に**リスクが株式よりも低い**ことがわかります。

なお、先進国債券（信用格付けが高い）が多いBNDXは、新興国の債券（信用格付けが低い）に投資するEMBよりも、さらにリスクが低くなります。

シャープ・レシオは、同期間でBNDXが1・07、EMBが0・54、S＆P500が0・97です。BNDXのリターンは株式よりも低かったですが、リスクがそれ以上に低かったことからシャープ・レシオの値が大きくなっています。

● BNDX・EMB・S&P500の資産推移

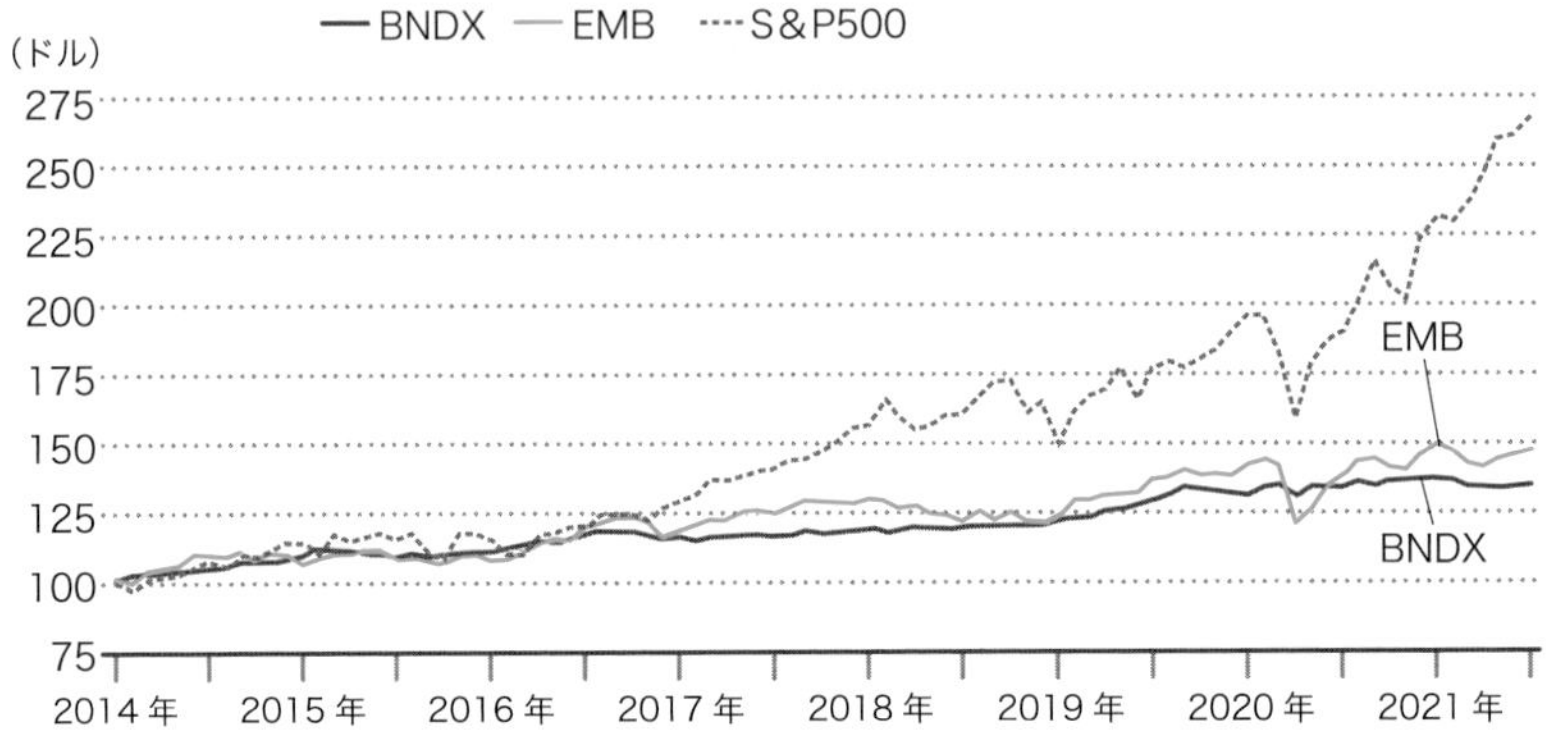

※2014年1月に100ドルを投資し、分配金はすべて再投資した場合の2021年6月末までの各月末時点の月次推移。税金は未考慮。

● BNDX・EMB・S&P500の各種データ（2014年1月〜2021年6月末）

銘柄	初期投資額(ドル)	最終資産額(ドル)	年率リターン	リスク(標準偏差)
BNDX	100	134	3.97%	2.99%
EMB	100	146	5.22%	8.79%
S&P500	100	268	14.02%	13.81%

銘柄	最も良かった年の上昇率	最も悪かった年の下落率	最大下落率(月次)	シャープ・レシオ	米国株市場との相関係数
BNDX	8.74%	-2.12%	-3.03%	1.07	0.11
EMB	15.48%	-5.47%	-16.04%	0.54	0.58
S&P500	31.22%	-4.56%	-19.43%	0.97	1.00

● BNDX・EMB・S&P500の運用実績年率リターン（2021年6月末時点）

銘柄	1年	3年	5年	10年
BNDX	-0.01%	3.98%	2.82%	-
EMB	7.01%	6.64%	4.25%	5.01%
S&P500	40.90%	18.56%	17.54%	14.72%

出典：https://www.portfoliovisualizer.com/

ＥＭＢは株式よりもリターンが低く、リスクは株式よりは低いもののＢＮＤＸと比較すると高かったことから、シャープ・レシオは小さい値となりました。

ＥＭＢは株式市場と相関性が高いので注意

前ページ上のグラフを見ると、**２０２０年のコロナショック時にもＢＮＤＸはほとんど下落しなかった一方で、ＥＭＢは大きく下落しているのがわかります。**リーマンショックの２００８年も、ＥＭＢは株式ほどではありませんが、大きく下落しています。

米国株市場（Ｓ＆Ｐ５００）との相関係数を前ページ中央の表で確認すると、ＢＮＤＸが0・11、ＥＭＢが0・58です。つまり、株式市場暴落の影響をＢＮＤＸは受けにくく、ＥＭＢは受けやすいということです。リスク分散目的ではＢＮＤＸは効果を発揮しますが、ＥＭＢは注意が必要です。

ＢＮＤＸは信用度の高い先進国国債が多く含まれ、暴落の影響をあまり受けませんでした。しかし、２６０ページで株式市場が暴落する際は長期の米国債が上昇すると解説しましたが、ＢＮＤＸはコロナ禍で下落こそしなかったものの、価格上昇はしませんでした。

これは、上位に組み入れられている日本・フランス・ドイツなど主要先進国がコロナショック前からゼロ金利政策やマイナス金利政策を行っていて金利を下げる余地がなかったため、債券価格が上昇しなかったことが背景にあります。一方で、ＥＭＢは信用度の低い新興国の債券が多く含まれており、デフォルト懸念が高まることで株式市場と一緒に下落しています。

分配利回りはコロナショックで急減

ＢＮＤＸとＥＭＢの**分配利回り**を下に示しました。前提として、ＢＮＤＸやＥＭＢは基本的に毎月分配金が支払われます。

ＢＮＤＸの分配利回りは、２０１９年まで上昇を続け３％台となっていましたが、コロナショックが発生した**２０２０年に１％台に急減**しました。また、分配金も２０１９年まで上昇していましたが、２０２０年に急減しています。

新興国債券は信用度が低い高リスクの債券であるため、ＥＭＢの方が利回りが高くなっています。４％を超える高い分配利回りで推移していましたが、２０２０年は３％台に低下しています。

２０２０年の分配利回りや分配金の減少は、

● BNDX・EMB1 口あたりの分配金・分配利回り推移（年次）

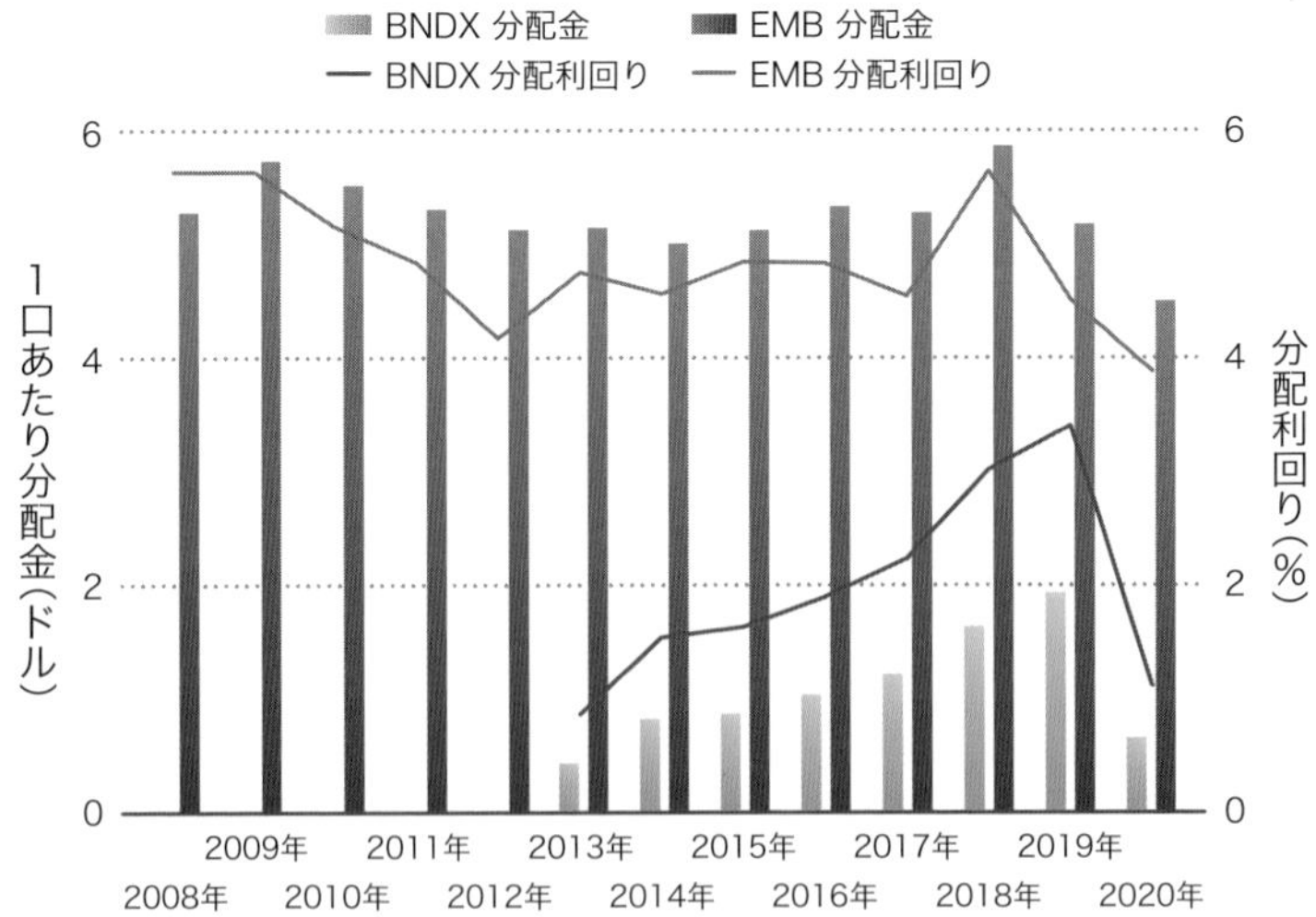
BNDX 分配金
EMB 分配金
BNDX 分配利回り
EMB 分配利回り
1口あたり分配金（ドル）
分配利回り（%）
6
4
2
0
2008年
2009年
2010年
2011年
2012年
2013年
2014年
2015年
2016年
2017年
2018年
2019年
2020年

出典：https://marketchameleon.com/、https://haitoukabu.com/

コロナショック時の金融緩和により各国が低金利状態となり、それに引きずられる形でＢＮＤＸ・ＥＭＢの分配利回りも低下したと考えられます。

ＢＮＤＸは世界の債券市場に幅広く投資したい場合に活用できます。株式市場暴落時も下落せず、価格変動が小さいことから、資産のリスク分散をしたい場合におすすめです。

ＥＭＢは債券ＥＴＦの中でもハイリスク・ハイリターンな新興国債券に分散投資できるＥＴＦで、リスクを取っても高い分配利回りを狙いたい投資家にはおすすめです。ただし、株式市場暴落時は同時に下落するため、想定よりリスク分散にならない恐れがある点は注意が必要です。

ここがポイント

- ＢＮＤＸは世界の債券市場に幅広く投資したい場合に活用できるＥＴＦ
- ＥＭＢは債券ＥＴＦの中でもハイリスク・ハイリターンの新興国債券に分散して投資できる

05 さまざまな会社の債券に分散 社債ＥＴＦ（ＬＱＤ・ＨＹＧ）

1 信用格付け・残存期間別に種類が豊富な社債ＥＴＦ

ここでは**社債（企業が発行する債券）に投資するＥＴＦ**について解説します。

２７９～２８１ページの表に、国内ネット証券で購入可能で純資産総額が大きい主要社債ＥＴＦを示しました。取り上げたＥＴＦは**純資産総額１兆円超のものも多く、社債ＥＴＦ市場の大きさが見て取れます**。どのＥＴＦも１０００～３０００銘柄の社債に分散投資できるので、特定の会社の倒産リスク（デフォルトリスク）を避けられます。

社債の種類には、信用格付けが高い債券に投資する**投資適格社債、**

社債ETFの中から、ローリスク・ローリターンの投資適格社債であるLQD、逆にハイリスク・ハイリターンのハイイールド社債であるHYGを紹介します！

信用格付けが低い債券に投資する**ハイイールド社債**があり、そこから債券の残存期間が短期・中期・長期それぞれに絞られたETFを選ぶこともできます。

ハイイールド社債は**投資不適格社債**や**ジャンク債**とも呼ばれ、**信用格付けBB以下の社債**のことです（左図参照）。

● 信用格付けと利回り

	格付け	信用度	利回り
投資適格社債	AAA	高	低
投資適格社債	AA		
投資適格社債	A		
投資適格社債	BBB		
ハイイールド社債	BB		
ハイイールド社債	B		
ハイイールド社債	CCC		
ハイイールド社債	CC		
ハイイールド社債	C		
ハイイールド社債	D	低	高

● LQD・HYGの基本情報（2021年9月末時点）

区分		ティッカー／運用会社	銘柄／連動指数	価格（ドル/1口）	保有銘柄数	運用管理費用（%）	純資産総額（兆円）	運用期間（年）
投資適格社債	全体	LQD	iシェアーズ iBoxx 米ドル建て投資適格社債 ETF	133.03	2,439	0.14	4.4	19.2
		ブラックロック	iBoxx リキッド投資適格社債インデックス					
ハイイールド社債	全体	HYG	iシェアーズ iBoxx 米ドル建てハイイールド社債 ETF	87.49	1,324	0.49	2.2	14.5
		ブラックロック	iBoxx リキッド・ハイイールド社債・インデックス					

投資適格社債など信用格付けが高い債券ほど、リスクが低く利回りも低くなります。

逆に**ハイイールド社債など信用格付けが低いほど、リスクが高く利回りも高くなります。**

運用管理費用（信託報酬）は投資適格社債で年率０・０５％〜０・１５％、ハイイールド社債はそれよりも少し高く、年率０・４％〜０・４９％ほどです。

ここでは、投資適格社債に幅広く投資できる**LQD**（iシェアーズ iBoxx 米ドル建て投資適格社債 ETF）と、ハイイールド社債で純資産総額がもっとも大きい**HYG**（iシェアーズ iBoxx 米ドル建てハイイールド社債 ETF）を取り上げ詳細を見ていきます。２つのETFの基本情報は前ページ表に示しています。

● **その他社債 ETF の基本情報（2021 年 9 月末時点）**

区分		ティッカー 運用会社	銘柄 連動指数	価格（ドル/1口）	保有銘柄数	運用管理費用（%）	純資産総額	運用期間（年）
投資適格社債	短期	**USIG** ブラックロック	**iシェアーズ ブロード米ドル建て投資適格社債 ETF** ICE BofAML 米国社債インデックス	60.1	8,518	0.04	7,420億円	14.8
		VCSH バンガード	**バンガード・米国短期社債ETF** バークレイズ・米国短期社債	82.41	2,313	0.05	4.7兆円	11.9
		IGSB ブラックロック	**iシェアーズ 米ドル建て短期社債 ETF** ICE BofAML 1-5年米国社債インデックス	54.64	3,168	0.06	2.8兆円	14.8
		SPSB ステートストリート	**SPDR ポートフォリオ米国短期社債 ETF** ブルームバーグ・バークレイズ米国社債1-3年指数	31.25	1,111	0.07	8,800億円	11.8

（次ページに続く）

区分		ティッカー 運用会社	銘柄 連動指数	価格（ドル/1口）	保有銘柄数	運用管理費用（%）	純資産総額	運用期間（年）
投資適格社債	中期	**VCIT** バンガード	**バンガード・米国中期社債ETF** バークレイズ・米国中期社債	94.41	2,049	0.05	5.2兆円	11.9
投資適格社債	中期	**IGIB** ブラックロック	**iシェアーズ 米ドル建て中期社債 ETF** ICE BofAML 5-10年米国社債インデックス	60.06	2,576	0.06	1.3兆円	14.8
投資適格社債	中期	**SPIB** ステートストリート	**SPDR ポートフォリオ 米国中期社債ETF** ブルームバーグ・バークレイズ 米国社債中期指数	36.52	4,176	0.07	6,400億円	12.7
投資適格社債	長期	**VCLT** バンガード	**バンガード・米国長期社債ETF** バークレイズ・米国長期社債	105.58	2,453	0.05	5,970億円	11.9
ハイイールド社債	全体	**JNK** ステートストリート	**SPDR バークレイズ キャピタル ハイ イールド債券 ETF** バークレーズ・キャピタル・ハイ・イールド・ベリー・リキッド指数	109.36	1284	0.40	9,540億円	13.9
ハイイールド社債	短期	**SJNK** ステートストリート	**SPDR ブルームバーグ・バークレイズ 短期ハイ・イールド債券ETF** ブルームバーグ・バークレイズ米国ハイ・イールド・350mnキャッシュペイ 0-5年・2%キャップド指数	27.39	721	0.40	5,350億円	9.6

出典：https://myindex.jp/ranking_fund.php

2 LQDで投資適格社債、HYGでハイイールド社債へ投資

LQDは「iBoxx リキッド投資適格社債インデックス」と連動します。この指数は、デフォルトリスクの低い信用格付けBBB以上の投資適格社債で構成されています。**HYG**は「iBoxx リキッド・ハイイールド社債・インデックス」と連動します。デフォルトリスクが投資適格社債よりも高い信用格付BB以下のハイイールド社債で構成されます。**LQDは低リスク低利回り**で、**HYGは高リスク高利回りのETF**です。

3 有名企業が並ぶLQD、知名度の低い企業が多いHYG

LQDとHYGには、さまざまな企業が発行する社債が組み入れられています。次ページ上の表に組み入れ順位上位10社のリストを示しました。

LQDは、デフォルトリスクが低い投資適格社債というだけあって、米国金融大手の**バンク・オブ・アメリカ**、**JPモルガン・チェース**、携帯・通信会社の**AT&T**、**ベライゾン**、「iPhone」や「Mac」を生産する**アップル**など、世界的に有名な大企業が上位に組み入れられています。

一方HYGはデフォルトリスクが高いハイイールド社債に投資しており、発行体の上位企業を

● LQDの上位保有発行体
(2021年4月1日時点)

順位	組み入れ発行体	比率
1	バンク・オブ・アメリカ	2.96%
2	JPモルガン・チェース	2.72%
3	AT&T	2.16%
4	ウェルス・ファーゴ	2.15%
5	ベライゾン	2.14%
6	コムキャスト	2.10%
7	シティ・グループ	2.09%
8	アップル	1.95%
9	モルガン・スタンレー	1.93%
10	ゴールドマン・サックス	1.87%

● HYGの上位保有発行体
(2021年4月1日時点)

順位	組み入れ発行体	比率
1	クリア・チャネル・アウトドア・ホールディングス	2.12%
2	フォード・モーターズ	1.92%
3	オクシデンタル・ペトロリウム	1.87%
4	バリアント・ファーマシューティカルズ・インターナショナル	1.49%
5	テネット・ヘルスケア	1.38%
6	センティーン	1.37%
7	CSCホールディングス	1.31%
8	ホスピタル・コーポレーション・オブ・アメリカ	1.13%
9	T-モバイル USA	1.09%
10	トランスダイム・グループ	1.08%

● LQDの発行体業種別組み入れ比率
(2021年4月1日時点)

順位	組み入れ発行体業種	比率
1	銀行業	23.69%
2	非景気循環間消費	18.12%
3	通信	12.60%
4	テクノロジー	12.05%
5	エネルギー	8.60%
6	景気循環消費	6.64%
7	資本財	4.58%
8	保険業	3.47%
9	電機	2.65%
10	素材	1.85%

● HYGの発行体業種別組み入れ比率
(2021年4月1日時点)

順位	組み入れ発行体業種	比率
1	景気循環消費	19.93%
2	通信	18.54%
3	非景気循環間消費	14.57%
4	エネルギー	13.10%
5	資本財	8.81%
6	テクノロジー	6.34%
7	素材	3.54%
8	電機	2.61%
9	保険業	2.46%
10	金融法人	2.36%

出典：https://www.blackrock.com/

見ても、ＬＱＤと比べると知名度の低い企業が多くなっています。

なおＬＱＤ・ＨＹＧともに1位でも2％台と比率が小さくなっており、多数の企業の社債に分散して投資できます。

偏りが見られる発行体の業種

次に発行体の業種の割合を見ていきましょう。前ページ下の表に、各ＥＴＦの10位までの業種を示しました。ＬＱＤ、ＨＹＧの発行体業種別の組み入れ比率はある程度分散されているものの、一部業種に偏りがあります。

ＬＱＤは銀行業が23・69％と約4分の1を占めています。金融ショックなどが発生した際、銀行は大打撃を受けるため、ＥＴＦの価格も大きな下落が予想されます。

ＨＹＧは銀行業や金融業は上位に入っていませんが、そもそも倒産（デフォルト）のリスクが高い社債への投資なので、こちらも金融ショックによる価格下落には注意が必要です。各社の倒産（デフォルト）懸念からＥＴＦ価格にも影響が出る可能性が高いです。

ＬＱＤがＢＢＢ、ＨＹＧはＢＢが信用格付けの半数を占める

次にＬＱＤ・ＨＹＧの**信用格付け別の組み入れ比率**を見てみましょう。左ページに比率を表したグラフを掲載しました。ＬＱＤ・ＨＹＧは信用格付けで区別したＥＴＦとなることから、当然投資対象はきれいに分かれています。

LQDは投資適格社債に投資するETFなので、信用格付けBBB以上の社債に投資されています。中でも**BBBの社債が約半分を占めます。**

一方で、HYGはハイイールド社債に投資するETFなので、信用格付けBB以下の社債に投資されています。**BBの社債が約半分を占めている**ことがわかります。

● HYGの信用格付け別組み入れ比率（2021年4月1日時点）

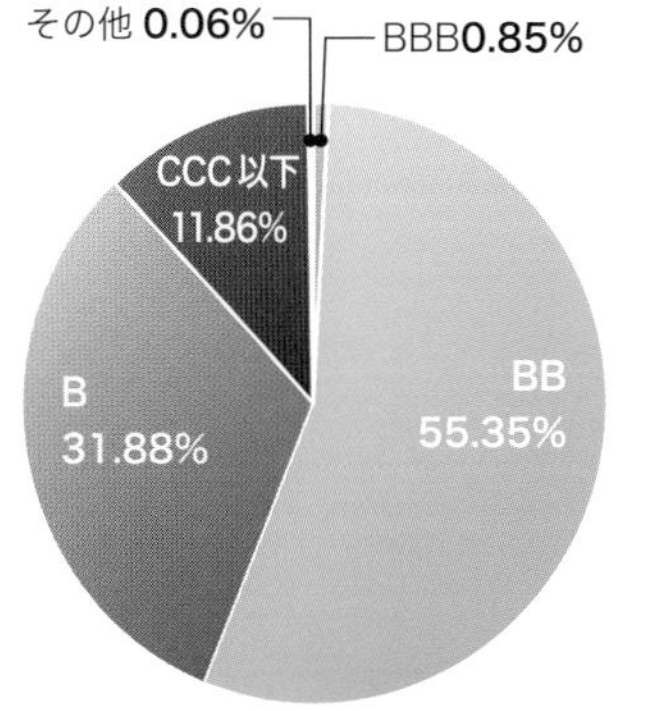
その他 0.06%
BBB0.85%
CCC以下
11.86%
B
31.88%
BB
55.35%

● LQDの信用格付け別組み入れ比率（2021年4月1日時点）

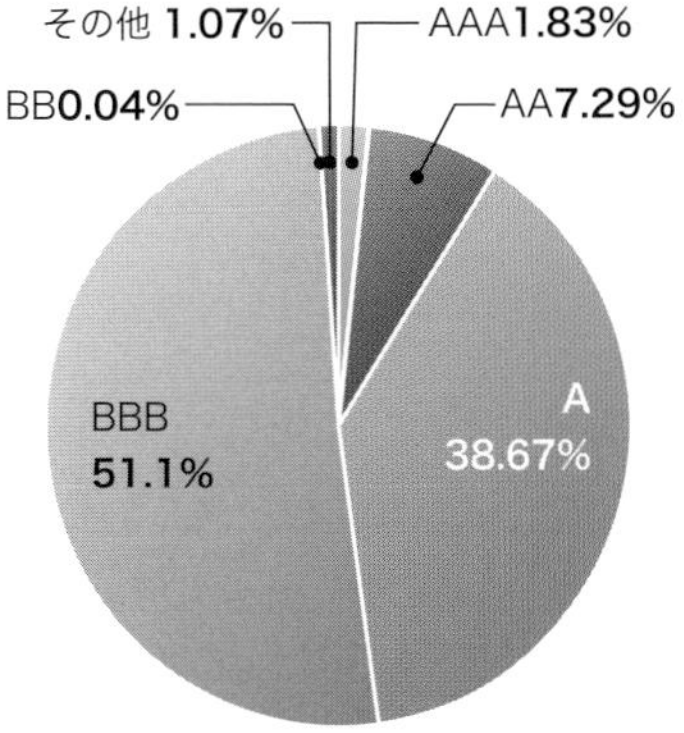
その他 1.07%
AAA1.83%
BB0.04%
AA7.29%
BBB
51.1%
A
38.67%

● HYGの残存年数別組み入れ比率（2021年4月1日時点）

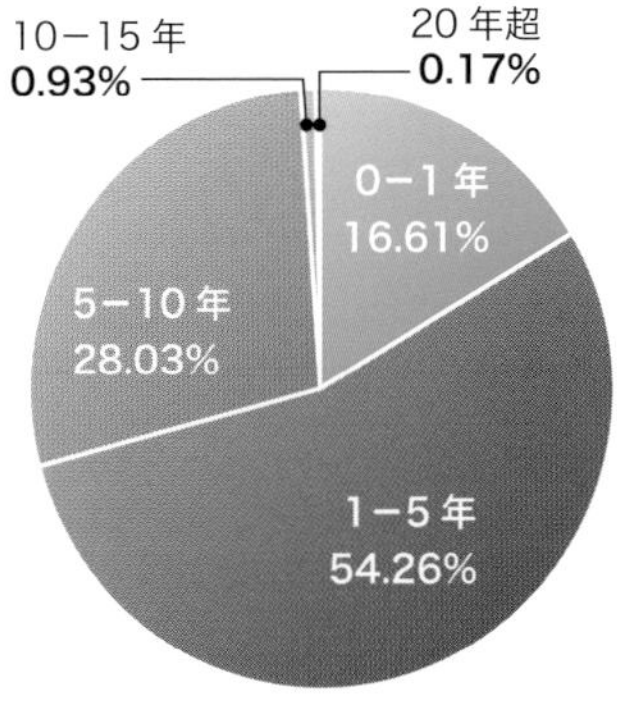
10－15年
0.93%
20年超
0.17%
0－1年
16.61%
5－10年
28.03%
1－5年
54.26%

● LQDの残存年数別組み入れ比率（2021年4月1日時点）

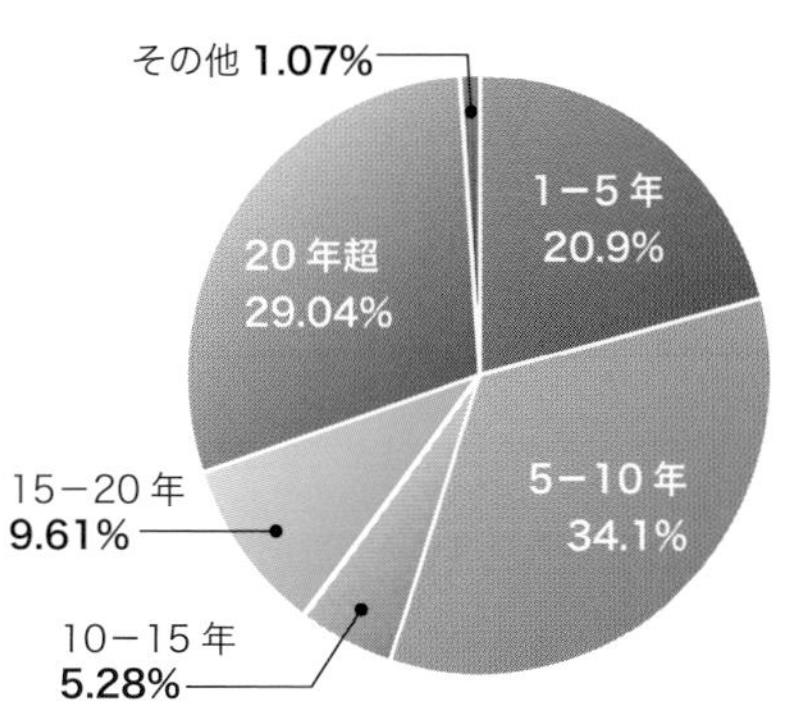
その他 1.07%
1－5年
20.9%
20年超
29.04%
15－20年
9.61%
5－10年
34.1%
10－15年
5.28%

出典：https://www.blackrock.com/

残存年数が長いＬＱＤ、短いＨＹＧ

２つのＥＴＦの**残存年数の比率**を前ページ下のグラフで確認しましょう。**ＬＱＤは残存年数10年超の社債に４割以上が投資されています。**逆に、ＨＹＧは残存年数10年以内がほとんどです。

4 社債ＥＴＦはローリスク・ローリターン

長期では株式に比べリターンが小さい

ＬＱＤ・ＨＹＧの**リターン**を見ていきましょう。次ページ上のグラフに資産推移を示しました。２００８年から２０２１年６月末の期間では、**Ｓ＆Ｐ５００に比べリターンが小さいことがわかります。**

次ページ中央の表で具体的な数字を見ると、２００８年1月に投資した１００ドルは、２０２1年6月末時点でＳ＆Ｐ５００が３８４ドル、ＬＱＤが２１６ドル、ＨＹＧが２０９ドルでした。

年率リターンはＬＱＤが５・87％、ＨＹＧが５・59％、Ｓ＆Ｐ５００が10・49％です。株式の方がＬＱＤ・ＨＹＧよりもリターンが高いことが再確認できます。

LQD・HYG・S&P500の資産推移

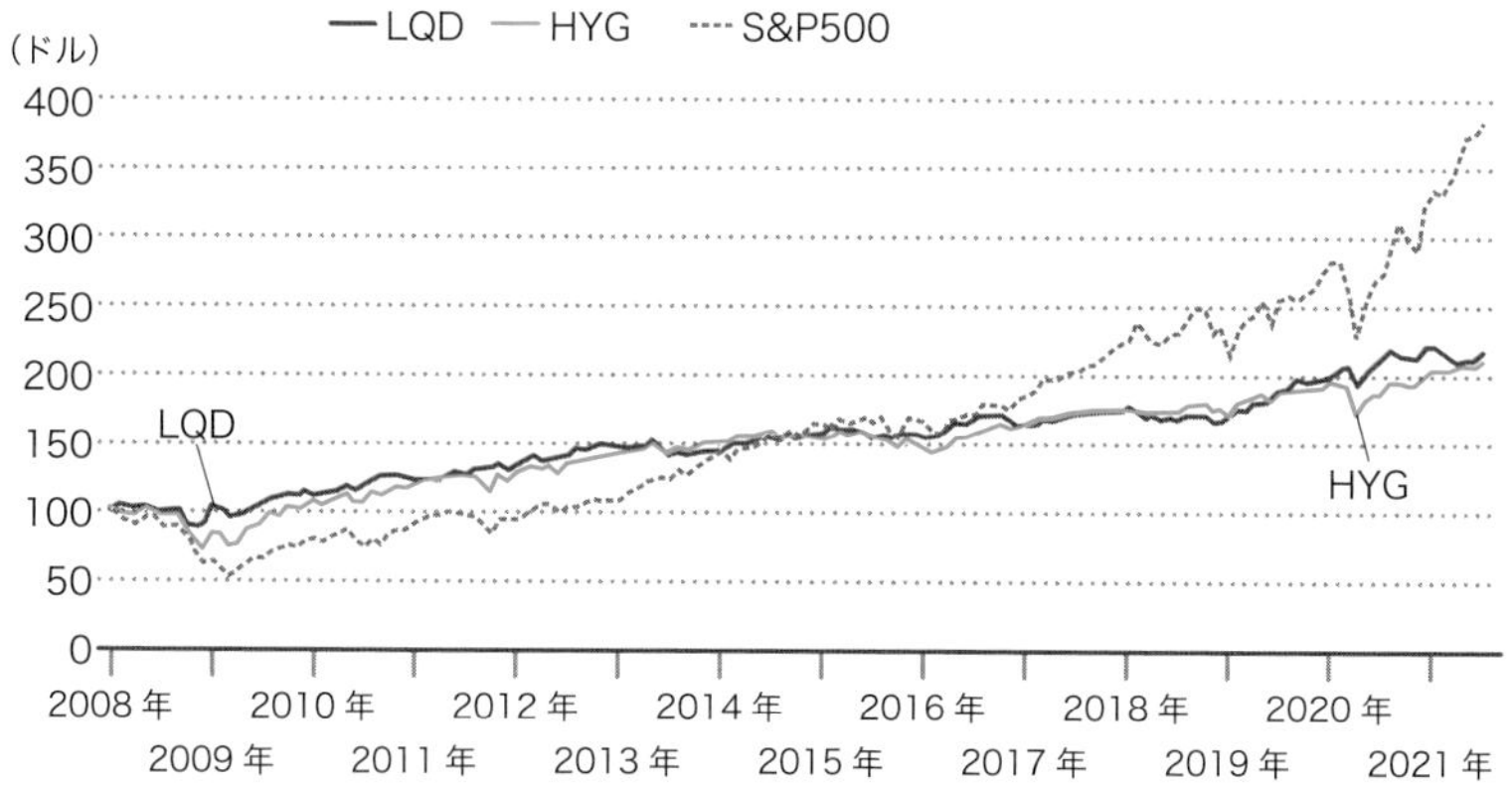

※2008年1月に100ドルを投資し、分配金はすべて再投資した場合の2021年6月末までの各月末時点の月次推移。税金は未考慮。

LQD・HYG・S&P500の各種データ（2008年1月～2021年6月末）

銘柄	初期投資額（ドル）	最終資産額（ドル）	年率リターン	リスク（標準偏差）
LQD	100	216	5.87%	7.78%
HYG	100	209	5.59%	11.08%
S&P500	100	384	10.49%	15.71%

銘柄	最も良かった年の上昇率	最も悪かった年の下落率	最大下落率（月次）	シャープ・レシオ	米国株市場との相関係数
LQD	17.37%	-3.79%	-15.11%	0.70	0.34
HYG	28.57%	-17.58%	-29.81%	0.49	0.74
S&P500	32.31%	-36.81%	-48.23%	0.68	1.00

LQD・HYG・S&P500の運用実績年率リターン（2021年6月末時点）

銘柄	1年	3年	5年	10年
LQD	2.40%	8.79%	5.09%	5.56%
HYG	12.95%	6.36%	6.00%	5.36%
S&P500	40.90%	18.56%	17.54%	14.72%

出典：https://www.portfoliovisualizer.com/

株式より価格変動が小さいＬＱＤ・ＨＹＧ

前ページ上の資産推移のグラフからも読み取れますが、ＬＱＤ・ＨＹＧの方が株式よりも価格変動が小さくなります。

前ページ中央の表で具体的な数字で見ると、リスク（標準偏差）は、Ｓ＆Ｐ５００が15・71％だったのに対し、ＬＱＤが7・78％、ＨＹＧが11・08％でした。ＬＱＤ・ＨＹＧもこれまで紹介した債券と同様に、**リスクが小さい**ことがわかります。

また投資対象の信用度の違いから当然の結果といえますが、投資適格社債に投資するＬＱＤはハイイールド社債に投資するＨＹＧよりもリスクが低いこともわかります。

シャープ・レシオは、ＬＱＤが0・70、ＨＹＧが0・49、Ｓ＆Ｐ５００が0・68です。ＨＹＧのリターンはＬＱＤと同程度でしたが、リスクが高かったことからシャープ・レシオが低くなりました。

株式暴落時には社債も下落

前ページ上の資産推移のグラフから、**２００８年〜２００９年のリーマンショック時、２０２０年のコロナショック時に、ＬＱＤ・ＨＹＧも大きく下落している**ことがわかります。

株式市場暴落の際に資金の逃避先となることで価格が上昇した米国債（２６０ページ）とは特徴が異なります。これは、**株式市場が暴落するときに企業のデフォルト懸念が大きくなる**ためです。特に信用度の低いハイイールド社債に投資するＨＹＧはデフォルト懸念がより高くなり、価格も大きく下落します。

２８７ページ中央の表で具体的な数字を見ると、米国株市場との相関係数はＬＱＤが０・34、ＨＹＧが０・74です。米国債と米国株式市場の相関係数はマイナスでしたが、ＬＱＤ・ＨＹＧはプラスの値となっています。特にＨＹＧは０・74と１に近い値なので、**株式の価格変動と相関する動き**をします。

リスク分散のため株式とは違う値動きを期待して購入した場合、その期待に反して株式と同時に下落してしまう恐れがあります。

分配利回りは減少傾向

ＬＱＤやＨＹＧは基本的に毎月分配金が

LQD・HYG1 口あたりの分配金推移（年次）

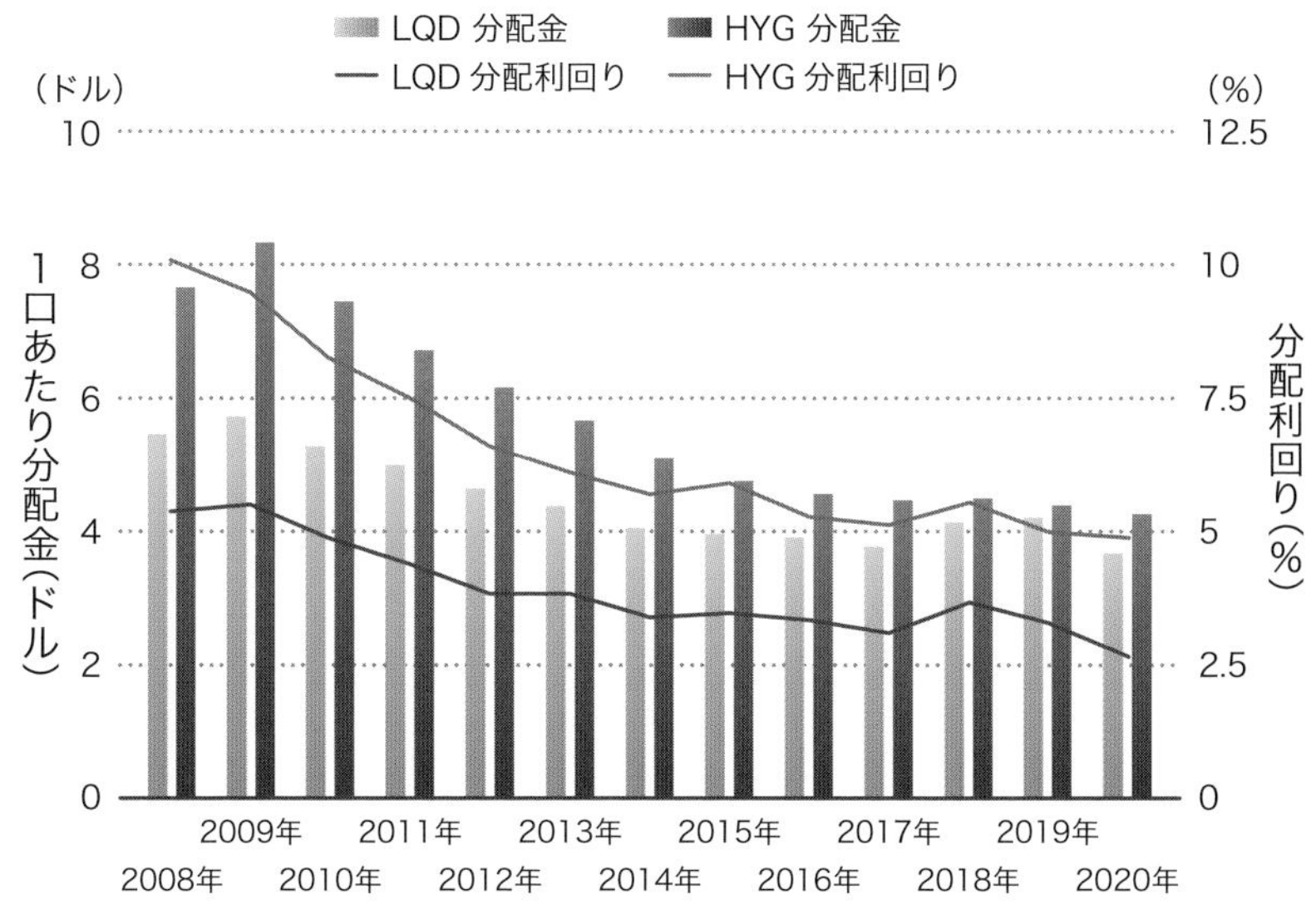

出典：https://marketchameleon.com/、https://haitoukabu.com/

支払われます。**分配利回りの推移**を前ページに示しました。

ＬＱＤ・ＨＹＧの利回りは減少傾向です。コロナショック前はＬＱＤが３％台、ＨＹＧが５％台で推移していましたが、２０２０年は金融緩和で金利が低下したことで**ＬＱＤが２％台、ＨＹＧが４％台**に低下しました。金利で社債の利回りも変化するので動向に注目しましょう。

また、信用格付けが高い投資適格社債に投資するＬＱＤの利回りは低く、信用格付けが低いハイイールド社債に投資するＨＹＧは利回りが高くなっています。

分散投資の一環としてポートフォリオに社債を組み入れたいときに、手軽に分散投資できるＬＱＤ・ＨＹＧはおすすめです。ローリスク・ローリターンを希望するならＬＱＤ、ハイリスク・ハイリターンを狙うならＨＹＧを選択しましょう。

ここがポイント

- 株式と比べてローリスク・ローリターンの社債ETF
- 株式市場の暴落時、企業のデフォルト懸念から同時に下落する
- ローリスク・ローリターンで投資したければLQD、ハイリスク・ハイリターンを求めるならHYG

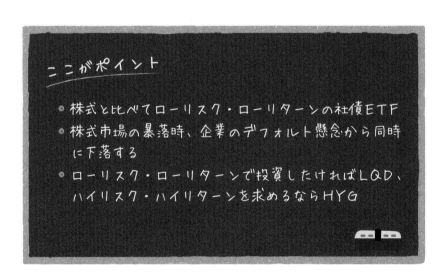

7時限目

その他のETF

株や債券だけでなく、金などの商品や不動産への投資、レバレッジをきかせた投資が可能なETFもあります。

01 株式以外にも挑戦するなら その他のETF（コモディティETF・REIT ETFなど）

7時限目はコモディティ（商品）とREIT（不動産）に投資できるETF、また応用編としてより高度な取引ができるETFをご紹介します！

1 商品に投資できるコモディティETF

コモディティとは、**金・銀・プラチナなどの貴金属**、**石油などのエネルギー**、**小麦などの穀物といった商品**のことです。それらに投資できるのが**コモディティETF**です。

デフレが長く続く日本で生活しているとあまり実感できませんが、私たちの身の回りの商品はインフレとともに価格上昇していきます。

コモディティはその商品そのもの、もしくは原材料などで、インフレで物価上昇した場合はコモディティ価格も上昇します。そのためコモディティは**インフレに強い資産**と言われています。

● 主なコモディティETF一覧（2021年9月末時点）

順位	ティッカー / 運用会社	銘柄	運用管理費用（信託報酬）（%）	純資産総額	運用期間（年）
金（ゴールド）	GLD / ステートストリート	SPDR ゴールド・シェア	0.40	6.3兆円	16.9
金（ゴールド）	IAU / ブラックロック	iシェアーズ ゴールド・トラスト	0.25	3.1兆円	16.7
金（ゴールド）	GLDM / ステートストリート	SPDR ゴールド・ミニシェアーズ・トラスト	0.18	4,960億円	3.3
銀	SLV / ブラックロック	iシェアーズ シルバー・トラスト	0.50	1.4兆円	15.5
レアアース	REMX / ヴァンエック	マーケット・ベクトル レアアース/戦略的金属ETF	0.60	1,050億円	11
農産品	DBA / インベスコ	パワーシェアーズ DB アグリカルチャー・ファンド	0.94	1,020億円	14.8
石油	OIH / ヴァンエック	マーケット・ベクトル 石油サービスETF	0.35	3,040億円	9.8
鉄鋼	SLX / ヴァンエック	マーケット・ベクトル 鉄鋼ETF	0.56	160億円	15
コモディティ全般	DBC / インベスコ	パワーシェアーズ DBコモディティ・インデックス・トラッキング・ファンド	0.88	2,940億円	15.7
コモディティ全般	GSG / ブラックロック	iシェアーズ S&P GSCI コモディティ・インデックス・トラスト	0.75	1,520億円	15.2

出典：https://myindex.jp/

また、**株式や債券と違った値動き**をするため、投資先として**リスク分散**の効果が期待できます。なお、商品自体は企業活動のように利益を生み出して配当を出したりしないので、基本的に**価格上昇のみを狙う投資**になります。

国内ネット証券会社で購入可能な主なコモディティＥＴＦを前ページに示しました。金（ゴールド）、銀、レアアース、農産品、石油、鉄鋼など、さまざまなコモディティを対象としたＥＴＦがあります。ＤＢＣやＧＳＧなどコモディティ全般に広く投資できるＥＴＦもあります。

また、２０２１年10月19日に米国でビットコイン先物に投資するＥＴＦが上場し話題になりました。執筆時点では残念ながら国内のネット証券では売買できませんが、今後、暗号資産（仮想通貨）など新たな商品にも、ＥＴＦを通じて投資ができるようになるかもしれません。

７時限目02では各種コモディティＥＴＦの中でもっとも純資産総額が大きな金（ゴールド）ＥＴＦを取り上げ詳細を解説します。

2 手軽に不動産投資するならＲＥＩＴ ＥＴＦ

不動産投資の魅力は**継続的な収益**を期待できることです。また、不動産もインフレと共に値上がりしていくため、コモディティと同様に**インフレに強い資産**と言われています。

不動産に投資する方法としては**現物不動産**、**ＲＥＩＴ《リート》（不動産投資信託）**、**ＲＥＩＴ ＥＴＦ**が代表的です。

現物不動産への直接投資は、融資を受けることで大きなレバレッジをかけられたり、（現物不動産の売買は容易ではないため）掘り出し物の格安物件を購入できたりする可能性がある点が魅力です。しかし、利益の出る物件の選定は非常に難しく、素人にはハードルが高い投資方法です。また管理維持などのコストがかかったり、物件金額が大きいため複数物件の保有が難しく、**特定の物件にリスクが集中**してしまうデメリットもあります。

低コストで分散効果も高いREIT ETF

REITやREIT ETFは現

● 主なREIT ETF一覧（2021年9月末時点）

地域	ティッカー 運用会社	銘柄	運用管理費用（信託報酬）（%）	純資産総額（億円）	運用期間（年）
米国	IYR ブラックロック	iシェアーズ 米国不動産 ETF	0.41	8,070	21.4
米国	XLRE ステートストリート	不動産セレクト・セクター SPDR	0.12	4,840	6
米国	RWR ステートストリート	SPDR ダウ ジョーンズREIT ETF	0.25	2,090	20.5
全世界（除く米国）	RWX ステートストリート	SPDR ダウ ジョーンズ インターナショナル リアル エステートETF	0.59	960	14.8
先進国（除く米国）	IFGL ブラックロック	iシェアーズ 先進国（除く米国）REIT ETF	0.48	280	13.9
全世界	SRET グローバルX	グローバル・X・スーパーディビデンド・REIT・ETF	0.58	520	6.6

出典：https://myindex.jp/

物不動産に比べると手間・コスト・リスクの面で大きなメリットがあります。

ＲＥＩＴは**投資家から資金を集め不動産で運用する投資信託（不動産投資信託）**です。**ＲＥＩＴ ＥＴＦ**は、複数のＲＥＩＴに投資するＥＴＦで、特定のＲＥＩＴ単体に投資するよりも**分散効果**が見込めます。

国内の主要ネット証券で購入可能な主なＲＥＩＴ ＥＴＦを前ページの表に示しました。米国不動産に投資する**ＩＹＲ・ＸＬＲＥ・ＲＷＲ**と、米国を除く全世界不動産に投資する**ＩＦＧＬ・ＲＷＸ**を組み合わせることで、全世界の不動産に簡単に投資できます。

また、全世界対象の**ＳＲＥＴ**というＥＴＦもあります。配当利回りの高いＲＥＩＴ30銘柄に投資できて、執筆時点の分配利回りは６・２４％と高いインカムゲインが狙えるＥＴＦです。

本書では７時限目03で、純資産総額も大きい米国の代表的なＲＥＩＴ ＥＴＦである**ＩＹＲ・ＸＲＬＥ・ＲＷＲ**を取り上げ、詳細を説明します。

3 より高度な取引が可能なＥＴＦ

ここまで解説してきたＥＴＦは市場価格が上がれば資産が増え、下がれば資産が減る性質のものでした。しかし、ＥＴＦにはより高度な取引ができるものがあります。

手元資金よりも大きな取引が可能な**レバレッジ（ブル型）ＥＴＦ**を用いれば、少ない値動きで大きなリターンを得ることが可能です。また、対象の指数に対して逆の値動きをするように設計されている**インバース(ベア型)ETF**を用いると、下落相場でも利益を出すことが可能です。いずれも初心者向けの商品ではありませんが、7時限目04で概要を解説します。

4 さまざまな資産に投資ができるバランス型ETF

番外編として、株式のみ・債券のみなど1つの資産に投資するのではなく、株式と債券など複数の種類の資産へバランス良く投資できる**バランス型ETF**があります。

メリットとして、複数のETFを購入しなくても一度に複数の種類の資産に分散することで、**リスクが低減される**点が挙げられます。また、各資産への投資割合が自動で適正化されるため、**リバランスの際の税金もかからない**点も魅力です。

デメリットは、手数料が株式のみ・債券のみ比べ**割高になる**傾向がある点です。また、複数の資産へ投資していることから価格変動の要因がわかりづらくなります。

現状、日本の主要ネット証券会社で購入可能なバランス型ETFは少ないです。主なETFとして**GAL・INKM**が挙げられま

● 主なバランス型ETF一覧(2021年9月末時点)

ティッカー / 運用会社	銘柄	運用管理費用(%)	純資産総額(億円)	運用期間(年)
GAL / ステートストリート	SPDR SSgAグローバル・アロケーションETF	0.35	316	9.4
INKM / ステートストリート	SPDR SSgAインカム・アロケーションETF	0.50	119	9.4

出典:https://www.ssga.com/

す。基本情報を前ページ下表に示しました。

ＧＡＬは株式、債券、ＲＥＩＴ、コモディティ、物価連動債などに投資できるＥＴＦです。株式に60〜70％、債券に20〜30％、ＲＥＩＴやコモディティ等その他に５％程度とバランスよく投資されています（本書執筆時点）。

ＩＮＫＭも同様に、株式、債券、ＲＥＩＴなどの資産に投資されますが、より配当や利回りを重視して投資されるのが特徴です。

ＧＡＬやＩＮＫＭは、手間をかけずに各資産に幅広く投資したい場合に選択肢になるＥＴＦです。

ここがポイント

- コモディティETFは貴金属、エネルギー、穀物などさまざまな商品に分散投資できる
- REIT ETFはハードルの高い世界中の不動産に手軽に投資できる優れもの
- レバレッジ（ブル型）ETF・インバース（ベア型）ETFは少ない値動きで大きなリターンを得られる高度な投資

02 資産の「保険」となる金（ゴールド）ETF（GLD・IAU・GLDM）

コモディティの代表的なETFとして、金（ゴールド）ETFが挙げられます。ETFの説明の前に、まずは金投資の特徴を見ていきましょう。

1 世界情勢の混乱やインフレの保険となる金

株式との相関が弱い

金は「**有事の金**」とも言われ、戦争や株価暴落の際など、**世界情勢が混乱した際に上昇する**傾向があります。**好景気に上昇しやすい株式との相関が弱く**、暴落時に限らず株式と違った価格変動をします。そのため、金を資産に加えることで、保有資産のリスクを分散

コモディティ投資で不動の人気を誇る金（ゴールド）。ETFを使うことで現物よりも手軽に投資することができます！

できます。保険として資産の一部を金で保有する投資家も多いです。

金は希少性の高い資源

金はこれまでに採掘された総量が約19万トン（わずかオリンピックプール約4杯分）しかありません。現在地球に埋蔵されている金も約5・4万トン程度しかないと言われており、**非常に希少性の高い資源です**。インフレによって通貨の価値が下落した場合、**金自体の価値や希少性は変わらないため、通貨に対し価格が上昇します**。

ただし、金それ自体は企業のようにお金を生み出しません。そのため、金投資により配当を受け取ることはできません。

2 盗難や業者の破綻リスクがないETFでの金投資

金投資にはいくつか方法があります。下の表に投資方

● 金（ゴールド）投資の方法とメリット・デメリット

投資方法	メリット	デメリット
現物の金地金・金貨	● 現物を手元に保管可能	● 盗難リスクあり ● 購入時手数料が高い ● 保管コストがかかる
純金積立	● 少額から自動積立が可能 ● 金の現物に交換可能（不可のものもあり）	● コストがほかの方法と比べ高い ● 保管方法により業者破綻リスクあり
金先物	● レバレッジが可能	● 中長期の保有に向かない（限月までに決済が必要）
投資信託	● 少額から自動積立が可能 ● 業者の破綻リスク／盗難リスクなし	● コストがETFと比べ高い ● 償還リスクあり
ETF	● コストが安い ● 業者の破綻リスク／盗難リスクなし	● 上場廃止リスクあり

法と各投資方法のメリット・デメリットを示しました。

ETFを利用した金への投資は手元に現物を保有することはできませんが、**コストが安く手間がかからない点や、盗難や業者の破綻リスクなどがない**点でメリットがあります。

3 金ETFならGLD・IAU・GLDM

主な金ETFとして、**GLD**（SPDR ゴールド・シェア）、**IAU**（iシェアーズ ゴールド・トラスト）、**GLDM**（SPDR ゴールド・ミニシェアーズ・トラスト）があります。基本情報を下の表に示しました。

金ETFの場合、投資対象は変わらないので、どのETFに投資するか迷ったら**もっとも運用管理費用（信託報酬）が安いものを選ぶ**のも1つの手です。純資産総額が十分大きければ、リスクもそこまで大きくないと考えていいでしょう。

● GLD・IAU・GLDMの基本情報（2021年9月末時点）

ティッカー / 運用会社	銘柄 / 連動指数	価格（ドル/1口）	運用管理費用（%）	純資産総額	運用期間（年）
GLD / ステートストリート	SPDR ゴールド・シェア / ロンドン金価格	164.22	0.40	6.3兆円	16.9
IAU / ブラックロック	iシェアーズ ゴールド・トラスト / COMEX 金先物価格	33.41	0.25	3.1兆円	16.7
GLDM / ステートストリート	SPDR ゴールド・ミニシェアーズ・トラスト / LBMA金価格	17.46	0.18	4,960億円	3.3

出典：https://myindex.jp/ranking_fund.php、https://www.blackrock.com/、https://www.ssga.com/

4 株式と違った値動きをする金ETF

GLD・IAU・GLDMは、同じ金を投資対象にするため価格推移に大きな差はありません。そこで、設定日がもっとも古いGLDを例に、具体的な資産推移を見ていきましょう。

直近10数年ではS&P500に劣後

304ページの表を参照しながら、金ETFのパフォーマンスを見ていきましょう。2007年1月に投資した100ドルが2021年6月末までにどのように増減するかをシミュレーションしたものです。GLDが262ドル、S&P500が404ドルのリターンとなっています。年率リターンはGLDが6・87%、S&P500が10・11%です。2007年1月から2021年6月末の期間で見ると、**GLDはS&P500に劣後する結果**となっています。直近5年や10年で見た場合も、S&P500にリターンが大きく劣後していることがわかります。

ただし、切り取る期間によって全く違った結果となります。たとえば2007年から2014年ごろまではGLDはS&P500を大幅に上回っています。

「安全資産」と言われるが、必ずしも値動きは小さくない

金のリスクを見ていきましょう。**金は安全資産**という言葉から、価格変動があまりないリスク

の低い資産だと思われるかもしれません。しかし、次ページ下の資産推移を見ると、**株式よりも価格が大きく上昇・下落していること**がわかります。

次ページ中央の表を見ると、リスク（標準偏差）は、対象の期間でGLDが17・65％、S&P500が15・35％と、GLDの方が価格変動が大きいことがわかります。また最大下落率も、2011年から2015年にかけて−42・91％と大きく下落しています。もっとも悪かった年の下落率はS&P500よりは小さい値ですが、2013年に−28・33％の下落となっています。

一方で大きく上昇している年も多く、2007、2009、2010、2020年は20％を超えて上昇しています。

金はリスクが低く安全・安心というわけではなく、意外と**価格変動が激しい資産**ということは認識しておきましょう。

金ETFで手軽にリスク分散

特徴でも説明したとおり、株式と連動しない値動きをする点は金の大きな特徴です。次ページ中央の相関関数を見ても、2007年1月〜2021年6月末の期間で米国株市場（S&P500）との相関係数は**0・05**と相関がほとんどありませんでした。

直近のリターンはS&P500には及ばないものの、**資産のリスクを分散させるために金投資は有効な選択肢**といえます。現物保有による盗難のリスクや管理コストを抑えたい場合には、ぜひETFでの金投資を検討してみてください。

● GLD・S&P500の運用実績年率リターン（2021年6月末時点）

銘柄	1年	3年	5年	10年
GLD	-1.04%	11.76%	5.54%	1.27%
S&P500	40.90%	18.56%	17.54%	14.72%

● GLD・S&P500の各種データ（2007年1月〜2021年6月末）

銘柄	初期投資額（ドル）	最終資産額（ドル）	年率リターン	リスク（標準偏差）
GLD	100	262	6.87%	17.65%
S&P500	100	404	10.11%	15.35%

銘柄	最も良かった年の上昇率	最も悪かった年の下落率	最大下落率（月次）	シャープ・レシオ	米国株市場との相関係数
GLD	30.45%	-28.33%	-42.91%	0.42	0.05
S&P500	32.31%	-36.81%	-50.80%	0.65	1.00

● GLD・S&P500の資産推移

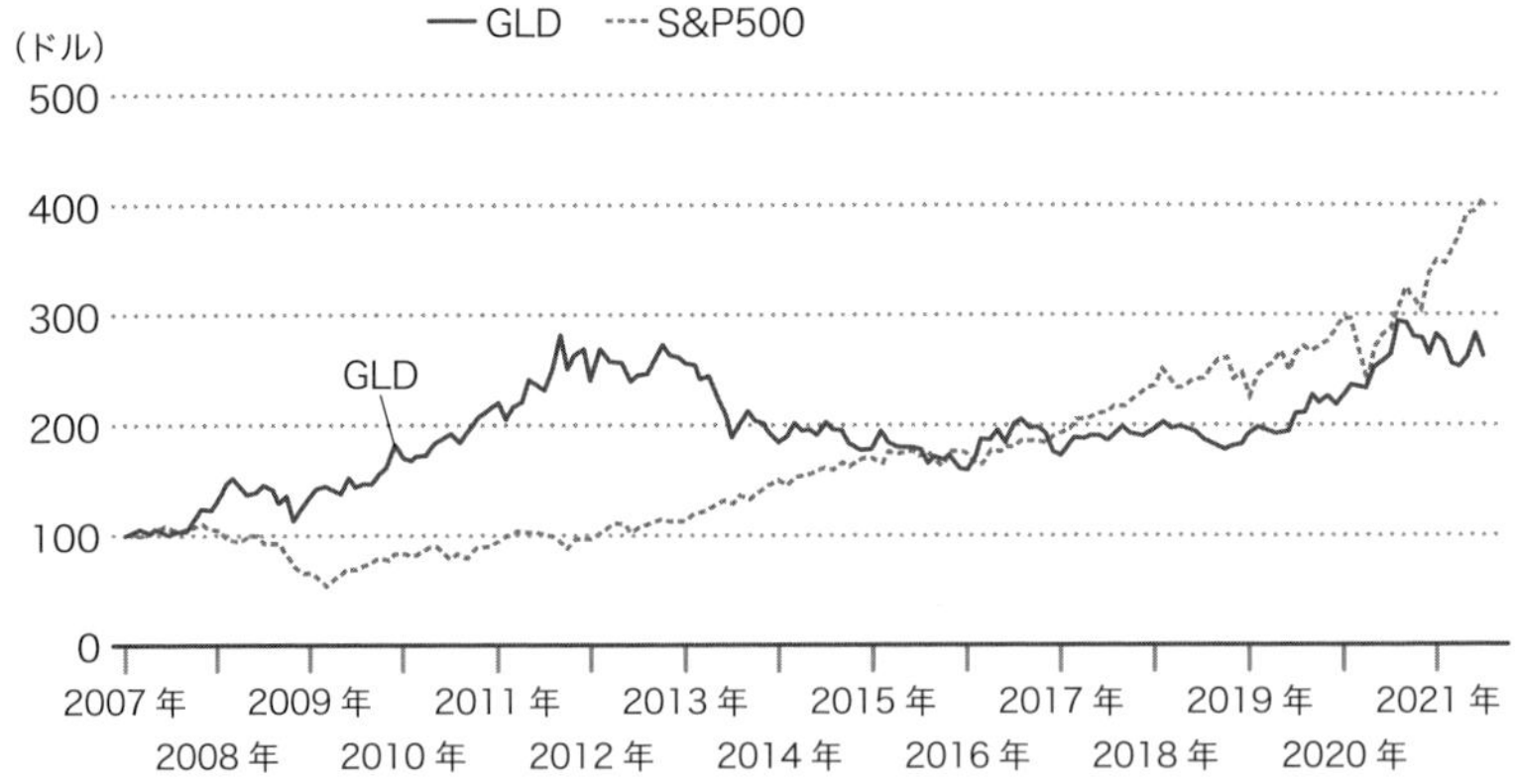

※2007年1月に100ドルを投資し、分配金（S＆P500）はすべて再投資した場合の2021年6月末までの推移。税金は未考慮。

出典：https://www.portfoliovisualizer.com/

金は配当などで価値が増えるものではないので、価値を保存する投資といえます。上手に使ってリスク分散しましょう！

ここがポイント

- 金の価格は世界情勢の混乱時に上昇。株式と違った値動きをするため、保有することでリスク分散になる
- 金はリスクが低い資産というわけではなく、価格変動は激しい
- ETFでの金投資は、低コストで手間がかからず、盗難や業者の破綻リスクがない点がメリット

03 さまざまな不動産で資産運用 米国REIT ETF（IYR・XLRE・RWR）

1 不動産で運用する投資信託REIT

296ページでも説明しましたが、**REIT**は**投資家から資金を集め不動産で資産運用する投資信託**です。そして、複数のREITに投資するETFが**REIT ETF**です。

本書では純資産総額が大きく、米国REIT ETFとして知名度の高い**IYR**（iシェアーズ米国不動産ETF）、**XLRE**（不動産セレクト・セクター SPDR）、**RWR**（SPDR ダウジョーンズREIT ETF）の3つのETFを取り上げて詳細を見ていきます。

さまざまなREITに投資

IYRはREITやデベロッパーやハウスメーカーなどの不動産関連企業で幅広く構成されているのが特徴です。

XLREもREITや不動産関連企業を対象としていることは同じですが、S&P500の不動産セクター企業のみ組み入れられています。

RWRは純粋にREITのみで構成され、不動産関連企業の銘柄は組み入れられていません。また、REITの中でもインフラREIT（携帯基地局など）は組み入れられていない点がほか2つのETFと異なります。

2 安定した事業基盤を持つREITが上位を占める

IYR・XLRE・RWRの**上位組み入れ企業**を次ページに示しました。

IYRとXLREの上位銘柄は**ほぼ重複している**ことがわかります。RWRも上位5銘柄は2つと被っています。

いくつか上位銘柄を見ていきましょう。IY

● IYR・XLRE・RWRの基本情報（2021年9月末時点）

ティッカー／運用会社	銘柄／連動指数	価格（ドル/1口）	保有銘柄数	運用管理費用（%）	純資産総額（億円）	運用期間（年）
IYR／ブラックロック	iシェアーズ 米国不動産 ETF／ダウ・ジョーンズ 米国不動産インデックス（配当込み）	102.39	88	0.41	8,070	21.4
XLRE／ステートストリート	不動産セレクト・セクター SPDR／S&P不動産セレクト・セクター指数	44.45	31	0.12	4,840	6
RWR／ステートストリート	SPDR ダウ ジョーンズREIT ETF／ダウ・ジョーンズ U.S.セレクト REIT指数	105.43	117	0.25	2,090	20.5

出典：https://myindex.jp/ranking_fund.php、https://www.blackrock.com/、https://www.ssga.com/

● IYR の組み入れ上位 10 銘柄

順位	企業名	比率 (%)
1	アメリカン・タワー	8.54
2	プロロジス	6.45
3	クラウン・キャッスル	6.02
4	エクイニクス	4.57
5	デジタル・リアルティ	3.22
6	パブリック・ストレージ	3.20
7	サイモン・プロパティ・グループ	2.98
8	コスター・グループ	2.82
9	ウェルタワー	2.50
10	SBA コミュニケーションズ Class A	2.45

● XLRE の組み入れ上位 10 銘柄

順位	企業名	比率 (%)
1	アメリカン・タワー	12.65
2	プロロジス	9.55
3	クラウン・キャッスル	8.93
4	エクイニクス	7.30
5	デジタル・リアルティ	4.76
6	パブリック・ストレージ	4.72
7	サイモン・プロパティ・グループ	4.40
8	ウェルタワー	3.69
9	SBA コミュニケーションズ Class A	3.62
10	ウェアーハウザー	3.35

● RWR の組み入れ上位 10 銘柄

順位	企業名	比率 (%)
1	プロロジス	9.34
2	デジタル・リアルティ	4.65
3	パブリック・ストレージ	4.61
4	サイモン・プロパティ・グループ	4.30
5	ウェルタワー	3.61
6	アバロンベイ・コミュニティーズ	2.99
7	エクイティ・レジデンシャル	2.82
8	リアルティ・インカム	2.81
9	アレクサンドリア・リアル・エステート・エクィティーズ	2.50
10	ベンタス	2.35

※ 2021年4月時点
出典：https://www.ssga.com/、https://www.blackrock.com/

R・XLREで1位の**アメリカン・タワー**は基地局や電波塔などを通信事業社にリースするREITです。安定した基盤を持ちつつ、昨今は5Gの基盤となるインフラを保有していることから成長株としても注目を集めています。

なお、IYR・XLRE3位の**クラウン・キャッスル**も同様の事業内容です。

IYR・XLREで2位、RWRで1位の**プロロジス**は物流施設の開発・運営を行う不動産企業で、傘下の会社が日本でもREITを運営しています。

RWRの2位、IYR・XLREの5位の**デジタル・リアルティ**は、データセンターを保有・リースするREITです。日本では三菱商事との合弁会社であるMCデジタル・リアルティが2017年に設立されています。

上記以外にも、オフィス不動産、住宅用不動産、ホテルなどを運営するREIT・不動産関連の優良企業が組み入れられています。

3 過去20年間では米国株を上回るリターン

過去のリターンを見ていきましょう。2001年1月から2021年6月までの資産推移を比較しました（次ページ参照）。XLRE・RWRは未設定の時期のため、IYRのみですが、**米国不動産は米国株式を上回る大きなリターン**を記録しています。

リーマンショックで大打撃

ＩＹＲが大きく下落している２００７年から２００９年はリーマンショックと重なります。

リーマンショックは米国不動産（サブプライムローン）をきっかけとした暴落だったため、ＩＹＲも大きな影響を受けました。

「不動産投資は賃料収入を安定して受け取るため、値動きは小さいのではないか」と思うかもしれませんが、リーマンショックのように一種のバブルがはじけたような**大きな価格変動が発生した場合は如実に影響を受ける**ため、注意が必要です。

２００１年からのリターンでは米国株式を上回っていた米国不動産も、リーマンショックの直前の２００７年から見ると結果が逆転します（次ページ参照）。

リーマンショック直後にはＩＹＲ・ＲＷＲの最大下落率は－70％にもなりました。投資タイミングや期間によって結果がまったく違うことがわかります。

● IYR・S&P500の資産推移（2001年1月に100ドルを投資した場合）

※分配金はすべて再投資した場合の2021年6月末までの各月末時点の月次推移。税金は未考慮。
出典：https://www.portfoliovisualizer.com/

また、2016年以降のデータを示した次ページ表の最大下落率はS&P500と比べて大きく下落しています。これはコロナショックによるものです。

コロナショックの発端はリーマンショックとは異なり、不動産に関係したものではありませんでした。それでもS&P500よりも大きく下落した要因は、**コロナウイルス感染拡大による外出規制で不動産需要が減少**したことによるものと考えられます。

リーマンショック、コロナショックどちらの暴落時も株式よりも大きく下落した結果も踏まえると、**不動産は下落耐性が弱い**と考えていた方がいいかもしれません。今後の暴落時も、ほかの金融商品よりも大きな下落となる可能性が高いことを認識して投資しましょう。

低下傾向だが3%の高利回り水準を維持

分配金と利回りを313ページのグラフに示しました。直近は低下傾向ですが、**ほとんどの期間で3**

● IYR・RWR・S&P500の資産推移（2007年1月に100ドルを投資した場合）

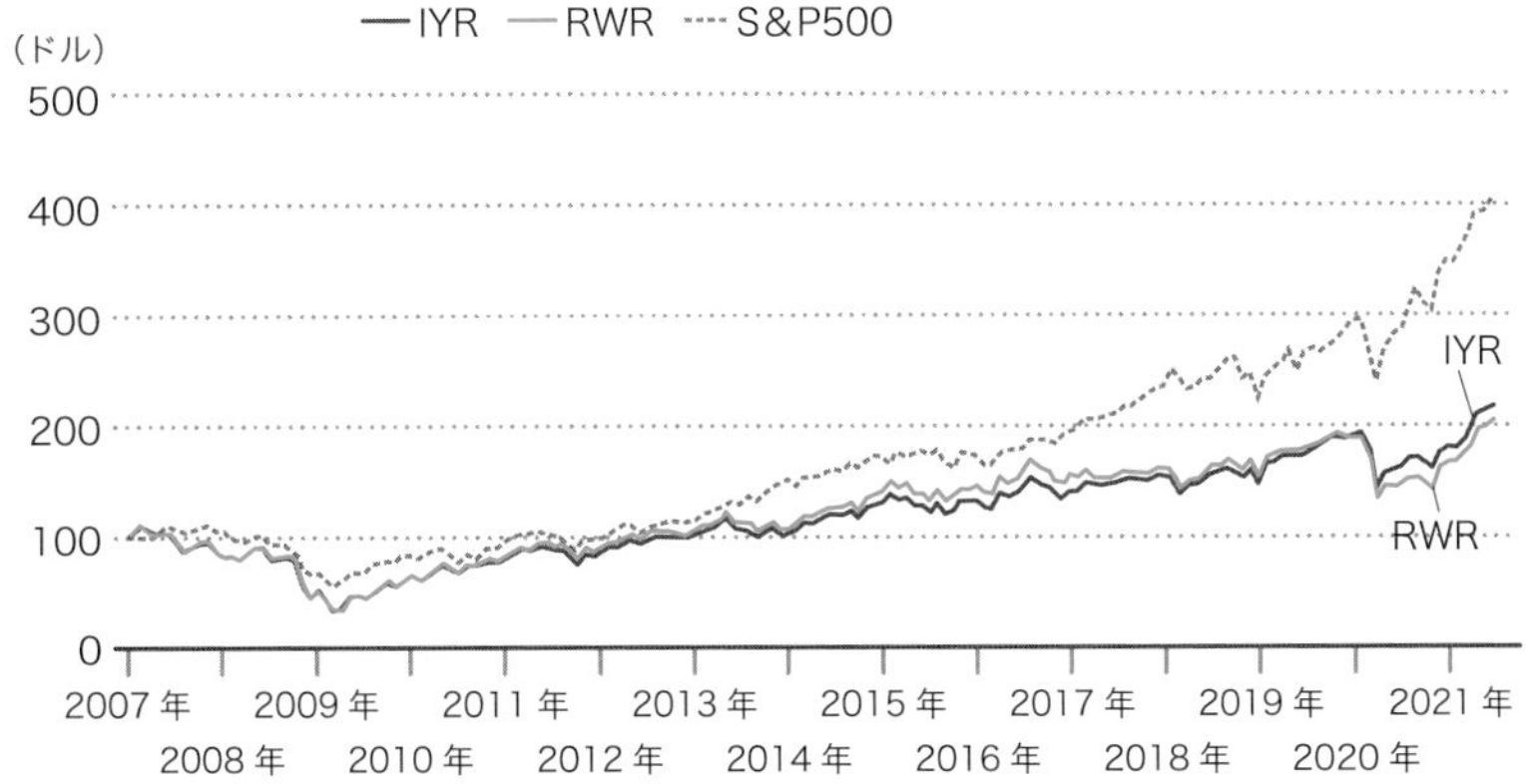

※分配金はすべて再投資した場合の2021年6月末までの各月末時点の月次推移。税金は未考慮。
出典：https://www.portfoliovisualizer.com/

％超の高い分配利回りを保っています。

現在、ＸＬＲＥ・ＲＷＲの分配利回りは３％台ですが、ＩＹＲは２％台と少し低くなっています。いずれのＥＴＦも、分配金の額は年によって増減しています。直近は分配利回りと同様に減少傾向です。

とはいえ、**ＲＥＩＴは賃料を中心としたインカムゲイン重視の投資**であることから、今後も分配利回り・分配金は一定水準を保ち、高利回りが期待できると予想されます。

個別に投資するとなるととてもハードルの高い世界中のＲＥＩＴや不動産関連企業への投資ですが、手軽にこうした世界のＲＥＩＴや不動産関連企業に投資できるのがＲＥＩＴ ＥＴＦの魅力です。

株式とは違った資産をポートフォリオに組み入れたい、安定したインカムゲインを確保したいなど、明確な理由があれば有用な投資先となるでしょう。

ただし、暴落時にはほかの金融商品よりも大きく下落する可能性があることは認識しておきましょう。

● IYR・RWR・XLREの各種データ（2016年1月〜2021年6月末）

銘柄	初期投資額（ドル）	最終資産額（ドル）	年率リターン	リスク（標準偏差）
IYR	100	163	9.35%	15.88%
XLRE	100	172	10.40%	14.96%
RWR	100	139	6.23%	17.40%
S&P500	100	233	16.62%	14.65%

銘柄	最も良かった年の上昇率	最も悪かった年の上昇率	最大下落率	シャープ・レシオ	米国株市場との相関係数
IYR	28.19%	-5.27%	-25.76%	0.58	0.76
XLRE	28.69%	-2.37%	-20.35%	0.67	0.72
RWR	22.79%	-12.09%	-30.25%	0.38	0.76
S&P500	31.22%	-4.56%	-19.43%	1.05	1.00

出典：https://www.portfoliovisualizer.com/

● IYR・XLRE・RWR1口あたりの分配金・分配利回り推移（年次）

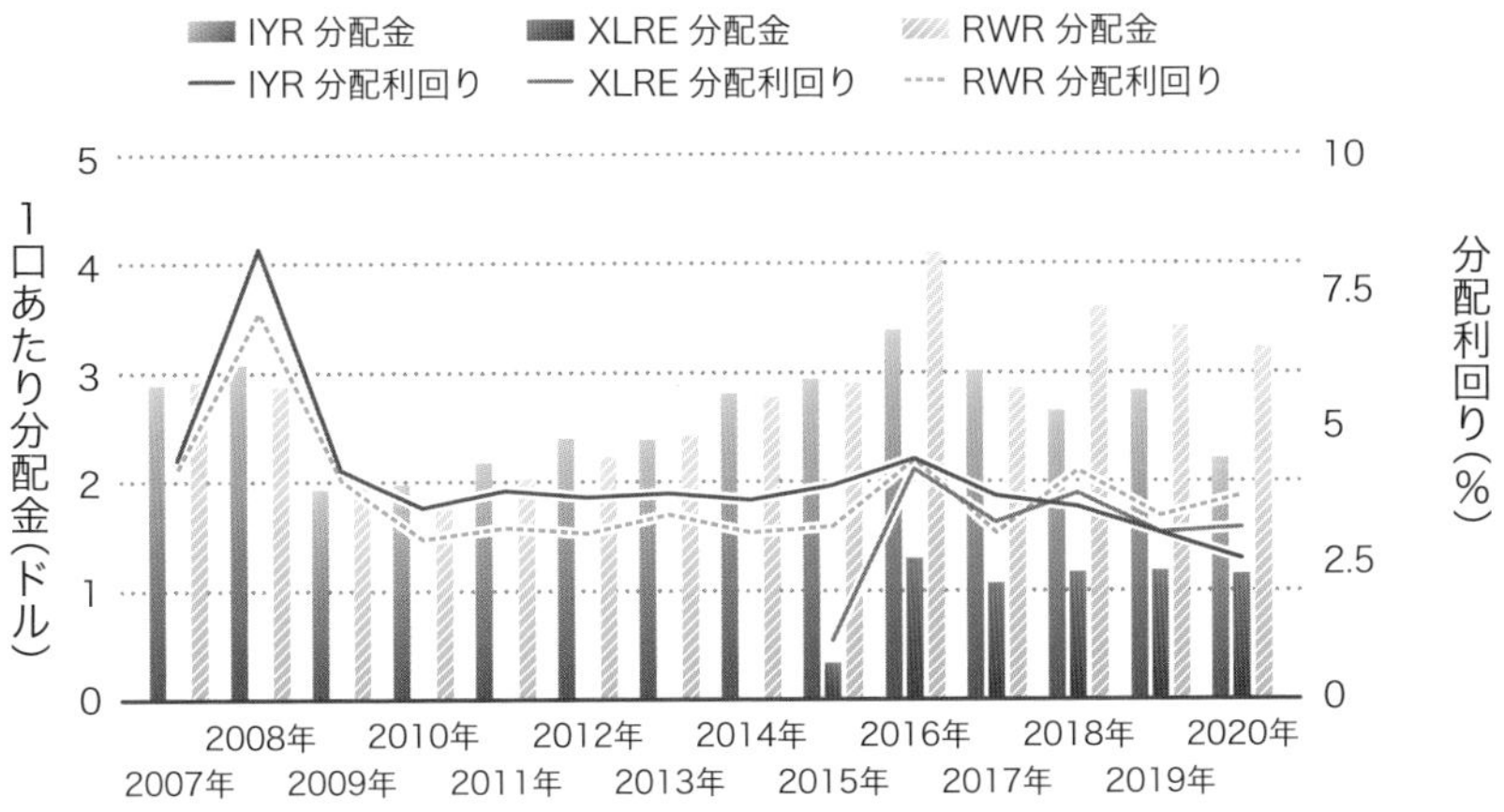

出典：https://marketchameleon.com/、https://haitoukabu.com/

ここがポイント

- 世界中の不動産企業に手軽に投資できるREIT ETF
- 暴落時に弱い
- インカムゲイン重視の投資となり、高分配・高い利回りが期待できる

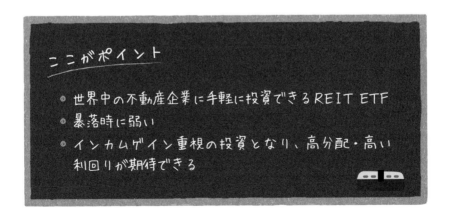

04 指数の値動きを数倍にするレバレッジ（ブル型）ETF・インバース（ベア型）ETF

1 手元資金以上の取引ができるレバレッジ（ブル型）ETF

この節で紹介するＥＴＦは、初心者向けではなく応用編です。

指数に対して2倍・3倍の値動きをするように設計されたＥＴＦがあります。**レバレッジ（ブル型）ＥＴＦ**です。

レバレッジとはいわゆる「てこの原理」です。てこのように小さな力で大きなものを動かすイメージで、**手元にある資産の数倍の額の取引を可能にする**ことを意味します。

3倍のポジションがとれるETF

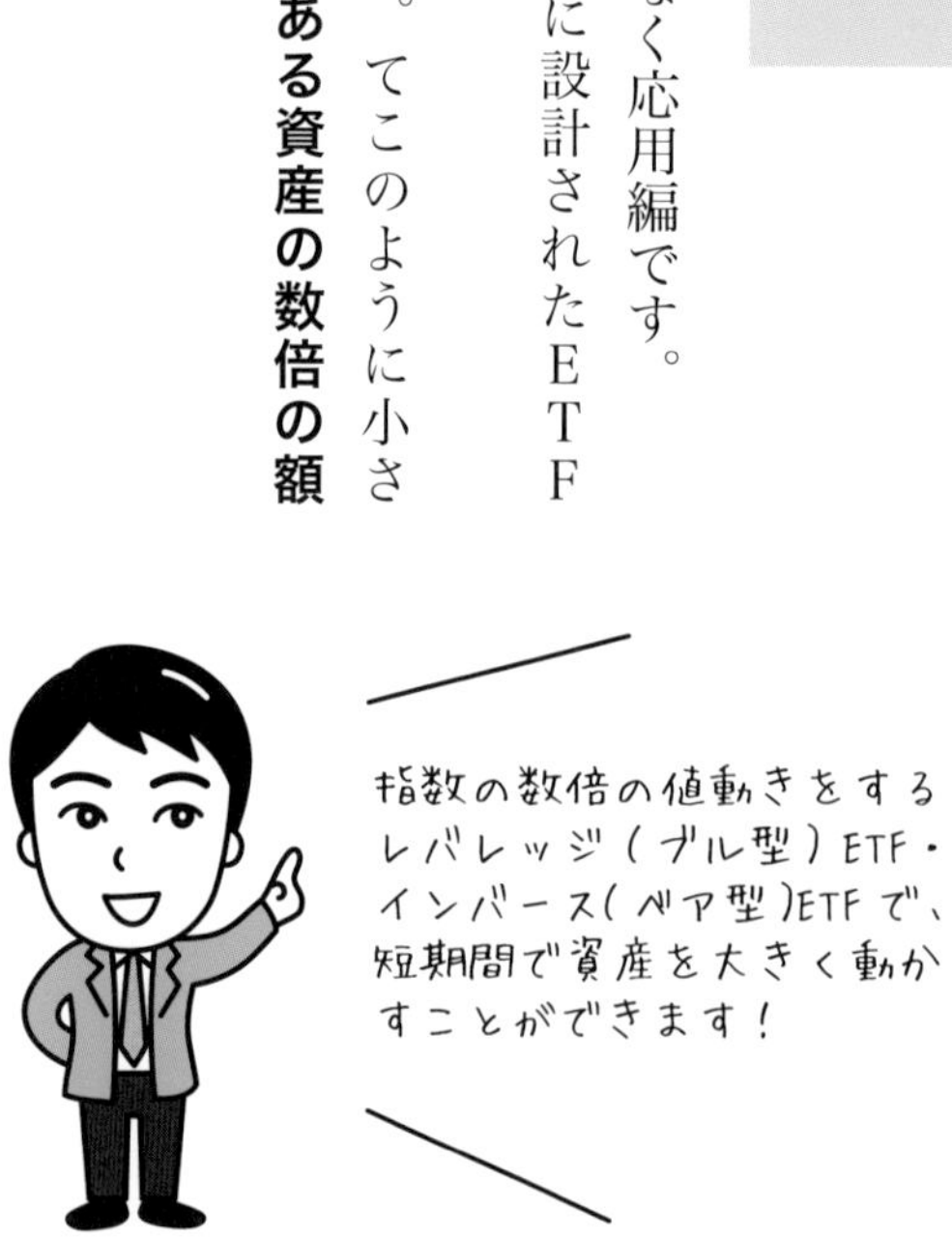
指数の数倍の値動きをする
レバレッジ（ブル型）ETF・
インバース（ベア型）ETFで、
短期間で資産を大きく動かすことができます！

S&P500に対して3倍の値動きをする**SPXL**（Direxion デイリー S&P500ブル3倍 ETF）というETFを例に挙げて説明します。

S&P500が5%上昇すると、SPXLは3倍の15%上昇します。前日の株価を100とした場合、S&P500が5%上昇して105になったとすると、SPXLはプラス15%上昇し115となります。

逆にS&P500が5%下落するとSPXLは3倍の15%下落します（下図参照）。

短期間で資産が大きく変動

レバレッジのメリットは、手元資金の数倍の取り引きするので、**短期間で大きな資産の増加を期待**できることです。

また、レバレッジETFであれば投資元本以上の損失が出ることもありません。

● SPXL（Direxion デイリー S&P 500 ブル 3 倍 ETF）の値動き

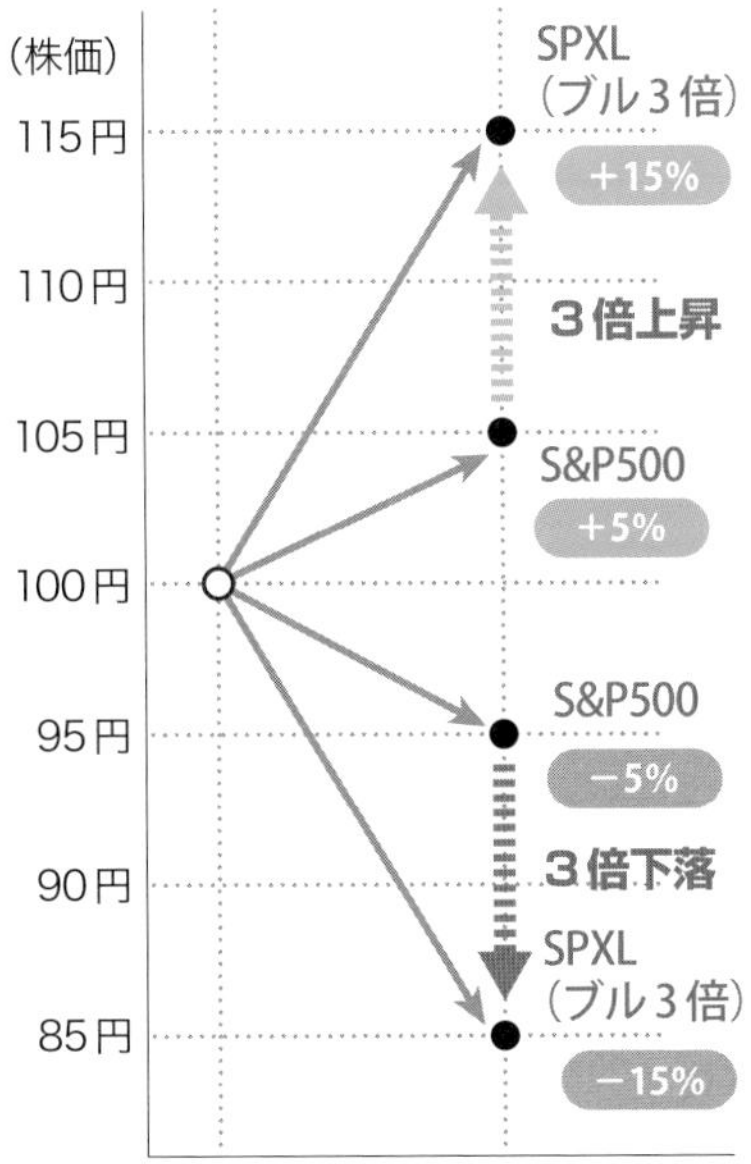

● 主なレバレッジ（ブル型）ETF 一覧（2021 年 9 月末）

対象	ティッカー	銘柄	運用管理費用（信託報酬）	純資産総額
半導体株	SOXL	Direxion デイリー 半導体株 ブル 3倍 ETF	0.95%	4,400億円
金融株	FAS	Direxion デイリー 米国金融株 ブル3倍 ETF	0.95%	3,690億円
米国株式（S&P500）	SPXL	Direxion デイリー S&P 500 ブル 3倍 ETF	0.95%	3,370億円
テクノロジー株	TECL	Direxion デイリー テクノロジー株 ブル 3倍 ETF	0.95%	2,880億円
米国小型株	TNA	Direxion デイリー 米国小型株 ブル 3倍 ETF	0.95%	1,780億円
金鉱株	NUGT	Direxion デイリー 金鉱株 ブル 2倍 ETF	0.95%	890億円
石油・ガス	GUSH	Direxion デイリー S&P 石油・ガス採掘・生産 ブル2倍 ETF	0.95%	980億円
エネルギー株	ERX	Direxion デイリー エネルギー株 ブル 2倍 ETF	0.95%	640億円
バイオテック株	LABU	Direxion デイリー S&P バイオテック株 ブル3倍 ETF	0.95%	770億円
中国株	YINN	Direxion デイリー FTSE中国株 ブル 3倍 ETF	0.95%	490億円
新興国株式	EDC	Direxion デイリー 新興国株 ブル 3倍 ETF	0.95%	180億円
米国債	TMF	Direxion デイリー 20年超米国債 ブル3倍 ETF	0.95%	370億円
中国株	CHAU	Direxion デイリー CSI 300 中国A株 ブル2倍 ETF	0.95%	120億円
ヘルスケア株	CURE	Direxion デイリー ヘルスケア株 ブル3倍 ETF	0.95%	230億円
米国REIT	DRN	Direxion デイリー 米国リート ブル3倍 ETF	0.95%	150億円
中国株	CWEB	Direxion デイリー CSI中国インターネット指数株 ブル 2倍 ETF	0.95%	300億円
インド株	INDL	Direxion デイリー インド株 ブル2倍 ETF	0.95%	110億円
インターネット株	WEBL	Direxion デイリー ダウ・ジョーンズ・インターネット ブル3倍 ETF	0.95%	110億円
ロシア株	RUSL	Direxion デイリー ロシア株 ブル2倍 ETF	0.95%	77億円
ロボティックスAI&オートメーション株	UBOT	Direxion デイリー ロボティックスAI&オートメーション指数株 ブル2倍 ETF	0.95%	45億円

出典：https://myindex.jp/

一方デメリットは、逆に短期間で大きく資産を減らしてしまう危険性があることです。

コストが高い点もデメリットとして挙げられます。**運用管理費用（信託報酬）は1％近い**ものがほとんどです。

前ページに、日本の主要ネット証券会社で購入可能な主なレバレッジ（ブル型）ETFを示しました。さまざまな種類のレバレッジ（ブル型）ETFが取り扱われています。

2 下落相場でも利益を出すインバース（ベア型）ETF

インバース（ベア型）ETFは、指数に対し日々2倍や3倍**逆の値動き**をするように設計されたETFです。

たとえば、**SPXS**（Direxion デイリー S&P500 ベア3倍 ETF）はS&P500

● SPXS（Direxion デイリー S&P 500 ベア 3 倍 ETF）の値動き

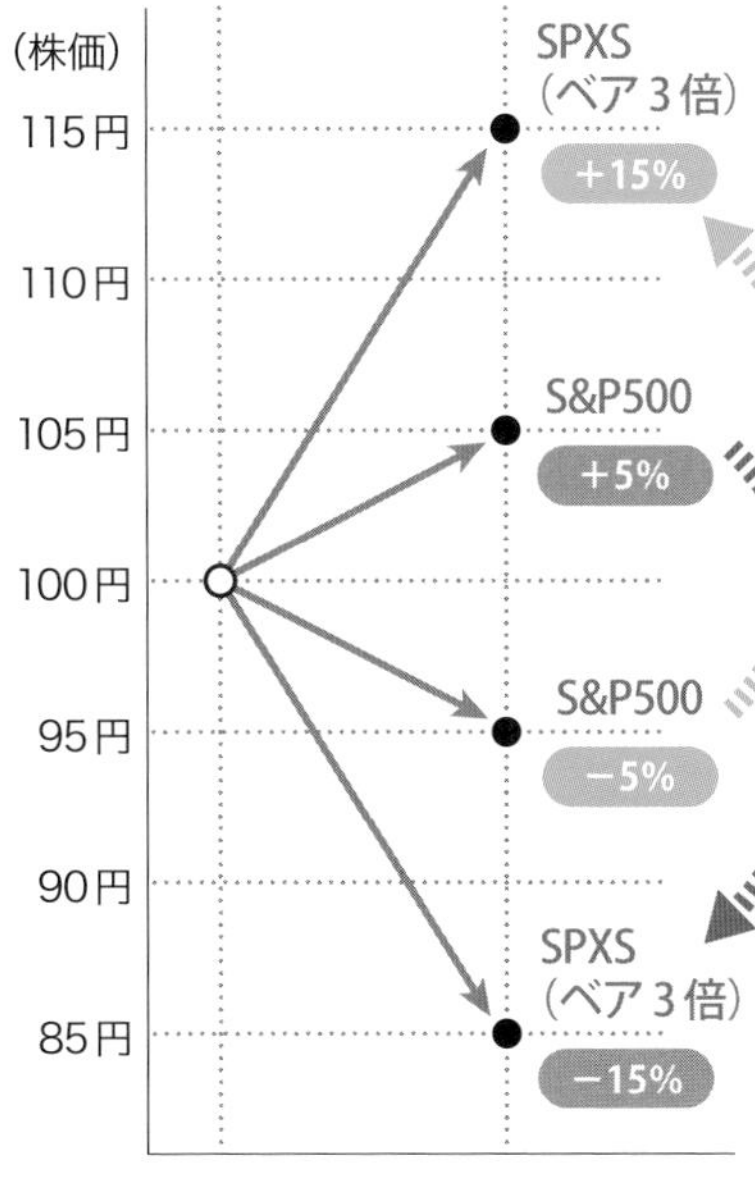
（株価）
115円
110円
105円
100円
95円
90円
85円
SPXS
（ベア 3 倍）
＋15%
S&P500
＋5%
3倍上昇
S&P500
−5%
3倍下落
SPXS
（ベア 3 倍）
−15%

● 主なインバース（ベア型）ETF一覧（2021年9月末）

対象	ティッカー	銘柄	運用管理費用（信託報酬）	純資産総額
米国株式（S&P500）	SPXS	Direxion デイリー S&P 500 ベア 3倍 ETF	0.95%	490億円
米国小型株	TZA	Direxion デイリー 米国小型株 ベア 3倍 ETF	0.95%	450億円
中国株	CHAD	Direxion デイリー CSI 300 中国A株 ベア ETF (CHAD)	0.80%	150億円
米国債	TMV	Direxion デイリー 20年超米国債 ベア3倍 ETF	0.95%	380億円
金融株	FAZ	Direxion デイリー 米国金融株 ベア 3倍 ETF	0.95%	130億円
半導体株	SOXS	Direxion デイリー 半導体株 ベア 3倍 ETF	0.95%	120億円
金鉱株	DUST	Direxion デイリー 金鉱株 ベア2倍 ETF	0.95%	120億円
バイオテック株	LABD	Direxion デイリー S&P バイオテック株 ベア3倍 ETF	0.95%	50億円
テクノロジー株	TECS	Direxion デイリー テクノロジー株 ベア 3倍 ETF	0.95%	77億円
石油・ガス	DRIP	Direxion デイリー S&P 石油・ガス採掘・生産 ベア2倍 ETF	0.95%	93億円
中国株	YANG	Direxion デイリー FTSE中国株 ベア 3倍 ETF	0.95%	85億円
新興国株	EDZ	Direxion デイリー 新興国株 ベア3倍 ETF	0.95%	33億円
エネルギー株	ERY	Direxion デイリー エネルギー株 ベア 2倍 ETF	0.95%	38億円
米国REIT	DRV	Direxion デイリー 米国リート ベア3倍 ETF	0.95%	24億円
インターネット株	WEBS	Direxion デイリー ダウ・ジョーンズ・インターネット ベア3倍 ETF	0.95%	7億円

出典：https://myindex.jp/

に対して**３倍逆の値動き**をするように設計されているＥＴＦです。

Ｓ＆Ｐ５００が５％上昇すると、ＳＰＸＳは15％下落します。Ｓ＆Ｐ５００が５％下落すると、ＳＰＸＳは逆に15％程度上昇します（３１７ページ図参照）。

メリット・デメリットは、ほぼレバレッジ（ブル型）ＥＴＦと一緒ですが、**指数の逆の値動き**をすることから、下落相場でも利益を出せる点がインバース（ベア型）ＥＴＦ特有のメリットです。

前ページに、日本の主要ネット証券会社で購入可能な主なインバース（ベア型）ＥＴＦを参考に示しました。

これまで紹介してきたＥＴＦとは異なりハイリスク・ハイリターンの特性を持つため、全体的に規模は小さめです。

レバレッジ（ブル型）・インバース（ベア型）ＥＴＦは、投資に慣れてきたら戦略として検討することがあるかもしれません。いずれにせよ、知識として知っておいて損はないので、この機会に把握しておきましょう。

ここがポイント

- レバレッジ（ブル型）ＥＴＦで手元資金よりも大きな金額（２倍・３倍など）を取引できる
- インバース（ベア型）ＥＴＦは対象の指数に対し逆の値動きをするように設計されている。下落相場でも利益を出す手段の１つ

特典ダウンロードについて

本書をご購入いただいた方に特典（本書付録PDF）をご用意しています。特典ファイルの展開にはパスワードが必要です。パスワード付きZIPファイルを展開できる圧縮・展開ソフトでダウンロードしたファイルを開き、次のパスワードを入力してください。

ダウンロードページ

http://www.sotechsha.co.jp/sp/2097/

パスワード

etf2097

世界一《せかいいち》やさしい 米国《べいこく》ETFの教科書《きょうかしょ》 1年生《ねんせい》

2021年11月30日　初版第1刷発行

著　者　橘ハル

発行人　柳澤淳一

編集人　久保田賢二

発行所　株式会社　ソーテック社

〒102-0072 東京都千代田区飯田橋 4-9-5　スギタビル 4F

電話：注文専用　03-3262-5320

FAX：　03-3262-5326

印刷所　図書印刷株式会社

ISBN978-4-8007-2097-9